民族地区特色资源产业精准扶贫研究
——以湖北恩施州为例

王孔敬　著

本书系湖北民族学院鄂西生态文化旅游研究中心、国家连片特困地区（武陵山片区）农村贫困问题重点研究基地招标课题"湖北武陵山特色资源产业扶贫研究"（编号：JDZ201501）的研究成果；第 51 批中国博士后科学基金项目"武陵山区贫困人口现状与旅游扶贫研究"（编号：2012M510921）的研究成果

科 学 出 版 社

北 京

内 容 简 介

本书从民族地区特色资源产业扶贫的背景与内涵出发，分析了特色资源产业扶贫的基本要素和运行机理等重要理论问题，在此基础上，以恩施土家族苗族自治州为例，对其特色资源产业扶贫的基本情况、贫困的成因、扶贫开发模式、特色资源产业扶贫的绩效、扶贫区域主导产业选择，以及主导产业的发展布局和发展模式进行了深入分析，最后提出了恩施土家族苗族自治州特色资源产业精准扶贫的制度设计和政策建议。

本书适合区域经济、农村经济、农村贫困等相关领域的科研工作者、管理人员参考阅读，也可作为高等院校中少数民族经济、农村经济等相关专业研究生的教学参考用书。

图书在版编目（CIP）数据

民族地区特色资源产业精准扶贫研究：以湖北恩施州为例 / 王孔敬著. —
北京：科学出版社，2017.8
   ISBN 978-7-03-053062-2

  Ⅰ. ① 民… Ⅱ. ① 王… Ⅲ. ①扶贫–研究–恩施土家族苗族自治州
Ⅳ. ① F127.632

中国版本图书馆 CIP 数据核字（2017）第 121814 号

责任编辑：魏如萍　陶　璇　乔艳茹/责任校对：孙婷婷
责任印制：吴兆东/封面设计：无极书装

科 学 出 版 社 出版
北京东黄城根北街 16 号
邮政编码：100717
http://www.sciencep.com

北京京华虎彩印刷有限公司 印刷
科学出版社发行　各地新华书店经销

*

2017 年 8 月第 一 版　　开本：720 × 1000　B5
2017 年 8 月第一次印刷　　印张：13
字数：250 000

定价：86.00 元
（如有印装质量问题，我社负责调换）

前　言

　　贫困是一种全球性的社会现象，是经济、政治、文化等多方面因素不平衡发展的综合结果。人类的发展史从某种意义上说就是一部与贫困斗争的历史。当今社会，反贫困是世界各国面临的一项重大课题，也是全人类承担的一项重要任务。中国作为一个最大的发展中国家，尤其是一个多民族国家，长期以来，少数民族地区的贫困问题尤为突出，反贫困任务极为艰巨。改革开放以来，中国积极推进民族地区反贫困工作，取得了一系列重大成果，民族地区贫困人口生活有了很大改善，但由于民族地区发展基础比较薄弱，全面脱贫仍面临较大的挑战。

　　民族地区一直都是中国农村贫困人口的集中地区，我国 55 个少数民族人口的90%以上分布在贫困地区。少数民族地区由于历史、地理等原因，困难群众多、贫困程度深，脱贫任务重。2012 年国家确定的 592 个国家扶贫重点县位于民族八省区（内蒙古自治区、新疆维吾尔自治区、宁夏回族自治区、西藏自治区、广西壮族自治区、贵州省、云南省、青海省）的有 232 个，占国家扶贫重点县总数的39.2%，而位于民族地区（包括民族八省区、八省区以外其他省份的民族自治州、自治县等少数民族聚居区域）的有 299 个，占国家扶贫重点县总数的 50.5%。2012年，国家公布的 14 个集中连片特殊困难地区共 680 个县中位于民族八省区的有292 个，占总数的 42.9%，位于民族地区的有 421 个，占总数的 61.9%。

　　从贫困地区空间分布来看，我国西部地区贫困县（包括国家扶贫开发重点县和集中连片特困县）大部分都位于民族八省区内。民族地区内部，国家扶贫开发重点县主要集中在云南、贵州、内蒙古、广西和新疆五个省区，合计有 209 个县（市），占民族地区全部国家贫困县的 70%；而集中连片特困县主要集中在云南、贵州、西藏、青海、新疆、广西六个省区，合计有 317 个县（市），占民族地区全部集中连片特困县的 75%。可见，民族地区中，除了西藏和四省藏区（青海藏区、四川藏区、云南藏区、甘肃藏区）外，云南、贵州、广西、新疆是贫困县集中的地区。据国家统计局对我国 31 个省（自治区、直辖市）16 万户农村居民家庭的抽样调查，按年人均收入 2300 元（2010 年不变价格）的国家农村扶贫标准测算，2015 年民族八省区农村贫困人口为 1813 万人，占全国农村贫困总人口的比重为32.5%。2010～2015 年，民族八省区贫困人口占全国的比重始终在 30%以上，表明民族地区一直都是我国贫困人口较为集中的地区。民族八省区 2015 年贫困发生率为 12.1%，与 2010 年的贫困发生率 34.1%相比，下降了 22 个百分点，说明"十二五"期间,民族地区加大了扶贫开发力度,反贫困工作取得了显著成效。但与全国贫困发生率相比,民族地区明显偏高,2015 年全国贫困发生率已经降低到5.7%,民族地区与之相比,高 6.4 个百分点。

"十二五"期间,民族地区 3227 万人脱贫,减贫比例为 36%,平均每年减贫约 645 万人。2011~2015 年,民族地区减贫比例的变化趋势与全国基本保持同步,2011~2014 年,减贫比例不断下降,但 2015 年减贫比例大幅攀升。这表明,一方面,民族地区在国家的大力支持下,尽管扶贫开发工作取得显著成绩,但随着扶贫开发的深入,仍未脱贫的少数民族群众是扶贫攻坚的"硬骨头",扶贫攻坚任务越来越重;另一方面,为了实现 2020 年全面脱贫的宏伟目标,民族地区从 2015 年开始,加大了扶贫开发投入力度。

贫困是发展经济学永恒的主题。减少和消除贫困是世界各国发展的主要目标,更是社会主义国家的题中之义。自 20 世纪 80 年代中期以来,中国的多轮扶贫行动取得了巨大成就:若按 1 天 1 美元的贫困标准(世界银行早期的贫困标准)估计,中国 30 多年共减少了 7 亿多贫困人口,贡献了全球同期减贫人口的 90% 以上;同时,中国也是世界上首个实现联合国千年发展目标中减贫目标的国家。伴随着扶贫行动的推进,中国的贫困标准也在不断提高。1985 年,中国确定的第一条贫困线为年人均 200 元(1984 年不变价格,之后每年根据物价水平调整);2000 年中国确定了年人均 865 元的低收入线标准;2011 年中国政府进一步将贫困线标准提高到年人均 2300 元(2010 年不变价格),确定了现行的贫困线标准。2011 年,现行贫困线标准下的贫困人口达到 1.22 亿人,到 2015 年下降到 5575 万人,5 年间减少了 6625 万人。

"十三五"时期是全面建成小康社会的时间节点,也是扶贫任务进入啃"硬骨头"、攻坚拔寨的冲刺期。2013 年,中央办公厅发布《关于创新机制扎实推进农村扶贫开发工作的意见》,在全国推行精准扶贫工作;2015 年 6 月,习近平同志在贵州调研时将精准扶贫思想概括为"扶贫对象精准、项目安排精准、资金使用精准、措施到户精准、因村派人精准、脱贫成效精准";2015 年 10 月,习近平同志在"减贫与发展高层论坛"上进一步提出"中国在扶贫攻坚工作中采取的重要举措,就是实施精准扶贫方略"。精准扶贫贵在精准,民族地区由于贫困发生率高、贫困程度深、贫困原因复杂等,自然成为精准扶贫的"主战场"。"十二五"期间,我国民族地区经济发展速度超过全国水平,人均收入增长速度超过全国水平。但是,民族地区绝对水平显著低于全国水平,城镇化水平低,工业化程度低,人均收入低,恩格尔系数高,是新一轮扶贫攻坚战的难点和关键点。除了物质贫困外,少数民族民众普遍受教育程度低、住房条件差、卫生服务差,呈现出明显的多维贫困特征。并且,生态环境脆弱与贫困形成恶性循环进一步加深了民族地区的贫困程度。民族地区贫困的形成原因比较复杂,各个地区差异较大,大致包含自然因素、历史因素、经济因素、社会因素和文化因素五个方面。我国民族贫困地区多位于自然条件严酷的地区，产业发展先天条件差；地理位置远离区域经济、政治中心，从历史上看长期处于经济不发达地区；基础设施建设滞后，经济发展基础薄弱，产业结构单一；社会公共事业发展极为缓慢，尤其是教育和卫生公共服务差距大；长期以来自给自足模式下形成的部分独特传统和习俗与现代市场经济不相容，限制了少数民族群众发展经济，摆脱贫困的能力。我国政府始终重视民族地区的反贫困事业，出台了大量对民族地区经济发展的一般性扶持政策，也针对民族地区的贫困问题制定了特殊扶贫政策。但是，由于民族地区贫困原因复杂，目前反贫困事业仍面临多项挑战。例如，相关制度存在缺陷、传统扶贫模式效率低、自然条件差、产业脱贫难度大、能力贫困问题突出、特困少数民族群体和边境地区贫困问题突出、政府和市场扶贫工作中的边界不清晰等。我国民族地区产业扶贫存在形式主义、未形成产业链、扶贫精准性差、扶贫效果短期性等问题。民族地区产业扶贫应该以民族地区特色资源产业为依托，实现扶贫与周边大环境的结合，从点到线再到面形成产业系统格局，在不同阶段明确不同主体的性质和责任，把握贫困地区的特殊性，走适合民族地区特点的产业扶贫道路。

基于上述研究背景，本书从民族地区特色资源产业扶贫的内涵出发，分析了民族地区特色资源产业扶贫的基本要素和运行机理，认为特色资源产业扶贫需要政府、贫困户及社会各界的积极广泛参与，需要对贫困地区的资源进行全方位的研究，需要对现有扶贫模式进行绩效评估，在此基础上选择合理的产业，确定有效的开发方式，同时还要加快建立资源产业开发的载体，为资源产业扶贫提供有序平稳的运作渠道。通过对南非、巴西等发展中国家和美国、法国等发达国家的资源产业开发分析，提出值得民族地区借鉴的方面，主要包括：政府投资为主，基础设施先行；借助科技力量，发展地区资源优势产业，筑巢引凤，引导民间投资，系统制定规划，推进民族贫困地区全面开发。在此研究基础上，以恩施州为例，对其资源产业扶贫的基本情况、贫困的成因、现行扶贫开发模式和扶贫的难点进行深入分析，对恩施州资源产业扶贫的绩效进行了评估；随后，运用定量分析和定性分析相结合的方法，对恩施州区域扶贫主导产业选择进行了探讨，并由此确立了特色生态农业资源产业、特色旅游产业、富硒产业为恩施州特色资源产业扶贫的区域主导产业，并对上述主导产业的发展布局和发展模式进行了深入分析。最后，提出了恩施州特色资源产业精准扶贫的制度设计和政策建议。

本书引用了众多学者的研究成果和学术思想，虽然已有标注和说明，但难免挂万漏一，敬请谅解！同时由于时间仓促、水平有限，书中难免存在一些不足，恳请读者批评指正！

王孔敬

2017 年 6 月 1 日

目　　录

第一章　绪　　论

第一节　民族地区特色资源产业扶贫研究的背景及意义

一、研究背景

消除贫困，实现共同富裕，是社会主义的本质要求，是中国共产党的重要使命。中国政府历来重视贫困问题，为治理贫困进行了长期不懈的努力，依据不同时期的贫困状态和特征，制定了相应的贫困治理政策体系。改革开放30多年来，我国贫困治理工作取得了举世瞩目的发展成就，贫困人口大规模减少。我国经历了普遍贫困、区域贫困、基本解决贫困问题等多个贫困变化形态。国家减贫形势的变化使得政府不断调整扶贫治理体系，以达到有效减少贫困人口的精准扶贫要求。

从整体来看，改革开放以来，我国的扶贫治理体系为顺应贫困形态的变化和国家发展战略的需要，在不同的历史发展阶段进行了相应的调整和变化。20世纪80年代中期我国的贫困形态由普遍性贫困转为区域性贫困，其贫困治理体系也由改革开放初期的"体制改革减贫为主、救济式扶贫为辅的扶贫治理体系"转向"开发式扶贫"，建立了以贫困县为目标的扶贫瞄准机制（1988年确定370个国家级贫困县，1994年制定《国家八七扶贫攻坚计划》时调整为592个）。扶贫治理体系从体制改革向以政府主导的公共治理转变和扶贫资源的县级瞄准，使得我国农村贫困人口以较大规模持续较快减少，在减贫效果上获得了较好的精准度（黄承伟和覃志敏，2015a）。2001年中央政府根据我国农村贫困情况的变化，将扶贫瞄准目标调整为贫困村，将全国15万个贫困村作为扶贫工作的重点，在该阶段，国家扶贫治理体系转向推进"一体两翼"战略，即以整村推进为主体，以产业化扶贫和劳动力转移培训为"两翼"。政府在实施整村推进中除了强调村庄的全面、综合性发展外，也强调了改变以往自上而下的决策治理方式，建立起重视农户意愿、利益和需求的自下而上的参与式决策模式，并形成了一整套参与式村级扶贫规划方法。同时，作为两翼的产业化扶贫和劳动力转移培训也更强调了对贫困户和贫困个体的瞄准和帮扶。在产业化扶贫中形成了以公司+农户为主的农业产业扶贫模式，劳动力转移培训形成了以群众自愿、相关部门核实后对扶贫对象进行职业教育和各类技能培训的"雨露计划"工程。21世纪第二个十年是我国全面建成小康社会的关键时期，农村地区和贫困地区是全面建成小康社会的重点和难点。2011年国务院适时制定了《中国农村扶贫开发纲要（2011—2020年）》，随着该纲要的新贫困标准（2300元/人·年）的执行，我国扶贫对象分布由旧贫困标准下贫困人口插花型分布，在相当大程度上变为新贫困标准下贫困人口的片区集中（即集中连片特殊困难地区）分布。这意味着在新阶段，推动区域平衡发展与实现贫困人口脱贫存在新的契合。该纲要指出，我国区域发展不平衡问题突出，我国扶贫开发从以解决温饱问题为主要任务的阶段转入巩固温饱成果、加快脱贫致富、改善生态环境、提高发展能力、缩小发展差距的新阶段。扶贫目标的多元化表明，在新的阶段既要从重点县、重点村、贫困户三个层次来解决一些整体性特殊困难，解决区域发展差距日益拉大的问题，也要从具体的贫困农户脱贫问题入手实施扶贫攻坚，实现贫困地区的全面小康。因此，实现区域精准和个体精准是新阶段实施精准扶贫的新要求。基于此，2013年11月习近平同志在湖南湘西考察时提出了精准扶贫的理念，随后国务院扶贫开发领导小组办公室（简称国务院扶贫办）制定了《建立精准扶贫工作机制实施方案》并开始在实践中推行。2015年1月和6月，习近平同志在云南和贵州考察时再度阐释了精准扶贫、精准脱贫的内涵和理念，对推进精准扶贫、精准脱贫实践工作做了重要指示。2015年10月十八届五中全会明确了实施精准扶贫战略及其时间表，使其成为当下我国农村贫困治理的重要战略和理论。

我国民族地区包括内蒙古、新疆、西藏、广西、宁夏、青海、云南、贵州等8个省（自治区）及其以外的民族自治州、自治县等少数民族聚居区域，由于特殊的自然环境、历史发展和现实体制等多种因素的制约，民族地区贫困面广、贫困成因多元、贫困程度深、返贫率高、脱贫难度大，历来是我国扶贫治理的重点和难点所在。例如，20世纪80年代中期国家确定的331个重点扶持的贫困县中，少数民族贫困县为141个，占42.6%（刘江，1992）。1994年国务院制定的《国家八七扶贫攻坚计划》确定的国家重点扶持的贫困县全国共有592个，其中民族地区有257个，占总数的43.4%。在我国东部、中部、西部三个经济地带中，贫困县最多的是少数民族集中分布的西部地带，其1986年有贫困县261个，占全国贫困县总数的39.31%，1988年为347个，占全国贫困县总数的44.78%，1992年307个，占全国贫困县总数的51.86%（刘长茂和叶明德，1996），2007年在全国592个国家扶贫工作重点县中，民族自治县增加到265个，占国家扶贫工作重点县总数的45%，比《国家八七扶贫攻坚计划》实施期间增加了8个，提高了约3个百分点。2007年末民族自治县贫困发生率比全国（1.6%）高2个百分点。民族八省区农村仍有603.8万绝对贫困人口，占全国农村绝对贫困人口总数的近28%，贫困发生率为3.3%（国家统计局农村社会经济调查司，2008）。国家民族事务委员会扶贫办资料显示，人口较少的民族中没有解决温饱问题的贫困人口有13.7万人，占22个民族总人口的26%，贫困发生率达31.4%（赵显人，2001），民族地区的贫困严重制约着我国整体脱贫步伐的前进，减少贫困已经成为我国民族工作中的一项重要内容，从根本上消除贫困成为中央部署的构建和谐社会工作的重中之重。2011年《中国农村扶贫开发纲要（2011—2020年）》中所划分的国家14个集中连片特困地区中，90%以上的地区都属于民族地区，在2012年最新调整的592个国家扶贫开发工作重点县名单中，中部地区有217个，西部地区有375个，其中70%以上都是民族自治县。民族贫困地区的"空间分布主要呈现以下特征：第一，在自然地理环境上，贫困地区的空间分布呈现与生态脆弱地区高度耦合的格局，多以深山区、石山区、高寒区、高原区和地方病高发区为主；第二，在行政区划上，贫困地区的空间分布呈现与民族自治地区高度耦合的格局，民族自治地区大多属于贫困地区；第三，扶贫开发重点县呈现与集中连片特困区高度耦合的格局，绝大多数扶贫重点县都分布在连片特困区中；第四，扶贫开发重点县还呈现与省界或边境地带高度耦合的格局"（向玲凛等，2013）。民族地区的农村贫困整体上呈现出"空间贫困陷阱"的现象和特征（陈全功和程蹊，2011），成为我国当下农村精准扶贫、精准脱贫的焦点和难点。

整体而言，自改革开放以来，我国先后组织实施了大规模的、持久的和富有成效的专项扶贫开发计划，走出了一条符合国情、具有特色的"政府主导、社会参与、自力更生、开发扶贫"的扶贫开发道路；推动了贫困地区的发展和贫困人口的减少，扶贫开发工作取得了举世瞩目的成就。但扶贫开发任务仍然十分艰巨，贫困人口规模依然庞大，贫困地区与其他地区发展严重不平衡，贫困地区自然灾害威胁严重，相对贫困现象凸显。特别是，以少数民族自治州为代表的集中连片特困民族地区的贫困问题更加突出，其贫困问题呈现出更加复杂的时空演化特征。实践证明，如何充分利用民族地区的特色资源优势走产业扶贫的内生发展道路，是民族地区最终实现精准扶贫和精准脱贫战略目标的关键所在，因此，转变扶贫开发思路，推动集中连片特困民族地区实行"政府主导、企业主体、市场运作"的特色资源扶贫开发模式，通过自然、人力、交通、龙头企业等优势资源的整合，带动集中连片特困民族地区从"外部输血"到"自身造血"的根本性转变，是彻底解决贫困问题的关键环节，也是实现到2020年全面建成小康社会的重要途径。基于此，本书选择武陵山片区的恩施土家族苗族自治州（简称恩施州）为案例区，探究民族地区特色资源产业扶贫的路径、模式、机制等重要理论和实践问题，以期为当下民族地区的精准扶贫实践提供理论依据和智力支撑。

二、研究意义

扶贫开发事关全面建成小康社会，事关人民福祉，事关巩固党的执政基础，事关国家长治久安，事关我国的国际形象。打赢扶贫攻坚战，是促进全体人民共享改革发展成果，实现共同富裕的重大举措，是体现中国特色社会主义制度优越性的重要标志，也是经济发展新常态下扩大国内需求、促进经济增长的重要途径。"十三五"时期是我国全面建成小康社会的关键时期，是实现精准扶贫、精准脱贫的决胜阶段。研究民族地区特色资源产业扶贫，尽快减少并最终消除少数民族地区的贫困，不仅对于民族地区的经济发展意义重大，而且关系到国家安全、各民族团结进步和共同繁荣，具有重要的理论意义和现实意义。

1. 有利于民族地区经济健康持续发展

民族地区的贫困问题是我国农村贫困的焦点和难点所在，因此，民族地区扶贫开发的战略和路径选择代表着我国农村贫困问题解决的方向。在精准扶贫视阈下研究民族地区特色资源产业扶贫，不仅可以充分利用民族地区的特色资源优势，促进贫困人口的增收和逐步消除贫困，而且，为促进民族地区经济结构优化和产业升级，推动民族地区经济内生发展，为民族地区最终实现精准扶贫目标和全面进入小康社会提供了坚实的社会、经济基础。

2. 有利于促进边疆稳定

我国民族贫困地区大部分地处西南边疆和西北边疆，西南边疆和西北边疆是我国国家级贫困县集中分布地区。其中，西藏的全部、新疆的西南部、云南的西北部与南部都是贫困县集中分布地区，它们与多个国家为邻，位居国防要冲，地缘战略意义重大。而且，有30多个民族跨界而居，形成了跨界民族。跨界民族分布地区形成"敏感地带"。因此，民族贫困地区的特色资源扶贫开发对于边疆安全、国防巩固、国家统一具有十分重要的意义。

3. 有利于促进我国的生态环境安全

我国民族贫困地区在生态区位上，地处生态环境脆弱带，如青海、西藏、云南西北部处于我国地形的第一阶梯，是长江、黄河及其他大江大河的发源地，高寒低温。青海、西藏、新疆、宁夏、内蒙古的贫困县又是缺水和少水、水源严重短缺的干旱缺水区。新疆、青海、宁夏、内蒙古的许多贫困县地处沙漠边缘地带，降水量少，沙暴威胁着这些地区的经济发展。青海、宁夏的贫困县又大都位于黄土沟谷区，水土流失严重。贵州、云南及广西的贫困地区是石灰岩分布区。同时，我国少数民族地区的贫困县都在山区，这里地势落差大、坡度大、土层薄、土质差。总之，民族贫困地区生态环境脆弱，稳定性、抗干扰能力弱，可以恢复原状的机会小。所以民族贫困地区特色资源的合理开发，有利于改善全国生态环境的整体质量和促进我国的生态环境安全。

4. 有利于维持和完善我国的自然资源基础

内蒙古、广西、贵州、云南、西藏、青海、宁夏、新疆是我国少数民族分布集中的地区，同时是民族贫困地区分布的主要地区。这些地区被描述为"富饶的贫困"。所谓富饶就是指这些地区自然资源储量丰富，品种全，在全国资源地理格局中占有非常重要的地位。据统计，上述八个地区土地面积占全国的58.5%，耕地占全国的17.7%，林地占全国的34.8%，草地占全国的69.3%，待开发土地资源占全国的61.5%，地表水资源占全国的 42%，铁矿占全国的 11.4%，其中富铁矿占 40.6%，煤矿占39.3%。此外，铜、铅、锌、铝土、磷、钾盐等都占全国的重要地位（刘江，1992）。自然、人文旅游资源更是多姿多彩，生物资源也具有多样性。所以合理开发、持续地利用和保护这些自然资源，不仅对于促进民族地区发展和民族贫困地区贫困的缓解和消除，而且对于全国自然资源基础的维持意义重大。

5. 有利于加强民族团结

我国民族地区贫困面大，贫困度高，而且少数民族人口的贫困问题更为严重，这已成为民族地区发展的障碍。民族地区与发达地区不但本身发展差距大，而且差距还在进一步扩大。因此，加快民族贫困地区的开发进程，对于缩小民族地区与发达地区的发展差距、改善民族关系、加强民族团结、促进社会稳定具有重大的战略意义。

第二节 特色资源产业扶贫研究现状与进展

一、关于动态贫困问题

（一）国内外动态贫困相关研究的学术史梳理

贫困问题涉及经济学、社会学、人类学、政治学等多个学科领域，国内外学者从不同的视角对贫困的概念与测量、贫困监测与评估、致贫因素和机理、反贫困战略和政策等方面做出了大量的研究。纵观国内外研究历程，其经历了由静态贫困研究向动态贫困研究、单维贫困研究向多维贫困研究、单一学科视角研究向多学科视角研究的转变，现将相关研究的学术史进行梳理。

1. 经济视角的动态贫困理论发展

从经济视角来看，国外动态贫困理论研究经历了由生命周期理论到贫困恶性循环理论的发展演进。19 世纪末，英国学者朗特里提出了"生命周期理论"，用于解释贫困的波动状态，开创了动态贫困研究的新领域，随后，西方其他学者对生命周期理论中的生命阶段进行了扩展和细化，并建立了不同类型的生命周期模型（Duclos et a1., 2010）。继生命周期理论提出后，20 世纪 50 年代，英国学者纳克斯系统地提出了贫困恶性循环理论，随后，纳尔逊的"低水平均衡陷阱"理论和缪尔达尔的贫困"循环积累因果关系"理论解释了贫困的波动性和循环趋势的原因。上述理论从经济视角解释了贫困的波动性，虽然理论中缺少了文化和社会因素，但作为经典动态贫困理论其启发意义是非常重大的。

2. 文化视角的动态贫困理论发展

从文化视角来看，20 世纪 60 年代，以刘易斯、哈林顿为代表的一些学者基于来自不同国家社区的经验资料，提出了"贫困文化理论"，用于解释一些社区贫困的长期性和贫困代际性传递问题。该理论虽然遭到了一些学者的质疑和批判，但该理论将贫困研究视角由单一的经济领域扩展到了文化领域，丰富了动态贫困的理论研究，为社会视角的动态贫困理论研究提供了基础。

3. 社会视角的动态贫困理论发展

从社会视角来看，20 世纪 70 年代，埃尔德提出了"生命历程理论"，强调了贫困的发生是社会变迁、外部环境和文化及个人特质之间相互作用的结果，从而形成了贫困问题的一个新的研究范式，并把贫困问题扩展到了社会方面，避免了经济视角和文化视角理论的贫困决定论，赋予了动态贫困问题研究的综合性视角和较强的解释力。

4. 国内动态贫困理论发展状况

国内关于动态贫困的研究从整体上来看相对滞后于国外的研究，从 20 世纪 80 年代开始，国内学者开始逐步介绍和引进国外的相关理论并将其与中国的贫困问题结合起来进行理论本土化的研究，特别是围绕我国不同时期的扶贫开发政策进行了大量的理论诠释和实证工作，取得了比较丰硕的成果。

（二）国内外动态贫困问题研究进展

1. 国外动态贫困研究动态

动态贫困作为贫困问题研究的热点和前沿领域，受到了国外学者的持续关注和研究，总的来看，国外对动态贫困问题的研究主要集中在以下几个方面。

（1）动态视角下的贫困概念及其测量

国外学者依据 Foster 等（1984）提出的 FGT 贫困指数，通过测算一定时期内农户的贫困水平，并依据陷贫的原因对贫困进行分解，提出了暂时贫困（transient poverty）和长期贫困（chronic poverty）的概念及其测度方法。Gaiha 等基于 FGT 贫困指数中二次贫困缺口指数将农户在一定时期内的期望消费与贫困线标准进行比较，由此界定了长期贫困和暂时贫困的内涵和外延（Gaiha and Deolalikar，1993）；Duclos 等根据均匀分布等效（equally-distributed equivalent，EDE）贫困缺口思路将所观测样本的总贫困水平分解为平均贫困缺口之和（sum of the average poverty gap in the population）、个体间 EDE 贫困缺口不平等的代价（cost of inequality in individual EDE poverty gaps）及跨期不平等代价（cost of inequality across time）。前两者构成了总的长期贫困，跨期不平等代价构成了总的暂时贫困（Duclos et al.，2010）。上述划分方法虽然将贫困概念动态化，但其缺陷也遭到了非议（McKay and Lawson，2003），基于此，Cater 等提出了在资产贫困陷阱理论的基础上，利用农户的资产水平测度长期贫困的新思路（Cater and Barrett，2006）。

（2）关于脆弱性贫困的研究

随着人们对贫困的认识与反贫困实践的不断深入，一方面，贫困问题研究呈现出微观化和动态化的趋势；另一方面，反贫困实践对贫困的事前预见提出了越来越高的要求。在这种背景下，脆弱性贫困的概念应运而生。20世纪末，经济学家对贫困的研究开始关注风险的影响及其应对机制。脆弱性不单单反映当下的贫困现实，更重要的是预测农户面对未来各种不确定性时陷入贫困的概率，它深入地、动态地、前瞻性地刻画了贫困。目前，定义和测量脆弱性主要有以下四种思路：①以对未来贫困的期望作为脆弱性进行定义和测量（Chaudhuri et al.，2002；Gunther and Harttgen，2009；Pritchett et al.，2000）；②以低期望效用作为脆弱性进行定义和测量（Ligon and Schcchter，2003）；③将脆弱性视作风险暴露进行定义和测量（Kurosaki，2006）；④以预期损失指数（index of expected deprivestion）界定脆弱性（Dercon，2004），提出了贫困脆弱性的多维定义和测量方法。

（3）动态视角下贫困的预防和应对研究

贫困的动态形式不同，相应地就要求在实践中实施的反贫困策略有所不同，一些学者通过对部分发展中国家贫困问题的仿真模拟来检验反贫困策略的效果，探究了风险与动态贫困之间的关系（Newhouse，2005；Carter，2007），农户的风险应对策略——平滑消费（Fafchamps and Lund，2003；Carter and Lybbert，2012），以及农户的风险管理策略——收入平滑（Ito and Kurosaki，2009；Lybbert and Barrett，2011），从理论和实践方面进一步丰富了贫困的预防和应对研究。

2. 国内动态贫困研究动态

近年来，随着"十二五"《中国农村扶贫开发纲要》（2011—2020年）的实施和家户调查项目的逐步实施及其数据的发布，学者们也开始对中国的动态贫困问题进行研究，主要集中在以下几个方面。

1）罗楚亮对大样本微观家户调查数据的统计分析，反映了中国城乡贫困变化的趋势、特征和原因（罗楚亮，2010）。王朝明和姚毅基于"中国健康与营养调查"，从相对贫困的视角，通过贫困转移矩阵考察了中国城乡贫困的整体变动趋势及其动态演化特征和影响因素（王朝明和姚毅，2010）。

2）章元和万广华（2013）、杨文等（2012）试图改进长期贫困、暂时贫困及脆弱性贫困的测度和分解方法，并将其应用于中国的数据，在此基础上提出了相应的反贫困政策建议。此外，万广华和章元（2009）比较了贫困脆弱性的不同评估方法对于预测贫困的准确性；李丽等也遵循国外学者的研究方法（李丽和白雪梅，2010；郭劲光，2011），对中国农村贫困的脆弱性水平进行了评估。

3）研究中国城乡家户通过储蓄和社会网络实现平滑消费的行为，由此反映出家户抵御风险、避免频繁陷入贫困的能力。孟昕认为风险分担能够实现完全的平滑消费（孟昕，2001），但也有学者对此结论提出了质疑（陈玉宇和行伟波，2006；陈传波等，2006）；马小勇和白永秀利用陕西农户调查数据全面检验了社会网络内的风险统筹和跨期消费平滑两类风险应对机制对消费波动的影响（马小勇和白永秀，2009）。结果表明，两种机制都发挥着作用，但是从内部结构看，通过储蓄实现跨期消费平滑的作用更为重要。

4）关于农村精准扶贫问题的研究。精准扶贫作为当下我国农村贫困治理的全新理论和国家发展战略，受到了社会各界的广泛关注。葛志军和邢成举（2015）、左停等（2015）、汪三贵和郭子豪（2015）、刘解龙（2015）等学者对精准扶贫的内涵、意义等理论问题进行了深入分析；同时，唐丽霞等（2015）对精准扶贫的实践困境、应对对策进行了探究；此外，部分学者对各个地方的精准扶贫实践活动进行了相关的介绍和分析。

二、关于扶贫产业选择

扶贫产业的选择是产业扶贫绩效的关键。扶贫产业可以是区域发展的主导产业，也可以是即将培育的战略性新兴产业，或者是以农业产业化方式实现的农业集约产业。

（一）主导产业选择

关于主导产业的选择，有产业功能、选择基准及定量分析等方面的指标指引。20世纪60年代罗斯托（Rostow）将经济、社会的发展过程划分为六个阶段，即为大家所熟知的经济成长阶段论。它提出，在任何特定时期，国民经济不同部门的增长率存在广泛的差异，这时整个经济的增长率在一定意义上是某些关键部门的迅速成长所产生的直接或间接的结果，这些关键部门被称为驱动部门或主导部门。佩鲁在20世纪50年代提出了经济的"发展极"，认为经济空间存在若干中心、力场和极，产生类似的各种向心力和离心力，并在一定范围内形成"场"，促进不同部门、行业和地区，按照不同速度不平衡地增长。布戴维尔在佩鲁的增长极基础上提出了"推进型产业"概念，认为主导产业形成了多功能的经济活动中心，不仅促进了自身发展，还通过吸引和扩散作用推动了其他地区的发展。但主导产业的形成取决于推进型产业的区域周围环境的增长传递机制等因素的作用。主导产业的选择基准，主要包括赫希曼关联度、筱原三代平的"三基准"、过密环境和丰富劳动内容。赫希曼认为，在产业关联链中关联系数较大的产业，可以促进或带动前、后向产业，以主导产业带动其他产业的发展，并提出了"有效投资系列"，认为应优先发展后向关联效应大的产业部门，从需求方面形成压力，从而带动整个经济的发展。20世纪50年代，筱原三代平提出了"需求收入弹性基准"与"生产率上升基准"，按需求收入弹性基准选择主导产业，从需求角度看，应该选择那些随着人均国民收入增加需求量也大幅增加的主导产业。生产率上升率是全要素生产率，筱原三代平认为应选择那些技术进步最快、产品附加值最高的产业作为主导产业，促进整个产业结构系统的技术进步。20 世纪 60 年代，日本产业结构审议会提出了过密环境基准，以缓和、解决发展与环境、经济与社会之间的矛盾，要求选择那些环境污染少，不会造成产业过度集中的产业进行有限发展，明确提出了改善环境的基本取向。这个基准反映的是经济发展与社会发展相互协调的问题，标志着发展经济的最终目的与提高劳动者的满意度的关联性不断增强。

国内主导产业的研究始于 20 世纪 80 年代末。随着国家对主导产业促进国民经济发展的重视程度越来越高，主导产业选择的研究逐步从国家层面向区域层面转移。周振华提出了"周氏三基准"，包括主导产业的选择应该遵循增长后劲基准、瓶颈效应基准和短替代基准（周振华，1989）。他认为，发挥我国的后发优势，必须选择具有增长后劲的产业作为主导产业，重点扶持对产业体系整体的持续发展具有重大意义的产业；还要选择那些目前国民经济短缺的、无法强制替代的，又是社会迫切需要的产业；为了打破产业结构的瓶颈，突破某些产业发展的滞后对整个产业结构和国民经济的制约，要重点扶持那些瓶颈效应大的产业。"周氏三基准"理论，对于避免急功近利的短期行为，选择合适的主导产业具有很强的现实意义和积极作用。王稼琼提出主导产业选择还应考虑市场前景和市场竞争力，产业之间的带动，创新和进步，吸纳劳动力的能力，动态比较综合优势，世界市场竞争力，以及可持续发展水平等（王稼琼，1999）。许秋星将筱原三代平的需求收入弹性基准、生产率上升基准与赫希曼的产业关联度结合起来（许秋星，2001），也提出了主导产业的"三基准"。关爱萍等提出了"六基准"，包括可持续发展基准、需求基准、效率基准、技术进步基准、产业关联基准、竞争优势基准（关爱萍和王瑜，2002）。这六个基准是有机统一体，从供给、需求、产业发展空间、竞争优势等多个角度提出了主导产业选择的依据。党国辉提出了收入弹性基准、增长率基准、产业关联基准、劳动就业基准的"四基准"，与国外学者的主导产业选择基准基本相似。同时，国内许多学者也提出了单一指标选择的基准，如比较优势基准、产业协调状态最佳基准、边际储蓄率基准、高附加值基准、货币回笼基准等。单一指标往往在实践中容易偏离主导产业自身的特征，从而造成一定偏差。

（二）新兴产业培育

关于新兴产业培育的研究主要集中在政府的作用和市场需求的影响因素上。Rajshree Agawal 认为新兴产业在萌芽状态，会经历企业数量由少到多，再短期调整减少的过程，在这一时期，企业对技术创新的投入会有所降低，导致一些企业退出。Toby Hatfield 认为在新兴产业出现的过程中，市场竞争比政府的鼓励措施更为重要。Nicole Pohl 研究了日本的产业振兴合作组织，认为这个组织可以在一定范围内提供一个区域性产业发展的安全网络。Trajtenberg 认为每个国家都应发展具有比较优势，对国民生产有重大意义且带动作用强的产业。Keizer 提出，主导产业是一个区域经济发展的核心动力，因此应大力培育主导产业。佩雷斯将科技变革分为导入期和拓展期，具体又可分为爆发、狂热、协同和成熟四个阶段。爆发阶段，新核心技术的技术成果逐步实现产业化，新技术、新产品和新产业运用趋于频繁；狂热阶段，新兴产业部门的生产率大幅提升，各种金融资本大力介入，新产业蓬勃发展；协同阶段，技术缓慢增长，政府通过设立专门的监管机构，干预和管制该产业的发展，科技革命在生产和社会结构中充分展开，高速增长得以继续；成熟阶段，核心技术创新能力趋于减弱，技术革命的动力衰弱，新的核心技术和战略性产业开始酝酿和培育。

（三）农业产业化战略选择

国外对农业产业化的研究始于 20 世纪 50 年代的美国，此后被推广到西欧、日本和其他发达国家或地区。最初学者们将农业产业化经营模式称为"农业综合体"或"农工综合体"，其主要包括四个方面的内容：适应当前农业生产力，加快推进农业生产的专业化和集约化；通过契约形式，实现农工商政一体化，形成"利益共享、风险共担、共同发展"的利益共同体；深化农业内部分工，提高农民的组织化程度，不断完善社会化服务机制；通过合同、股份等利益联结机制，保障农户利益不受损，提高农户参与的积极性和主动性，推进利益分配机制合理化。目前，国内存在较为成熟的产业化扶贫模式。唐春根和李鑫总结了四种模式："公司+农户"模式、"中介组织+农户"模式、"专业批发市场+农户"、"公司+农户+基地+市场+研发培训中心"模式（唐春根和李鑫，2007）。聂亚珍则总结了龙头企业带动模式、主导产业带动模式、市场带动模式和中介组织带动模式等四种模式（聂亚珍，2004）。章杏杏按照参与主体不同的组织结合方式和利益分配方式，提出股份制、合同制、租赁制和内部职工工资制等产业化扶贫运作机制（章杏杏，1999）。对于政府在这个过程中扮演的角色，张长厚认为主要有宏观调控和法制建设、制定优惠政策、培育市场环境、建立农业保障体系、提高农民素质等支持者和服务者的角色（张长厚，2003）。同时，王克林、刘新平、章春华提出优先发展支柱产业的农业产业化战略思想与产业化阶段演进，以及强化综合投入、建设资源基地、组建扶贫实体、调整人口与土地关系、加强科技进步、逐步推行土地流转制度等农业产业化扶贫的举措（王克林等，1998）。另外，产业化扶贫过程中的风险控制也是国内外学者研究的重要内容之一。

三、资源产业扶贫

从资源产业发展的角度看，资源产业扶贫主要会考虑地区区位优势、生态环境、特色主导产业、水利资源、矿产资源、旅游资源、生物资源等（吴锋刚等，2012），这些资源可以划分为不可再生资源和可再生资源两类。对于贫困落后地区来说，不可再生资源主要为矿产资源，如能源矿产（煤炭）、黑色金属矿产、有色金属矿产、贵金属矿产、冶金辅助非金属矿产、化工原料非金属矿产、建筑材料非金属矿产、液体及气体矿产等；可再生资源包括尾矿开发保护、绿色能源、特色旅游资源及"城市矿产"。针对矿产资源产业发展，应推动地质勘察找矿，加快发展"资源—产品—再生资源"的闭环流动型经济发展模式，促进"低开采、高利用、低排放"，加快发展无尾矿公益，推广清洁生产技术和环保技术，把生态环境保护与资源综合利用结合起来，不断提高产业竞争力，开拓优势产业，进一步规范矿权交易（王世军，2003）。关于再生资源产业发展，可以学习发达国家的先进经验，制定并不断完善法律法规，不断完善经济政策，制定科学的管理体制和详尽的实施计划，加快完善产业体系等（蔡吉跃和蔡振，2010）。从西部民族地区的实际情况来看，关于资源扶贫的研究主要集中在生态扶贫和旅游扶贫两个方面。

（一）生态扶贫问题

西部地区是我国最主要的贫困地区，面临着生态环境恶化、水资源短缺、社会经济发展滞后等诸多挑战。贫困面大、贫困程度深是西部地区的基本特征。一些学者对西部生态环境与贫困之间的关系，以及生态扶贫的内涵、模式等方面进行了研究。

1. 关于生态环境与贫困关系的研究

西部地区贫困现状形成的原因是复杂的，包括自然地理、社会历史等内外因素的综合影响。从总体上看，西部的贫困现状与自身脆弱的生态环境密切相关。随着贫困人口规模的缩小，生态环境在诸多致贫因素中越来越突出。我国贫困人口当前主要分布在生态环境恶劣、自然资源匮乏、地理位置偏远地区，这就使得我国的扶贫开发与生态建设间存在高度重叠（章力建等，2008）。同时，贫困进一步加剧了生态环境的恶化，如果生活在当地的人们不能在经济和生活上脱贫，就不能从根本上消除对生态环境的过度开发乃至破坏。而单一的生态保护治理政策或脱贫政策都难以实现生态系统的良性循环和贫困人口的稳定脱贫。因此，反贫困应从生态环境入手，加强生态环境建设与扶贫开发的有机结合，实施生态扶贫战略，实现贫困地区生态环境改善与贫困人口脱贫致富的"双赢"目标（郭怀成等，2004）。许多学者基于不同的视角和研究案例区提出了生态扶贫的概念（刘慧和叶尔肯·吾扎提，2013），对生态建设与地区农业产业化发展的耦合关系（王振颐，2012）、生态灾害对农牧民生计的影响，以及贫困地区生态服务功能建设等方面进行了部分案例地区的研究。

2. 生态扶贫模式研究

对于民族地区的生态扶贫模式，最具代表性的主要有两种模式：原地生态扶贫模式和离地生态扶贫模式（查燕等，2012）。原地生态扶贫模式的内容主要包括：加大生态建设扶贫力度，引导部分农牧民向生态工人转变；推进特色生态产业扶贫发展，提高农牧民收入水平；发挥贫困地区的自然资源和生态环境优势，积极培育草畜、中药材、果品、瓜菜等无公害农产品、绿色食品和有机食品；鼓励和帮助龙头企业按照市场运作的方式，与农户建立合理的利益联结机制，带动和扶持贫困农户发展生产，通过特色生态产业提高贫困人口的收入；积极拓展整村推进工程，促进农村生活环境与自然环境融合。离地生态扶贫模式主要以水源涵养林区，省级以上自然保护区，风沙及荒漠化威胁严重、生态环境脆弱、重要生态功能地域等区域为重点，进一步拓展生态移民范围和加大补助力度；重点实施将生活在自然条件恶劣、地质灾害频发、缺乏基本生存条件、就地脱贫无效的贫困人口向小城镇和工业园区转移；加大贫困地区剩余劳动力向当地大中城市和东部沿海地区的输出力度。而对于处于地质灾害频发地区的贫困劳动人口，应积极探索支持和实施劳务移民，促进移民在就业地落户安家。

（二）旅游扶贫

民族地区由于特殊的历史、自然环境和多元民族文化等多种因素的影响，有着非常丰富的生态旅游资源和民族文化旅游资源，国内外对于如何利用旅游资源进行扶贫开发进行了广泛、深入的探讨，取得了比较丰硕的研究成果。

1. 国外旅游扶贫研究进展

（1）旅游业发展对贫困地区的影响

旅游业发展主要从经济和非经济两个方面来体现对贫困地区的影响，对于贫困人口来说，其最期盼也是最重要的就是经济影响。

1）经济影响。关于旅游扶贫，国外的研究主要起源于发达国家的学者关于旅游对旅游目的地社会与经济发展的影响研究。很多学者通过研究认为，旅游业的发展能为贫困地区带来更多的就业机会，增加当地人民的收入，促进中小企业的发展。但另外一些学者如马修·沃泊尔持不同意见，他认为贫困地区的经济基础非常薄弱，同时由于外来资本占据了大部分的旅游市场，产生了非常严重的旅游外汇流失现象，因此贫困地区得到的最终经济利益十分有限（walpole and Goodwin，2000）。

2）非经济影响。这种非经济影响主要体现在社会文化和环境两个方面。旅游业的发展改变了贫困地区的社会文化。在分析菲律宾棉兰老岛旅游业发展情况时尼科尔森发现，如果一个地区在发展旅游业的同时没有保护社会文化，那么随着当地商业化进程不断加快，可能会使儿童由于无人引导或者引导过度而走上犯罪道路，这会改变当地居民的生活环境，也会给当地造成极其不好的影响（Nicholson，1997）。

旅游业发展还改变了旅游目的地的自然资源和生存环境，这种改变有利有弊。发展旅游业能够改善生活环境，旅游目的地居民也获益匪浅，发展旅游业能提高当地的教育和医疗设施水平，这是其带来的积极影响。但是贫困地区的人民也因此失去了很多自然资源，如土地资源，这使他们的生活来源受到了很多限制。研究尼泊尔的加奥里帕尼地区的格鲁昂（Gurung）发现，减少当地1公顷的森林，当地人民便不能再轻易收集柴火和其他物品，随之受影响的便是森林旅游（Gurung，1991）。

（2）旅游开发中贫困人口参与问题研究

1）旅游开发中贫困人口参与障碍。当我们对旅游开发中贫困人口参与问题进行研究时，应重点集中于贫困人口参与旅游开发的障碍及改进措施。其中，最主要的障碍便是缺少人力资本，其次是缺少金融资本、可进入性差及丢失土地所有权和使用权，这些都使得贫困人口无法真正地参与旅游开发。

2）旅游开发中贫困人口参与程度及类型。大部分研究表明，居民只有参与旅游决策，进行旅游规划，才能真正提高收益水平，从而获取利益，但同时我们也可以发现，由于受到很多因素的影响，社区居民一般都没有参与到较高等级的旅游活动中，贫困人口就更不可能参与进去。旅游开发中贫困人口参与类型主要包括：参与旅游规划与决策、参与旅游企业经营活动、参与与旅游相关的其他行业的经营管理、参与旅游业就业（王兆峰，2011）。其中，参与旅游决策及参与旅游规划的等级相对较高。

2. 国内旅游扶贫研究进展

与国外的研究相比，我国对旅游经济影响的研究比国外晚了二三十年。但快速发展的旅游业吸引了很多学者的关注，国内对旅游扶贫的研究主要体现在旅游经济方面，这是旅游扶贫研究的理论依据，也是旅游扶贫经济效应评估的基础。最初学者们没有直接从旅游的反贫困角度入手，而把研究的焦点集中于旅游业发展对经济的影响上面，直至1996年，国家旅游局在召开全国旅游扶贫开发工作座谈会上提出，要推广福建、广东、贵州等省份的旅游扶贫经验。这一时期的研究主要以蔡雄和高舜礼等为代表，蔡雄分析了旅游扶贫的乘数效应，认为其具有非常大的乘数效应，值得推广和借鉴（蔡雄，1997），两年后，他提出了政府主导模式、移民迁置模式、景区带动模式、农旅结合模式等四种旅游扶贫模式（蔡雄，1999）。这一时期，还有很多学者分析了一些特定地区旅游扶贫的发展战略、基本思路和经验。例如，田喜洲等提出了宜昌三峡库区的旅游扶贫开发建议（田喜洲，2002）。高舜礼认为旅游扶贫的对象主要是经济欠发达地区，这些地区在某种程度上具有一定的旅游发展基础，这些地区不仅包括那些贫困地区，还包括所有的相对贫困地区。它们的旅游扶贫目标是解决脱贫后逐步致富的问题，而不仅仅局限于脱贫（高舜礼，1997）。21 世纪以来，学者们对旅游扶贫问题的探讨范围越来越广泛，归结起来，主要体现在以下三个方面。

（1）对旅游扶贫概念的探讨

21 世纪以来，很多学者开始研究旅游扶贫的内涵。这些学者的看法或者趋于一致，或者大相径庭。例如，周歆红认为旅游扶贫一定要明晰目标人口和目标地区，其研究的重点是如何在旅游开发中让贫困人口增加发展机会和获取收益，她认为旅游扶贫的根本是扶贫，发展的前提是经济效益的提高，方法和手段是发展旅游业，终极目标是社会积极变迁（周歆红，2002）。丁焕峰则认为旅游扶贫是基于对贫困地区的旅游资源进行开发，将旅游业发展成当地的主导型产业和支柱型产业，从而实现贫困地区地方财政和居民共同脱贫致富（丁焕峰，2004）。我们从中可以发现学者们各自定义的侧重点有很大的不同。

（2）对旅游扶贫效应的研究

对旅游扶贫效应的研究，大多是关于旅游扶贫正效应的研究，如有的学者认为旅游业具有良好的社会效益和生态环境效益、丰厚的经济效益、强大的辐射效应等八个方面的正效应，但忽视了关于旅游扶贫所带来负效应的研究。另一种研究主要集中在评估旅游扶贫效益的研究上，他们认为虽然旅游扶贫是开发式扶贫，但各种资源的短缺导致旅游市场开拓非常困难、旅游收入漏损现象严重等各种负面效应。同时，他们认为在资源方面，旅游业与其他产业的博弈竞争及"旅游飞地"现象的出现，说明当地社会旅游业与其他产业的协调发展值得重视和深入研究，其中还存在着很多问题。虽然对于旅游扶贫所造成的负效应已经有所研究，但是却没有受到重视。唐建兵提出了关于旅游扶贫四个方面的负效应：欠发达旅游开发区缺乏旅游行业管理和规划指导，多属自发性；一些旅游开发区滋生"财大气粗"或"小富即安"的心理；旅游开发的重要性被夸大；民族地区旅游目的地的自然环境被污染了，还对旅游目的地的社区传统文化造成了一定程度的破坏，使当地淳朴的民风趋于商品化，社会道德风尚也逐渐退化（唐建兵和王玉琼，2007）。

（3）旅游扶贫发展模式分析

在我们开展旅游扶贫工作时，旅游扶贫发展模式为我们提供了较大的现实价值，对旅游扶贫发展模式的总结和研究，是连接理论和实践的桥梁。胡锡茹认为云南在多年旅游实践中形成了三种模式：以实现地区经济可持续发展、保护环境为原则；以市场为导向，民族文化旅游扶贫模式、生态旅游扶贫模式为主导；以脱贫致富为目标，以当地居民受益为目的，以旅游特色产品为发展支柱，以特色资源为发展依托（胡锡茹，2003）。赵丽丽提出在我国西南地区，旅游扶贫启动与发展的两种战略方法，确定了十大策略（赵丽丽，2003）。梁明珠以生态旅游成功与否和居民利益分配、社区参与、土地赔偿等方面为线索，提出了制定"三农"利益保障机制的方法（梁明珠，2004）。李永文和陈玉英认为当我们制定旅游扶贫开发的战略时，应着重考虑"资源—人—效益"三个因素（李永文，2002）。

总之，国内外学者较为全面地分析了旅游与消除贫困问题，学者们不仅研究旅游目的地，从微观角度分析在消除贫困过程中，政府部门、行业组织及贫困居民本身出现的问题，还从宏观角度研究旅游扶贫政策法规、旅游产业规则、消除贫困对地区经济和旅游发展带来的影响。

国内旅游扶贫重点应放在旅游扶贫在具体领域的开发，大部分学者认为政府应指导旅游扶贫开发工作，需要从地方政府部门的角度来处理旅游扶贫开发中出现的问题。很少有学者关注在旅游扶贫中，非政府组织、私营企业及其他利益相关者的地位和作用。目前的研究范围主要包括旅游扶贫的模式、功能、对策等，对一些较具示范性、可操作性的理论基础分析，以及贫困人口受益模式等较深层的主题涉及较少；研究中以定性分析为主，缺乏基础的定量分析；以研究特定地区旅游扶贫为主，没有微观单元的实证研究；缺乏对贫困人口在旅游扶贫中的关注，对贫困人口参与旅游开发中存在的障碍、得到的旅游和经济利益没有涉及，反而主要集中于富裕起来的人口研究，对研究对象认识不够深入；没有深入探讨旅游扶贫带来的经济、文化、社会影响；关于社区参与的研究只是提出问题和阐述其必要性，缺乏对机制的建立、解决方案和模式的设计及系统的建立等进行系统研究；缺乏对其他经济系统与旅游系统如何联系，农户、社区参与与旅游发展的关系等问题的具体研究（汪东亮等，2010）。

第三节　研究内容与研究方法

一、研究内容

（一）研究思路

本书从民族地区特色资源产业扶贫的内涵出发，分析了特色资源产业扶贫的基本要素和运行机理，认为特色资源产业扶贫需要政府、贫困户及社会各界的积极广泛参与，需要对贫困地区的资源进行全方位的研究，需要对现有扶贫模式进行绩效评估，在此基础上选择合理的产业，确定有效的开发方式，同时还要加快建立资源产业开发的载体，为资源产业扶贫提供有序、平稳的运作渠道。通过对南非、巴西等发展中国家和美国、法国等发达国家的资源产业开发分析，提出了民族地区值得借鉴的方面，主要包括：政府投资为主，基础设施先行；借助科技力量，发展地区资源优势产业，筑巢引凤，引导民间投资，系统制定规划，推进民族贫困地区全面开发。对恩施州资源产业扶贫的基本情况、贫困的成因、现行扶贫开发模式和扶贫的难点进行深入分析,对恩施州资源产业扶贫的绩效进行评估。在此基础上,以恩施州为例,对其区域扶贫主导产业选择进行了探讨,并由此确立了特色生态农业资源产业、特色旅游产业、富硒产业为恩施州特色资源产业扶贫的区域主导产业,并对上述主导产业的发展布局和发展模式进行了深入分析。最后,提出了恩施州特色资源产业精准扶贫的制度设计和政策建议。

（二）研究框架

第一章为绪论,介绍了研究背景、研究意义,对动态贫困、扶贫产业选择、资源产业扶贫的相关文献进行综述分析,概述了本书的研究思路、方法和内容。

第二章为特色资源产业扶贫内涵与理论基础,分析了贫困的内涵与成因,精准扶贫理论,我国农村贫困治理体系演进历程,特色资源产业扶贫的内涵与运行机理。

第三章为国外特色资源产业扶贫模式,分别对发展中国家中南非旅游资源产业扶贫、巴西农业资源开发扶贫和发达国家中美国资源产业扶贫、法国资源产业扶贫进行了系统分析,提出了对恩施州开展特色资源产业扶贫的借鉴意义。

第四章为恩施州农村扶贫开发现状,分析了恩施州农村贫困的基本情况、贫困的成因,以及现行扶贫开发模式和存在的问题。

第五章为恩施州特色资源产业扶贫效果评估,通过对恩施州特色农业资源产业扶贫模式和扶贫效果的评估分析,指出了恩施州特色资源产业扶贫存在的主要问题。

第六章为恩施州特色资源产业扶贫区域主导产业选择,通过对区域主导产业选择的理论和方法的介绍,利用定量分析和定性分析确立了恩施州特色资源产业扶贫的区域主导产业。

第七章为恩施州特色资源产业扶贫模式选择。通过对恩施州特色农业资源产业和特色旅游资源产业扶贫模式分析,得出了恩施州特色农业资源产业发展的六种模式;通过对旅游业的资源禀赋度与区域贫困度的测度和耦合分析,得出了恩施州旅游扶贫开发的几种基本模式。

第八章为精准扶贫视阈下恩施州特色资源产业发展布局。依据前文所确立的恩施州特色资源产业扶贫主导产业,分别分析和探究了恩施州特色农业资源产业、特色旅游产业和特色富硒资源产业的发展布局问题,据此提出了相关发展建议。

第九章为恩施州特色资源产业精准扶贫制度创新研究。主要从恩施州特色资源产业精准扶贫的原则和路径、恩施州特色资源产业精准扶贫的合力攻坚机制、动态管理机制、精准脱贫激励机制、精准扶贫实施的政策支撑体系等方面提出了相关对策和建议。

二、研究方法

（一）理论与实证分析相结合

通过对特色资源产业扶贫的基本要素的分析，探讨了民族地区特色资源产业扶贫的理论内涵及运行机理等重要理论问题；对精准扶贫的理论内涵和在实践层面的现实困境也做出了深入分析。在此基础上，以恩施州为例，通过层次分析法等实证分析方法，对上述理论进行了验证和分析。

（二）定量与定性分析相结合

通过数据探讨了恩施州的扶贫开发现状和特色资源产业扶贫效益，分析了恩施州特色资源产业扶贫开发存在问题，在此基础上，运用层次分析法等定量分析方法对恩施州特色资源产业扶贫的区域主导产业选择进行了深入分析。

（三）多学科相结合

民族地区特色资源产业扶贫涉及多个学科领域，需要运用多学科相结合的研究方法进行研究。例如，在探究恩施州特色旅游产业扶贫时，运用经济学、地理学、生态学等学科领域的耦合理论、空间分析、计量分析等多种研究方法对恩施州的旅游产业扶贫开发模式进行了深入研究。

第二章　特色资源产业扶贫内涵与理论基础

湖北民族地区由于特殊的历史发展和自然环境的影响，形成了众多独具特色的民族文化资源、自然资源和历史文化资源，具备了特色资源产业扶贫的基础和条件，特色资源产业扶贫有其特定内涵和运行机理。

第一节　贫困的内涵与成因

一、贫困的概念与特征

自从 1901 年英国经济学家 Rowntree 开创贫困问题的系统研究以来，人们从不同的角度给贫困下了不计其数的定义。

（一）贫困的概念

在贫困的众多定义中，从方法论的角度看，可以从表象视角、内因视角、外因视角、相对视角和主观视角来分析其内涵与特征。

1. 表象视角

表象视角的定义方法主要是根据贫困所表现出来的特征进行描述性的说明。从人类认知的历程看，这种特征从单纯的物质缺乏到范围更宽泛的社会的、精神的和文化的缺乏。据此，人们便从能量、营养、食物、收入、支出、资源、人文及制度等不同的角度来定义和刻画贫困。例如，美国的 Michael Reynold 从收入角度定义贫困，认为所谓贫困，是说在美国有些家庭没有足够的收入可以使之拥有起码的生活水平。Townsend 的视野则比较开阔，他认为所有居民中那些难以获得各种食物、参加社会活动和拥有最起码的生活的个人、家庭或群体就是所谓贫困的。奥本海默（Oppenheim）关注的角度更广，他认为贫困是指物质、社会和情感上的匮乏，它意味着在食物、保暖和衣着方面的开支要低于平均水平。又如，联合国开发计划署（UNDP）将贫困定义为一种生存状态，认为贫困是指人口寿命、健康、居住、知识、参与、个人安全和环境等方面的基本条件得不到满足，因而限制了人的选择。

2. 内因视角

内因视角是在表象视角的基础上为贫困问题寻根探源。这类定义侧重于导致贫困的内部原因，如能力贫困和素质贫困。能力贫困是由印度经济学家阿玛蒂亚·森提出来的，他认为贫困是指人们获取收入的能力有限而导致机会的丧失。1990年，世界银行沿用阿玛蒂亚·森的思想，将贫困定义为"缺乏达到最低生活水平的能力"。

3. 外因视角

外因视角是从造成贫困的外部原因去定义贫困的，如"剥夺说"和社会排斥。奥本海默从机会被剥夺的角度去界定贫困，认为贫困夺去了人们建立未来大厦——生存机会的工具，它悄悄地夺去了人们享有生命不受疾病侵害，有体面的教育，有安全的住宅和长时间退休生涯的机会。欧盟则从"社会排斥"的角度诠释贫困，认为贫困应该被理解为个人、家庭或群体的资源（物质的、文化的和社会的）如此有限，以致被排除在社会可接受的最低限度的生活方式之外。

4. 相对视角

相对视角是从"不平等"和"社会分层"的角度定义贫困的。例如，相对贫困被定义为，如果某一个体的收入与社会平均收入水平相比低很多，那么他就处于贫困状态。相对贫困注重普通公众的社会评价，可以认为是一种社会共识。艾泽尔的"地位说"指出，贫困是经济、政治、社会和符号的等级格局的一部分，穷人就处于这格局的底部。

5. 主观视角

主观视角是从价值判断和社会评价的角度出发，认为贫困本身就是一个主观的概念，你认为是贫困就是，你认为不是就不是。正如 Mollie Orshans 所说，贫困，就和美丽一样，只是存在于观察者的主观标准之中。

上述五种不同视角的定义方法是研究者们从不同的立场和角度出发，解释和界定贫困的。表象视角偏重于描述各种客观存在的贫困现象；内因视角、外因视角和相对视角则是在进一步探索导致贫困的各种原因，它们在定义贫困时加入了价值判断和社会评价因素。其中，内因视角比较偏向致贫原因的内在性、规范性和主观性，而外因视角、相对视角则偏向于强调致贫原因的外在性、客观性和被动性。另外，从整个内容和历史发展脉络看，贫困的定义经历了三个发展阶段，首先是强调对市场上可以购买的商品和服务的支配能力；其次是强调的范围扩大到包括生活水平在内的其他方面，如寿命、读写能力和健康等；目前又进一步发展到对脆弱性与风险的关心，对没有权利和缺少发言权的担心。贫困定义的这些扩展，显著地改变了我们对减贫战略的思考，扩大了反贫困政策的选择，强调不同反贫困政策之间的组合，并注意它们之间的相互作用，其意义是巨大的。综上所述，贫困是一个含义驳杂的概念。随着社会的发展，人类对贫困的理解和认识将不断向细化和广化的方向发展。

（二）贫困标准

划分贫困的标准不同，得到的贫困规模和程度就存在差异，难以在此问题上达成共识；贫困标准的性质和换算方法不同，使得我国农村贫困标准与世界银行等的国际贫困标准的高低比较仍无定论。这会给贫困研究者造成混乱，也会令政策制定者无所适从。基于此，本小节拟从多个角度对三种贫困标准进行系统比较，试图厘清不同标准的侧重点和适用情况，对现有相关研究进行有益补充。

1. 中国农村贫困标准

1984 年国家统计局根据"农村贫困是指物质生活困难，一个人或一个家庭的生活水平达不到一种社会可以接受的最低标准"的贫困定义，确定了农村贫困线为"在一定的时间、空间和社会发展阶段的条件下，维持人们的基本生存所必须消费的物品和服务的最低费用"，并用最低食品消费金额除以确定的食品支出比重测算，其中，贫困人口食品支出比重按照国际上一般认可的恩格尔定律方法确定为 60%，并选择农村居民人均纯收入作为贫困线的标志指标。以 1984 年确定的农村贫困线为基础，我国 1985 年、1990 年、1994 年和 1997 年的农村贫困线分别由国家统计局根据全国农村住户调查分户资料测算制定；1998 年我国改用马丁法测算并制定了高、低两条农村贫困线（王萍萍等，2006）；2009 年我国取消了将农村绝对贫困人口和低收入人口区别对待的政策，绝对贫困线和低收入线两线合一，在 2007 年 1067 元低收入标准的基础上，根据 2008 年物价指数进行了调整，并将贫困线标准提高到年人均 1196 元，经国家统计局测算、国务院确定，2011～2020年我国的农村贫困标准为，农民人均纯收入为以 2010 年不变价格测算的每人每年 2300 元。我国国家统计局将贫困线标准与物价上涨挂钩，在不测定贫困线的年份，采用农村居民消费价格指数进行调整（王萍萍等，2015）。

2. 世界银行的国际贫困标准

1990 年世界银行通过对 33 个国家贫困线和平均消费水平的关系进行研究，发现最贫困的 6 个亚洲、非洲贫困国家和地区的贫困线大多集中在每人每天 1 美元左右。据此，世界银行将每人每天消费 1 美元确定为国际贫困标准（Ravallion et al.，1991）。2008 年世界银行对 75 个国家的贫困线数据进行研究发现，15 个最不发达国家贫困线的平均数为 1.25 美元/人·天，为此，2008 年世界银行将每人每天消费 1.25 美元作为国际贫困线（Ravallion and Chen，2009）。2015 年 10 月 4 日，世界银行宣布，按照购买力平价计算，将国际贫困线上调至 1.9 美元/人·天。

3. 经济合作与发展组织的国际贫困标准

1976 年经济合作与发展组织（OECD）在对其成员国的一次大规模调查后提出了一个相对贫困标准，将一个国家或地区社会中位收入或平均收入的 50% 作为这个国家或地区的贫困线，后来被广泛用作国际贫困标准（骆祚炎，2006）。因为该指标是随着社会收入一般水平的变动而变动的相对贫困标准，所以不需要像绝对贫困标准那样定期调整。

4. 三种贫困标准的本质区别

上述三种贫困标准存在着本质区别。首先，性质不同。我国农村贫困标准和世界银行的国际贫困标准属于绝对贫困标准，识别的是生存意义上的绝对贫困人，而 OECD 的国际贫困标准属于相对贫困标准，识别的是"经济上处于社会底层"的相对贫困人。其次，视角不同。我国农村贫困标准以农村居民人均纯收入作为标志指标，OECD 的国际贫困标准将中位收入或平均收入作为标志指标，都属于收入视角的贫困标准；世界银行的国际贫困标准，以人均消费作为测度指标，是消费视角的贫困标准。最后，内涵不同。世界银行的国际贫困标准和 OECD 的国际贫困标准是严格意义上的贫困标准，是回答"谁是穷人"的客观标准，不以扶贫主体、扶贫能力的变动而变动；我国农村贫困标准不属于严格意义上的贫困标准，而是扶贫标准，是回答"谁应该成为扶贫对象"的价值判断标准，而且往往随着扶贫主体、扶贫能力的变动而做出相应调整。

二、贫困成因

关于贫困的成因，有不同的解释理论，从使用方法看，大致可以分为经济学的视角、社会学的视角、人类学的视角及心理学的视角。依据不同的解释理论，也可将其归纳为诸如环境因素、人力资本因素等具体成因。

（一）贫困成因的理论解释

1. 经济学视角的解释

（1）古典政治经济学的观点

该学派从自由市场和就业的角度出发，认为贫困是个人选择行为和市场调节的结果。例如，其代表人物亚当·斯密认为，贫困是由经济体系对劳动力的需求和人口生育情况共同决定的。依靠工资维持生计的工人，其所得工资是劳动力的价格，而劳动力价格受市场供求关系的变化而波动，这种波动传递的结果是工人生活水平的波动。当经济不景气时，劳动力价格下降，工人的收入也随之减少。由此推论，贫困是劳动市场中劳动力供求关系波动的结果，因而由市场供求关系变动而产生的贫困是不可抗拒的，任何反贫困政策干预都是无效的。有人还吸收了功能学派的观点，甚至认为，"市场需要贫困"，因为要使市场有效运作，需要一部分人徘徊于市场的边缘。贫困者的等待与徘徊会以一种无形的压力作用于在职工人，激励他们勤奋工作。

（2）马克思的制度贫困论

马克思从阶级的立场出发，认为在资本主义制度下，贫困产生和存在的根本原因在于生产资料的不平等占有。资产阶级占有全部的生产资料，工人除了劳动力之外一无所有。这样就形成了资本家与工人的剥削与被剥削、支配与被支配、压迫与被压迫的生产关系。在这种生产关系下，资本家通过无偿占有工人创造的剩余价值，迫使工人走向贫困。并且伴随资本主义的发展，这种剥削关系将不断强化，工人将趋于更加贫穷的境地。因此，在马克思看来，资本主义制度是制造贫困的罪魁祸首。只有推翻资本主义制度，才能最终解决贫困问题。

（3）结构学派的贫困观

持该观点的人认为，经济领域的产业结构变动，改变了传统的雇佣关系，如传统制造业向服务业、信息业的结构变迁后，导致一些人失去工作，或是从事更低收入的工作，这种结构变动正是导致贫困的原因。其实，结构转型导致的贫困在现代社会屡见不鲜，这种贫困是发展中的贫困，是经济增长过程中的贫困。

（4）能力贫困理论

能力贫困理论的主要贡献者是印度经济学家阿玛蒂亚·森。其核心含义在于，衡量贫困时必须考察个人在实现自我价值方面的实际能力，因为能力不足才是导致贫困的根源。同时，阿玛蒂亚·森认为，只有有能力才能保证机会的平等，没有能力的话机会平等便是一句空话。阿玛蒂亚·森还认为，能力是一种自由的概念，它代表一种真正的机会。能力贫困理论的主要贡献在于，它强调了解决贫困问题的根本之道是提高个人创造收入的能力，如提高营养、健康和教育水平等，而不是单纯进行救济，但是，我们应当看到，现实生活中许多贫民其实并不缺乏必要的能力，只是社会没有赋予他们发挥这些能力的公平机会和公正权利。权利不足造成了机会有限，而有限的机会则影响了经济收入。阿玛蒂亚·森的能力贫困理论只强调主观能力，却忽略了客观机会。只有综合考虑主观能力和客观机会，才能从根本上消除贫困。其更大的问题还在于，能力的贫困既是贫困的原因，又是贫困的结果，从而陷入了逻辑上的循环论。

2. 社会学视角的解释

（1）社会权利贫困论

现代社会，社会权利的意思是人人都能成为社会的正式成员。社会权利贫困论者认为，从表面上看，贫困与经济权利是否平等直接相关，实际上，影响和改变经济权利的主要因素却是社会权利。当一个人的人格遭到歧视、名誉受到侵害、迁徙没有自由、晋升受到阻碍时，他的工作权利就自然受到侵犯。一旦就业无法得到保障，那么投资权、收益权等经济权利也就成为空话。同样，在人格处处受到歧视的社会环境下，所谓的选举权、被选举权及参政议政权等政治权利，都将形同虚设。总之，贫困损害了人们的尊严和自我认同，阻碍了他们参与决策及进入各种相关机构。更严重的是，在影响到他们命运的决策之处，根本听不到他们的声音。

从反贫困政策的角度看，如果弱势群体只要求政府解决经济贫困而不是权利贫困，那么，政府的行政干预和滥用权力的空间就很大。各种救济政策和措施的实施可能会按照政府官员的主观意志排列组合，给与不给、给多给少、给你给他，以及在何时何地具体实施，都在他们的一念之间。所以，必须让穷人参与政策的制定过程。物质救济只能提供没有保障的金钱，而权利救济则能赋予穷人一种永恒的力量。力量是比金钱更具长远性和根本性的保证。因此，政府应当致力于建立公平、公正的制度，充分赋予穷人以社会权利，让穷人参与反贫困政策的制定与实施，因为只有穷人最了解他们的状况和需要。只有这样，才能促使政府采取穷人认为对他们有利的行动。同时，应当将穷人组织起来，建立类似于"穷人互助社"的组织。因为贫困者个人的权利最易受到损害，穷人只有成立自己的团体，才能形成集体的力量，有效保护自己的权利。

（2）社会排斥论

20世纪90年代中期以来，"社会排斥"一词经常用于贫困研究。社会排斥是指特定的个人或群体被排斥，或者至少他们自己感受到被排斥参与社会生活各方面的现象。排斥会作为一个社会的总体力量压迫某些个体或群体，制造出贫困；也会以各种不同的形式，对人群做出自然的或人为的类别区分。例如，由经济排斥、政策排斥、认同排斥和空间排斥等造成富人与穷人、阶级或阶层、公民与非公民的区别。柏尔纳（Byrne）进一步认为，排斥是社会作为整体而犯的过错，是贫困的直接原因之一。

唐均从制度经济学层面对社会排斥的概念进行了富有意义的界定，认为"社会排斥常常是游戏规则的缺陷造成的。而社会政策的研究目标就是要找出规则的不完善之处，修订游戏规则，使之尽可能地惠及每一个社会成员，从而使政策的结果趋于更合理、更公平"（唐钧，2002）。其政策含义在于，制定反贫困政策时，从某种意义上讲是要代表贫弱群体的利益参与修订规则，使之更加完善。

3. 人类学视角的解释

（1）脆弱性

有些学者从风险与波动的角度来思考贫困问题，认为贫困不是一种一无所有的状态，而是一个人仅有的一点东西也很容易失去。脆弱性意味着贫困人口对未来福利不确定性的担心，以及由这种不确定性导致的福利损失。脆弱性有两点含义：一是暴露在冲击、压力和风险之下的外在方面；二是没有防御能力的内在方面。近年来，脆弱性分析框架研究的重点是贫困人口抵抗风险和损害的资产能力，如有人用人力资本、生产性资本、家庭关系及社会资本四个指标来衡量脆弱性。脆弱性的政策含义是，社会应为贫困人口提供保险或贷款，使贫困人口有能力参与有风险性的生产经营活动，同时鼓励贫困人口积累人力资本和生产性资本。

（2）贫困生涯的转折点分析框架

该方法首先是由朱晓阳（2005）提出的。他试图从生命历程的路径来研究贫困问题，认为个人或家庭的贫困生涯是由特定的历史时间、社会时间和家庭时间等因素交汇构成的。贫困就是越不过人生遭遇的坎儿，然后这种坎儿在个人、家庭及其他条件与因素的互动中进一步牢固化或标签化。例如，个人或家庭通常要经历娶、嫁、生、老、病、死、购房、上学、分家、失业等重大人生事件，或重大政治、经济变革等社会事件。通常，贫困生涯就是经由上述某种人生的"转折点"而进入的。这种转折点既可能是个人偶然性际遇，也可能是个人或家庭在特定的历史时间下遭遇的事件。在实际生活中，许多农民经常用人生重大事件（转折点）的方式来描述贫困的原因与过程。

朱晓阳认为，一些步入贫困生涯的转折点是可以预测的，那么反贫困政策与措施应针对这种"转折点"做出适时的反应，避免个人或家庭陷入贫困。其政策含义是强烈的，要求政府将反贫困行动从马后炮式和错位式干预转变为预防性和及时反应的干预。从具体操作层面看，这要求政府将贫困的评估和救助权力交由最基层的单位——社区来管理，克服扶贫系统识别机制失灵或"瞄不准"问题，提高转折点的识别与救助效率。

有人认为贫困生涯的转折点分析与脆弱性分析框架有相当程度的一致性，但是应该看到，脆弱性是外部专家的"远经验"的类型化表述，只有概率统计上的意义，对个人而言是不可预知的；而贫困生涯的转折点分析框架是基于家庭或社区成员的"近经验"和认知的类型化与"远经验"对话提出的，是能够预见的。这就是二者的区别。

4. 心理学视角的解释

美国作为现代福利国家于 1935 年颁布了第一部社会保障法，当时也许是遵循了简单的直线思路——缺什么给什么，政策十分奏效。然而，久而久之，救济便成为贫困人口习惯性的获取，失业者不再积极渴求有一份谋生的职业，福利制度和思想首遭失败。于是，人们开始反思，高福利状态下的贫困现象，不仅是一种经济现象，还是一种重要的文化现象。

（1）贫困文化理论

1959 年刘易斯（O. Lewis）的《贫困文化：墨西哥五个家庭实录》一书的出版，标志着贫困文化理论的发端。贫困文化是一个特定的概念模型的标签，是一种拥有自己的结构和理性的社会文化。它表达着在既定的历史和社会脉络中，贫困人口所共享的有别于主流文化的一种生活方式，也暗示着在阶层化、高度个人化的社会里，贫困人口对其边缘地位的适应。贫困文化的存在，一方面是贫困人口在社会强加的价值规范下无法获得成功，而采取种种应对挫折和失望的不得已选择；另一方面，也有相当一部分贫困人口完全心甘情愿生活于自己的文化圈。

由此，持贫困文化论的学者认为，贫困是一种持久或较为长期的文化现象，是一种具有代际传递、福利依赖的永久性贫困。文化规范的吸纳和吐故需要相当长的时间。例如，刘易斯在《贫困文化：墨西哥五个家庭实录》中说："贫困文化一旦形成，就必然倾向于永恒。棚户区的孩子，到6～7岁时，通常已经吸收了贫困文化的基本态度和价值观念。因此，他们在心理上不准备接受那些可能改变他们生活的各种条件和机会。"又如，哈瑞顿（Michael Harrington）1962年在《另类美国》(*The Other America*)中特别强调贫困文化的永久性，他说："在美国，穷人是一种文化、一种制度和一种生活方式。"

（2）贫困情境适应论

面对结构变迁及新的机会时，几乎每一个人都有一个调整、适应的过程。一方面，存在机会不等、无法选择或适应不当等因素造成贫困的可能；另一方面，任何社会都有主流与非主流群体之分。显然，那些原本处于优势的群体，会在文化上拥有主导力量。于是，贫困人口在社会主流的主导下，仅仅是对富人文化的屈从和顺应，按富人制定好的规则、价值规范和行为标准行事。作为非主流文化的一部分，贫困人口适应的快慢或不适应招致的反叛、紧张、歧视、孤立、排斥，都可能构成贫困圈内特有的文化。

对于贫困文化视角的两种解释，其差别在于，贫困文化论倾向于贫困永久保持的特征；贫困情境适应论则多持变化的态度。然而，一些学者认为，贫困文化事实上并不足以称为文化，充其量只能被视为贫困人口的某些行为特征，其形成是贫困人口适应外在环境的结果，并非贫困人口自身的错误。

此外，有人还提出贫困分析系统论的观点（沈红，1997）。他们从社会、家庭和个人三个层面出发，认为贫困家庭的经济行为、社区行为和环境关系三个过程在自身逻辑的推动下相互渗透，长期积累和沉淀，在贫困人口求生存的内在驱动下不断内卷化和恶化，导致他们长期贫困。这种观点给我们的启示是重要的，它告诉我们，在制定反贫困政策时，必须考虑政府的外部救助力、家庭内部的自然互助行为和个人的主观能动性三种力量之间的互补、协调和相互促进作用。

在梳理人们对贫困的不同解释时，我们或许希望从中获得一些孰是孰非的判断。其实，这种期待不仅不现实，而且不必要。因为每一种解释都有一定的道理和功用，都带有相当的历史印记。面对现实，我们可以从这种梳理中对各种解释理论的适用范围做出大致的判断。

研究贫困的目的在于认识贫困、理解贫困，为人类减少乃至消除贫困提供指南。从贫困的定义与理论发展的历史看，人们对贫困的认识在纵横两个层面上不断延伸和拓宽。这种发展的一个明显效果是大量反贫困政策的出现，并且针对不同的目标，力图使用不同的政策组合，以便取得更有力、更有针对性的反贫困效果。这其中，研究者们特别注意到各种反贫困政策之间的相互作用。例如，提高健康水平会增加挣取收入的潜力，提高教育水平会使身体更健康，而提供安全网可使贫困人口利用高回报、高风险的机会，如此等等。总之，适当的政策组合比它们的各组成部分之和的影响力更大。

　　对一个国家而言，在其经济、社会发展的历史长河中，不同时期、不同阶段的经济、社会环境各异，因而反贫困政策的着力点也应该不同。美国是现代福利国家的典范，其治理贫困的政策大致经历了治理物质贫困、能力贫困、权利贫困和侧重于治理贫困人口工作动力不足四个阶段。对于正处于经济、社会转型期的中国，反贫困政策从过去单一治理物质贫困到今天兼顾物质和能力的政策取向，今后将如何发展，美国的经验或许能给我们一些启示。上述理论中，人们从历史的和现代的不同视角解读贫困人口的苦难，为我们步入文明、和谐的社会奠定了理论基础。可以预见，利用多样化的观察视角来研究贫困可能会成为不同学科未来研究的热点。

（二）贫困成因的主要影响因素

1. 自然环境因素

　　汪三贵将我国的贫困地区大致分为两类：以西南喀斯特山区和东部丘陵山区为典型代表的人均耕地少和地面起伏较大的地区；以黄土高原丘陵沟壑区、蒙新旱区和青藏高原区为典型代表的干旱少雨地区（汪三贵，1994）。成升魁、丁贤忠认为有近 3000 万贫困人口居住在贫困山区（成升魁和丁贤忠，1996），这些地区共同的特性是：自然环境恶劣、资源短缺、灾害频繁。单一稀少的自然资源、落后的交通使得这些地区起步就落后于其他地区。陈南岳认为我国农村贫困人口多、地理分布高度集中，这是生态环境的脆弱使得当地生存条件差、土地生产力低导致的（陈南岳，2003）。因此，在改善自然环境方面，在摆脱自然环境的刚性约束方面，发挥人的主观能动作用，是重要的脱贫方式之一。

2. 人力资本因素

　　日本和以色列等国家在自然资源方面并不占优势，但其人力资本素质较高，发展速度较快。我国由于历史的因素，农村教育投入长期不足，农村人口素质低下，也成为农村人口长期不能脱贫的重要原因之一，人力资本普遍缺乏成为我国农村贫困的主观因素。杜晓山认为贫困农户的贫困主要是因为参与市场竞争能力和应变能力不足，包括资金的缺乏、学习和应用能力差、信息识别能力和承担市场风险的能力不足等。王成新和王格芳（2003）把教育消费型贫困、疾病型贫困、人才流失型贫困看作是新的致贫因素。刘晓昀等（2003）研究了贫困地区农村基础设施投资对农户收入和支出的影响，发现基础设施投资对农户人均纯收入的影响与户主的教育程度正相关，户主教育程度高，则获益多，反之则少。

3. 思想观念因素

消极的思想观念让人失去了发展和工作的机会，消极的思想也决定了消极的行为。消极的思想观念让人对于先进的科学技术和先进的管理办法也不容易接受和采纳，处于封闭生产和自给自足的生活状态中。

4. 社会制度因素

一直以来，城乡分割的二元经济结构导致农村居民人力资本不足，对我国农村教育和卫生投资不足。刘明宇提出，人的贫困问题除了受个人能力限制之外，更与他面临的制度约束有关。在分工深化的过程中，对于农民，制度障碍，具体而言就是农民缺乏择业自由，土地没有受到有效的产权保护，议价过程中的内生交易费用，缺乏交易自由和组织试验的自由等。这些制度最终将阻碍农民参与城市分工或者分工的深化，使他们陷入制度性贫困的陷阱。黄少安认为现行的土地制度、户籍制度、税费制度、教育制度和政治体制中的不合理成分是农民贫困或不能致富的主因。洪朝辉从公民权、参与权、教育权、社会保障权、医疗保险权、土地财产权等方面详细说明了导致贫困的制度因素。

当前，我国社会经济在健康发展中也会出现新的贫困。因为发展进步是打破原有的平衡秩序，建立新的更高级社会生产秩序的过程，发展进步和优胜劣汰几乎是同义词，被淘汰的人群可能会一度陷入贫困，短期内如果不能彻底扭转，陷入长期贫困或者相对贫困便成为可能。

第二节　精准扶贫理论

精准扶贫作为 2014 年提出的中国扶贫系统的新工作机制和工作目标，官方定位为"通过对贫困户和贫困村精准识别、精准帮扶、精准管理、精准考核，引导各类扶贫资源优化配置，实现扶贫到村到户，逐步构建精准扶贫工作长效机制，为科学扶贫奠定坚实基础"。在扶贫工作一线实践者眼中，精准扶贫的核心内容和理念通常被归纳为"扶真贫"和"真扶贫"。这一机制出台前的政策准备可追溯至 2009 年国务院扶贫办和民政部等部门为推动农村最低生活保障制度和扶贫开发政策的有效对接而开展的贫困户识别与分类工作，以期为不同类型的贫困户提供差异性和有针对性的扶持，精准扶贫现成为我国农村扶贫开发工作的一种战略选择。

一、精准扶贫实施背景与相关概念

精准扶贫，就是遵循科学有效的标准和程序，因时、因地对贫困区域、贫困村和贫困户进行精确识别，按照当地的实际开展联动帮扶和分类管理，并引入动态的准入和退出机制开展精准考核的过程。精准扶贫的最终目标是帮助实现贫困人口彻底脱贫致富。这种扶贫在于引导扶贫资源最优化配置，确保扶贫资源到村到户，逐步构建扶贫工作长效机制，为科学化、高效化扶贫奠定坚实的基础。

（一）精准扶贫实施背景

精准扶贫工作机制的提出不仅对扶贫实践有着重要的制度指导和价值导向意义，而且在技术层面和此前国内扶贫研究学者对过往扶贫机制和行动所存在问题的讨论有着明确的互动与回应。从公共政策的视角来看，其本身代表着扶贫新政策在对象群体的确定和实现政策目标的途径上的日渐完善化和精准化的努力。从贫困研究的视角来看，精准扶贫本身更是为中国扶贫工作在由特定区域扶贫转向特定群体扶贫这一转型过程中所暴露出的瞄准目标偏离问题和精英捕获（elite capture）现象开出的新药方（左停等，2015）。

1. 扶贫瞄准目标偏离

在扶贫开发工作中，瞄准精确率和效率关系到扶贫资源能否传递到目标人群，是非常关键的工作环节。理想的扶贫瞄准，要能在满足一定效率的前提下最大化地使政策对准的贫困者获益。而精确率差的扶贫瞄准则往往出现如下两种情况：符合条件的目标群体没有全部受益，或者不符合条件的人享受到了社会政策。我国的扶贫瞄准机制在2001年以前主要以贫困县为瞄准目标，而之后则以此为基础进一步将瞄准目标拓展到贫困村，并对贫困村内的贫困户进行了初步的建档立卡工作。瞄准目标由县到村的转变包含了如下两点原因：在县域内有限的扶贫资金往往使用分散、扶贫资金使用效益漏出较高、瞄准有效性低；扶贫资金的使用效率对于贫困地区整体而言有效，但对于贫困人口而言则不太有效（洪名勇，2009）。以贫困村作为瞄准目标在一定程度上是平衡扶贫资源投入使用效率、成本与贫困户需求差异性的折中之举，并且由于贫困村的贫困发生率较高，这一方案在理论上理应较大地提高扶贫瞄准的精度并使贫困村民能更好地获得扶持。然而，不少贫困研究者发现，在瞄准村以后我国的扶贫开发实践中仍然存在着较明显的瞄准目标偏离现象。瞄准目标偏离对扶贫工作的影响主要在于会降低扶贫政策和项目实施的效率和有效性，从而直接导致政策和项目实施结果同预期目标相背离。精准扶贫工作机制对瞄准目标偏离的问题有针对性地提出精准识别贫困村和贫困农户，结合自上而下的建档立卡工作小组下乡录入加自下而上的村庄集体评选贫困户的组织方式，经申请评议、公示公告、抽检核查、信息录入等程序，试图建立科学、系统的贫困村和贫困户识别系统并对其进行信息化管理，以减少过往瞄准目标偏离的问题，提高瞄准的准确性。此外，对识别出来的贫困村和贫困户还将按周期进行动态调整管理，以克服以往瞄准目标静态、滞后的弱点。

2. 扶贫开发中的精英捕获现象

在国外的发展研究领域，已有较多的研究证明当外部资源输送进社区时往往会出现精英捕获现象。精英捕获是指本应该惠及大众的资源被少数群体（常常是政治或经济上有权力的集团）占有，从而导致在政治和经济上权力较弱的集团的利益受到损害的现象。这种现象在扶贫实践中在村庄层面通常表现为扶贫资源向经济基础好、容易出政绩的村倾斜，以及在村庄内部表现为"扶富不扶贫"。精英捕获现象的出现一方面是由于经济和社会的快速发展导致社会内部出现了社会分化并产生了社会精英群体，另一方面是由于社会转型期对弱势群体的保护制度尚未建立或健全。国内的贫困研究者对于扶贫领域中利益主体之间的关系，尤其是其中的精英捕获现象给予了特别关注。研究发现，精英捕获的产生机制中既有内在因素（如社会分化与村庄精英向"营利型"的转变，参与式发展的内在悖论及精英偏好），也有外在因素（如项目中信息的不对称与"门槛效应"）（邢成举和李小云，2013）。扶贫项目实施中的精英捕获现象会减弱扶贫项目的公正性，直接损害到项目真正的目标群体——处于弱势地位的贫困者的利益。因此，通过强调精准帮扶、精准管理和精准考核，精准扶贫直接瞄准了以精英捕获为代表的扶贫资源分配、传递和使用中的不公。凭借逐村逐户地分析贫困原因并制订相应的帮扶计划，强化对扶贫对象的全面及全程监测，并对贫困户和贫困村识别、帮扶、管理的成效进行量化考核，精准扶贫从技术层面对精英捕获现象进行了很好的纠正。

（二）精准扶贫的相关概念

1. 精准识别

精准扶贫理念的提出就是要解决以往扶贫工作中存在的非国家贫困县与集中连片区域的贫困人口、贫困村识别不清的问题。而从现实情况看，要识别贫困村相对简单，而要精准识别贫困人口却并不是一件容易的事情。从整体情况看，我国的贫困人口基本解决了生活与温饱问题，也就是绝对贫困人口的数量已经大大减少，但是与此相对应的是相对贫困人口仍大量存在，而且相对贫困人口之间的收入差距并不明显，所以这就导致相对贫困人口识别变得相当困难。精准识别强调要通过民主、科学和透明的程序来将贫困户识别出来，这里的重点就是相对贫困群体中的贫困户识别，要在有限的贫困规模下，识别出最贫困、最需要扶持的人。

2. 精准帮扶

所谓精准帮扶是针对以往一刀切、大而全的帮扶内容、方式而设计的。与"集中连片扶贫开发必须重视片区贫困的独特性和差异性，如此才能制定具有地方适应性和有效性的扶贫攻坚战略"的原理一致，精准扶贫下的帮扶将会充分考虑贫困村和贫困户的实际致贫原因，在此基础上设计具有针对性的帮扶措施和手段。在帮扶中要确定贫困村的帮扶人和贫困户的帮扶人，在可以动员的人力、物力和财力范围内集中力量帮助贫困村和贫困户脱贫致富。精准帮扶重视贫困村与贫困户的特殊现实，在尊重当地实际情况的基础上开展扶贫工作，这也是对以往重视整体而不重视个体的扶贫工作方法的发展。

3. 精准管理

精准管理首先意味着所有贫困户和贫困村的信息都将运用信息化的手段进行管理，同时通过贫困户关键指标的对比分析与统计，发现导致农户发展能力不足或贫困状况恶化的关键因素。同时精准管理还意味着对建档立卡农户的扶持将是动态化的，当信息系统监测发现农户已经脱离贫困状态时就可以将该农户调出贫困户范畴，而一些新的农户则可以进入。最后，精准管理也是对扶贫部门的监督与管理，其主要目的是推动其各项工作的进展，对扶贫资金与项目等工作进行督促和提醒。

4. 精准考核

通过贫困人口信息系统的监测，上级扶贫部门能够清晰和准确地发现下级扶贫部门在贫困户、贫困人口识别工作方面的准确性与认真态度，能够及时查看扶贫资金和项目的使用与落实情况，对地方干部的考核也将主要依靠扶贫工作的内容和指标来完成。精准考核的建立，将解决以往农村扶贫领域考核的形式化问题，通过量化考核，精准评价不同层级扶贫部门的工作成效，同时在结合驻村扶贫工作队的基础上，精准扶贫也将建立与驻村干部未来发展相结合的激励机制，以此充分调动驻村干部扶贫工作的积极性，使其保持扶贫工作的必要压力。

二、精准扶贫的理论内涵与实施困境

（一）精准扶贫的理论内涵

对精准扶贫本身而言，若从技术层面来看，无论是方案文本，还是具体的实践，都只是一套技术特征明显的工作机制和一个值得追求的工作目标。但若进一步将思路扩展到公共管理学、社会学、经济学等理论层次，如中央—地方的关系、社会控制及社会成本三种视角，则能对精准扶贫进行更深层次的理解与反思。

1. 中央—地方关系视角下的精准扶贫

在公共管理学及行政学的研究视域中，中央政府与地方政府之间的关系一直是核心研究问题之一。政府履行公共管理职能的前提是权力，而政府间关系的问题在本质上则是权力在政府纵向和横向之间划分的问题。在行政领域，我国有着悠久的中央集权传统，而自改革开放以来，通过不断地向地方下放权力，"高度集权的单一化中央—地方关系格局已被打破，地方政府的职权得以扩大，地方利益得到了确认"（左停等，2015）。这种地方政府自主权逐渐扩大的趋势也出现在了扶贫领域。例如，扶贫资源的分配与管理方面出现了通常所谓的"重心下沉"。当然，在一般的中央—地方结构中，中央指中央政府，而地方则通常包括省、市、县、乡（镇）级政府四级。而在农村扶贫领域，村庄一般是作为扶贫项目开展的载体，村干部具有村庄自治的管理者和国家代理人的双重身份，发挥衔接国家资源下达和农民需求上传的作用，对扶贫项目的获得、开展和效果有重要影响。因此，在分析精准扶贫时还应增加村庄这一重要行动者，即采用中央—地方—村庄关系这一结构。

整体来看，精准扶贫的工作机制在中央—地方—村庄关系这一视角下有如下制度性特征。

1）事权在地方内进一步下移，扶贫资源传递层级减少。县级政府具体负责确定扶贫村和贫困户，原则上掌握了扶贫项目的审批管理权，县级行政区的角色得到强化，而市级行政区的事权角色弱化，乡（镇）虚化。这在一定程度上是因为要减少扶贫资源传递的损耗，提高扶贫政策的实施效率，增加地方在脱贫方式上的自主性。

2）监管权向上提，中央二次监管的可能性增加。省和市负责扶贫项目和资金的监管，贫困村和贫困户的建档立卡、信息化及全国性扶贫信息监测系统的建立，使得以后来自中央层面的监管增强成为可能。这也符合目前在国内行政工作中为防止基层政府政策执行阻滞，高层级政府强化对基层政府动态垂直监督的趋势。

3）国家派干部入村直接面对农民，代理人角色弱化。精准帮扶所依托的干部驻村帮扶工作制度意味着国家以"帮扶"的名义派出干部进入村庄直接参与对贫困的治理，防止扶贫资源在村庄内为村干部等体制内或体制外精英所攫取。总之，采取中央—地方—村庄关系的视角有助于我们去解读精准扶贫工作机制在技术性表面下的国家治理意图。

2. 社会成本视角下的精准扶贫

政府的扶贫行为可以被视为一种公共服务，其成本除了本身提供该项服务所花费的行政成本（经济维度）之外，还应包括该行为导致的社会、文化乃至生态方面的损失，即哪怕是一项充满善意的政策也有可能带来政策目的外的负外部性，所以也有社会成本（社会等维度）。不过由于政府自身及其扶贫行为的公共性，所以也可以用社会成本来指代扶贫的行政成本（经济维度）与社会成本（社会等维度）之和。通过对部分县级扶贫部门和村庄的实地调研发现，精准扶贫本身对贫困户和贫困村的身份认定有一定周期性并实行动态调整，这主要是为了实现动态瞄准。然而，对县级扶贫部门来说，动员乡（镇）干部、组建扶贫工作小组、入村入户建档立卡、动态调整等本身意味着要花费不少的行政成本（资金和工作精力），同时还会挤占直接输送到贫困户手中的有限的扶贫资源。而在村庄层面，精准扶贫在本质上属于国家对识别出的特定村庄和农民的一种资源输入行为，所以如果被认定为贫困户对于不少农户来说就可以获得一定的扶贫资源。但在规模控制下指标的有限性和次级贫困户与普通农户之间经济收入差异的模糊性，有时会导致村民之间的不满和冲突，甚至演变为上访，从而导致村委会和乡（镇）政府不得不花费成本和精力来维稳，这可能是精准扶贫的社会成本的某种具体体现。当然，笔者指出精准扶贫的社会成本并不意味着笔者对精准扶贫持否定态度，因为公共政策的贯彻和落实并无任何纯粹理想主义的良方，只是想提醒我们我们在为精准扶贫所可能带来的美好脱贫图景而欣喜之时，也得考虑到全社会所为之付出的、容易被遗忘的"社会成本"，这也是在基层调查时，基层干部屡屡反映的问题。

（二）精准扶贫面临的实施困境

精准扶贫作为一种正式的、自上而下开展的全面的工作机制，在中央政策层面的推出是在 2014 年，因此目前各省份开展、实施相关工作的时间还不够长，精准扶贫在现实中面临源于自身、文化与社会的诸多挑战，值得重视。

1. 规模控制所引起的规模排斥

精准识别工作方案规定以 2013 年农民人均纯收入 2736 元为国家农村扶贫识别标准，采取规模控制，即各省份按 2013 年国家统计局调查总队发布的乡村人口数量和低收入人口发生率，将贫困人口识别规模按到市到县、到乡到村的方式逐级分解。然而，采取这种规模控制、指标分解的方式主要有两点原因：一方面，获取所有农户的真实收入数据并与贫困识别标准对比是无法做到的，且要尽量降低贫困识别的成本并提高识别的效率；另一方面，为克服地方及农户为获得贫困村和贫困户这一身份所附带的扶贫资源而故意多报虚报的利益冲动。尽管这种做法是务实的，但各地所获得的贫困村和贫困户指标却不见得就和实际上的贫困分布情况一致。例如，有些省份在实际指标分配中采取了向以往的扶贫工作重点村倾斜的方式，而以前的非重点村（个别甚至比重点村更贫困）及散布于经济情况较好村的贫困户则被漏出，从而导致在实际工作中存在贫困村或贫困户因为政策上的规模控制而被排斥在精准识别之外的现象（朱晓阳，2004）。

2. 乡村内平均主义思想对扶贫资源实际分配的影响

由于乡村社区的相对封闭性和文化保守性，"不患寡而患不均"的平均主义思想传统得以长久保持，而中华人民共和国成立后所推行的集体化运动则使平均主义思想得以进一步强化。尽管市场经济的快速发展和劳动力大规模流出早已使得乡村社区内部发生了社会分化，但平均主义思想的影响仍然不可小觑，这在一定程度上也影响到了行动者自身的行动。精准扶贫及其所附带的资源下乡进入社区，尽管在政策和机制上明确地规定要用于官方认定的贫困户，但由于在实际认定中采取了"以社区为基础的瞄准法"，即实际上是在国家控制指标数量的前提下把贫困户认定的权力下移给了社区，由熟悉彼此情况的社区成员进行讨论决定。在不少贫困村内，村民普遍对于最贫困的人群有较大的共识，但对于次级贫困户或处于贫困标准临界线附近农户的认定则往往出现分歧，而要求对这部分指标所带来的资源进行平均分配。农村低保户的认定中也曾出现类似现象，有认为所受不公者甚至不惜上访，而村干部或乡（镇）政府官员出于维稳目的，往往会采用事实上轮流享受政策补贴的方式或在下一次调整时予以补偿。笔者在多次调研中发现，不少村民和村干部尽管在面对下乡的扶贫工作小组时都表示得按对农户经济收入排倒序的方法来分配贫困户指标，但实质上他们对贫困却有一种朴素的多元理解，故而在资源分配行动中采取平均主义逻辑。这种对贫困资源分配的乡土理解会使精准扶贫存在"脱靶"的风险，使得本应特惠的扶贫资源变为实质上的普惠。

3. 农村劳动力转移与市场化背景下扶贫开发有效手段不足的困境

目前随着我国城市化与工业化的发展，农村劳动力由农村流动到城市、由农业转移到非农产业的趋势越来越强烈。相关研究表明，农村劳动力转移有促进农民收入提高、配置效应、节本效应、聚集效应和提升效应等正面效应，但其副产品"二元用工制度"和"城市二元社会"也会带来农村空心化等负面影响（邓维杰，2014）。对于扶贫开发工作而言，农村劳动力转移的大背景有多重影响。一方面，包括贫困户在内的众多农民通过劳动力转移提高了收入，减少了贫困人口的数量，并且劳动力转移就业与人力资源培训等也是扶贫部门常用的专项扶贫措施；另一方面，农村劳动力大量向城镇转移，导致的农村日益空心化也为扶贫部门在贫困村开展的扶贫项目的实施带来了挑战。精准扶贫在帮扶方式上属于开发式扶贫，对象范围为在扶贫标准以下具备劳动能力的农村人口。在出现空心化的村庄，劳动力短缺的现象已经普遍存在，而不少贫困家庭更具有劳动力短缺的特征，扶贫部门以增收为直接目标的产业扶持手段，如种植经济作物、推广家畜养殖等，在贫困村层面和贫困户层面都面临项目实施主体缺失或人力资本不充分而导致的失效风险，这将直接影响扶贫资源所能产生的效果。此外，在市场化浪潮的裹挟之下，贫困村和贫困者已然完全置身于商品经济的激流之中。精准扶贫在煞费苦心地识别出贫困者后面临的一个更大难题在于：精准识别的意义只有通过有效的扶贫手段或工具使该受帮助的贫困者脱贫才能得到体现，但这显然不是一件易事。在扶贫资源投入量有限的情况下，开发式扶贫的方针使得精准扶贫也只能将主要资源投入到对贫困者援以增收扶持活动中，但贫困地区往往自然条件较差、基础设施建设落后、技术与资金储备不足，同时面对贫困者差异化的发展需求和发展能力，扶贫部门常常处于扶贫开发有效手段不足的困境，这从全国各地扶贫开发手段雷同的情况中就可见一斑。此外，当扶贫手段无法培育、增强贫困者的发展能力时，市场化的风险和冲击会使其面临更大的脆弱性，故单一的发展产业等手段并不一定就能使贫困者增收，甚至可能使其面临贫困陷阱。研究认为，精准扶贫的重中之重和难点皆在于精准帮扶环节，只有扶贫手段和贫困户致贫原因与脱贫需求紧密契合，脱贫的效果才能得到体现。关注改善穷人资产状态的可持续生计理论和培育其抵御风险能力的脆弱性框架理论对于解决扶贫开发有效手段不足的问题有重要启示（武国定等，2006）。

4. 不同村庄的贫困户实际识别标准差异的问题

如上文所言，精准扶贫提出的官方识别标准为 2013 年农民人均纯收入 2736 元，但在实践中识别贫困户时各省份普遍采取了"以社区为基础的瞄准法"，即把贫困户认定的权力下移给了社区，由熟悉彼此情况的社区成员讨论决定，待社区成员评选出后再由扶贫工作小组进行建档立卡及后续的帮扶工作。社区内村民所持的对贫困标准的理解基本统一，所以选出的贫困户基本都是村庄社区内的低收入者。在村庄内采取这种做法是考虑效率与成本的折中之法，本身无可厚非。但此法的一个缺点在于，由于中国各地村庄经济社会发展水平上的差异，在经济条件较好的社区评选出的贫困户很可能在经济条件相对较差的社区为中等户，所以精准扶贫的识别过程中不同村庄的贫困户实际识别标准可能会存在不小的差异。当然，由于在精准扶贫的工作方案中，已经考虑到各地经济平均水准不同可能给精准识别贫困户所带来的影响，所以在指标分解上采取了差别对待的策略，即经济总体水平相对较高者所获得的贫困户认定比例更小，从而试图达到一种相对公平的结果。但是，这并不能解决不同村庄贫困户识别标准可能存在差异这个问题。

第三节　我国农村贫困治理体系演进历程

改革开放 30 多年来，我国取得了举世瞩目的经济发展成就，贫困人口规模缩小。我国经历了普遍贫困、区域贫困、基本解决贫困问题等多个贫困化形态。国家根据减贫形势变化不断调整贫困治理体系，以实现扶贫资源有效瞄准和持续减贫，我国农村贫困治理体系和政策呈现出阶段性演进，确保了扶贫资源较好地瞄准农村贫困人口，推动了贫困人口大规模、持续性减少，使我国提前实现了联合国千年发展目标中贫困人口减半的目标，成为全球减贫的成功典范。

一、20 世纪 80 年代初期农村经济体制改革下的农村贫困治理体系

中华人民共和国成立初期，长期战乱遗留下来的是一个经济落后、一穷二白的国家。经过几十年的计划经济建设，全国根本性贫困问题得到较大程度的解决。尽管国民经济和社会各项事业取得了长足发展，现代工业体系初步建立，但是计划经济体制低效率和"大跃进""文化大革命"等战略性失误，使得广大农村居民生活水平仍普遍低下，以营养标准衡量，改革开放以前中国农村处于普遍贫困状态。

20 世纪 70 年代末期，党和国家将工作重心转移到经济建设上来，率先在农村地区实行经济体制改革。以家庭联产承包责任制取代人民公社集体经营制度为核心的农村经济体制改革，赋予了农民农业生产自主权，极大地激发了广大农民的劳动积极性，耕地粮食单产量不断提高，农村经济快速发展。同时，政府在农村实施了放宽农产品价格，大力发展乡镇企业等多项经济改革举措。农产品价格上升、农业产业结构向附加值更高的产业转化、农村劳动力在非农领域就业等举措直接或间接提高了农民的收入水平，为农村贫困人口规模减小奠定了基础。根据我国政府贫困标准，1978～1985 年，农村没有解决温饱问题的贫困人口从 2.5 亿人减少到 1.25 亿人，贫困人口占农村总人口的比例由 30.7%下降到 14.8%（唐丽霞等，2010）。

赋权于广大贫困农民并提供市场参与机会，是改革开放初期我国实施以体制改革促进减贫为主、救济式为辅的贫困治理体系能够实现大规模减贫的重要原因之一。扶贫资源有效"识别"了具有发展潜力的地区和具有发展能力的农村贫困人口。这种地区和贫困人口在获得发展权利后，迅速抓住发展机遇，在短期内就摆脱了贫困。

二、20 世纪 80 年代中期至 20 世纪末的农村贫困治理体系

进入 20 世纪 80 年代中期，农村经济体制改革减贫边际效益下降，不平等和贫富分化现象开始显现，原有的贫困治理体系面临新的挑战，不平等加剧，既有农业收入比重在农民收入结构中不断下降而工资性收入比重和私营活动收入比重在增加的微观因素（黄承伟和覃志敏，2015b），又有区域发展资源禀赋带来的区域经济发展差距拉大的宏观因素，"老、少、边、穷"地区地处边陲，基础设施落后，市场和社会发展程度低，体制改革与市场力量协同推动的扶贫效果并不明显。

为提高扶贫资源瞄准精准度，自 1986 年开始，国家在农村贫困治理上进行了系列制度创新，逐步建立起以公共治理为主体的开发式扶贫治理结构。一是扶贫战略由救济式扶贫向开发式扶贫转变：成立专门扶贫工作机构，确定贫困标准，安排专项资金，制定专门优惠政策。二是改变扶贫开发瞄准方式，建立以县为对象的目标瞄准机制，为此，1988 年确定了 370 个国家级贫困县，1994 年制定《国家八七扶贫攻坚计划》时调整为 592 个，将 70%的扶贫资金用于贫困县。三是为适应农村综合性开发扶贫需要，中央和地方各类政府职能部门发挥部门专业优势积极参与扶贫开发。自 1986 年以来，特别是《国家八七扶贫攻坚计划》实施期间，国家各部委在农田水利、道路交通等基础设施建设和教育、科技、文化、卫生等多个方面展开各种类型的行业扶贫工作，出台了以工代赈、贴息贷款、设立财政发展资金、科技扶贫、社会扶贫等多项开发式扶贫政策。

农村贫困治理体系的改革创新措施带来了较好的扶贫资源瞄准效果，推动农村贫困人口进一步减少。到 2000 年底，农村尚未解决温饱问题的贫困人口由 1985

年的 1.25 亿人减少到 2000 年的 3000 万人，农村贫困发生率从 14.8%下降到 3%
左右，《国家八七扶贫攻坚计划》实施期间扶贫投资获得了高于 10%的回报率（汪
三贵，2007）。

三、21 世纪初期的农村贫困治理体系

进入 21 世纪，随着我国贫困规模的不断减小，农村贫困人口分布呈现出"大分
散、小集中"的新特点。贫困人口分布由以前的扶贫开发重点县区域集中向更低层
次的村级社区集中，2001 年国定贫困县贫困人口占全国贫困人口比例下降到 61.9%
（李小云等，2005）。针对新时期的贫困问题，2001 年国家开始实施扶贫资源村级瞄
准机制，在全国确定了 14.81 万个贫困村作为扶贫工作重点，强调以村为单位调动农
民的参与性进行农村扶贫综合开发。这些重点村占全国行政村总数的 21%，分布在
全国 1861 个县（市），覆盖了全国 80%的农村贫困人口。国务院扶贫办在总结各地
实践经验的基础上，以贫困村整村推进扶贫规划为切入点，在全国范围内开展"整
村推进扶贫工作"。我国农村贫困治理体系呈现出以村级瞄准为重点的瞄准特征。

在该阶段，农村贫困治理建构了"一体两翼"扶贫开发战略，即以整村推进为
主体，以产业化扶贫和劳动力转移培训为"两翼"。政府在实施整村推进过程中，既
强调村庄的全面、综合性发展，强调改变以往自上而下的决策治理方式，建立起重
视农户意愿、利益和需求的自下而上的参与式决策模式。而产业化扶贫和劳动力转
移培训则是在以村为单位的基础上，强化对贫困户和贫困个体的瞄准和扶持，形成
了以"公司+农户"为主要内容的产业扶贫机制，群众自愿、相关部门核实后对扶贫
对象进行职业教育和各类技能培训的劳动力转移致富工作机制。

实践表明，扶贫工作重心和扶贫资源下沉及相关贫困治理机制创新获得了较
好的减贫效果。就整村推进而言，同一县域内，实施整村推进的贫困村农民人均
纯收入比没有实施的增幅高出 20%以上。就整体减贫效果而言，根据 2010 年 1274
元的扶贫标准衡量，农村贫困人口从 2000 年底的 9422 万人减少到 2010 年的 2688
万人，农村贫困人口占农村人口的比重从 2000 年的 10.2%下降到 2010 年的 2.8%
（国务院新闻办公室，2011）。

四、全面小康进程中农村贫困治理体系

21 世纪的第二个十年是我国全面建成小康社会的关键期。党的十八大提出全面
建成小康社会和全面深化改革开放的宏伟蓝图，全面落实经济建设、政治建设、文
化建设、社会建设、生态文明建设五位一体的总体布局，推动新型工业化、信息化、
城镇化和农业现代化同步发展，推进国家治理体系和治理能力现代化。农村地区和
贫困地区是全面建成小康社会的重点和难点，扶贫开发进入新的攻坚期。

　　经过 21 世纪头十年的扶贫开发，我国贫困人口进一步减少，农村居民生产和温饱问题得到基本解决。然而，我国反贫困任务依然繁重，反贫困形势更为复杂。这主要体现在：一是随着扶贫标准的提高，农村地区仍然存在着规模庞大的贫困人口，根据 2300 元/人·年扶贫新标准，2011 年我国农村扶贫对象总数为 1.22 亿人，2015 年仍有 7000 万人；二是农村贫困人口面临的各类风险加大，返贫困现象时有发生，贫困人口稳定脱贫致富面临挑战；三是贫困地区农村劳动力向城镇转移后，农业生产粗放化、农村空心化现象突出，农村相对贫困问题凸显；四是扶贫对象分布特征发生改变，即旧扶贫标准下贫困人口插花型分布特征在相当大程度上被新标准下贫困人口的片区集中（即集中连片特殊困难地区）分布特征所替代。

　　在全面建成小康社会的攻坚时期，我国扶贫开发工作进入巩固温饱成果、加快脱贫致富、改善生态环境、提高发展能力、缩小发展差距的新阶段。扶贫任务多元化，农村贫困治理一方面需要从超越贫困县的区域层次来瞄准扶贫资源，以应对连片特困地区整体性贫困和缩小区域发展差距；另一方面，需要将扶贫资源进一步下沉到个体层次（贫困户），以消除绝对贫困人口和实现贫困地区社会全面小康。与扶贫资源的区域、个体双重瞄准相适应，国家在贫困治理上进行了一系列机制体制创新：在扶贫对象范围上，在原有扶贫开发工作重点县和重点村之后，划设了 14 个集中连片特困地区，并以连片特困地区作为新阶段扶贫攻坚的主战场；在贫困治理结构上，构建专项扶贫、行业扶贫、社会扶贫"三位一体"的扶贫开发治理体系，推动政府与市场、社会协同推进大扶贫开发格局；在扶贫开发方式创新上，宏观层面加快集中连片特困地区区域发展与扶贫攻坚，实施 14 个集中连片特困地区的"集中连片特困地区区域发展与扶贫攻坚规划（2011—2020）"，微观层面建立精准扶贫工作机制。按照县为单位、规模控制、分级负责、精准识别、动态管理的原则，对每一个贫困村、贫困户建档立卡，建立全国扶贫信息网络系统。专项扶贫与贫困识别相衔接，深入分析致贫原因，逐村逐户制定帮扶措施，集中力量给予扶持。至 2014 年底，精准扶贫在新的起点上高位推进，全年扶贫机制创新取得突破，重点工作全面开展，我国农村贫困治理进入了"十三五"精准扶贫与精准脱贫同步迈进小康社会的全面治理时期。

第四节　特色资源产业扶贫的内涵与运行机理

一、特色资源产业扶贫的内涵

1. 产业扶贫

　　产业扶贫是以市场为导向、以经济效益为中心、以产业集聚为依托、以资源开发为基础，对贫困地区的经济实行区域化布局、工业化生产、一体化经营、专门化服务，形成一种利益共同体的经营机制，把贫困地区产业的产前、产中、产后各个环节统一为产业链体系，通过产业链建设来推动区域扶贫的方式（徐翔和刘尔思，2011）。2008年10月，党的十七届三中全会提出了新的扶贫标准，对低收入人口全面实施扶贫政策。2008年11月，新一届国务院扶贫开发领导小组第一次会议明确提出，我国扶贫事业从此进入了开发扶贫和救助扶贫两轮驱动的新阶段。从此，开发扶贫成为我国解决温饱问题的主要手段，也成为我国治理贫困最主要的经验。开发扶贫就是通过"输血"维持生存，通过开发促进发展，着重提高贫困人口的自我发展能力。

发展必须依靠产业带动，通过整村推进，针对贫困人口"大分散、小集中"的分布特点，以村为单位以解决温饱问题、改善基础条件、促进产业发展、提高贫困人口素质、推动社会事业全面发展为主要内容的综合开发扶贫，改善人们基本生产生活条件，形成扶持一村、脱贫一村、巩固一村、致富一村的扶贫开发模式。通过"雨露计划"，积极鼓励和引导农村贫困家庭新生劳动力接受中高等职业教育、贫困家庭劳动力参加职业技能培训和农村实用技术培训，通过转移就业、自主创业和发展现代农业，提高人的基本素质，加快产业集聚区建设和贫困村支柱产业的发展。通过科技扶贫项目，改造和引领贫困地区特色或优势产业，促进贫困地区留守群体科学利用当地资源发展种植业和养殖业，快速脱贫致富。通过产业化扶贫，加快建立农产品基地，发展支柱产业，推动贫困地区农业产业化，带动贫困地区农业调整结构、增加收入。通过绿色资源、可再生资源的利用和设施农业的发展，提高贫困地区防灾减灾能力，切实解决生态特别脆弱地区科学发展的问题，为"贫困人口分布和生态脆弱区分布高度重合"的问题找到解决方案（胡鞍钢，2009）。所以，产业扶贫是以利用当地资源、提高人口素质、发展优势特色产业、推动农业产业化发展为主要内容的扶贫方式，是改变条件与提高素质、发展经济和社会事业进步，增加收入和保护环境并重的扶贫开发模式，是贯彻落实科学发展观的总要求。

2. 特色资源产业扶贫

特色资源产业扶贫的内涵是：积极利用当地具有比较优势的交通、矿产、文化、自然、农业等资源要素，通过产业发展、产业集聚区的打造和产业链的融合，将资源优势转化为生产力优势，改变贫困地区封闭落后的产业发展模式，提高农民劳动素质，提高他们开发利用资源的水平和劳动生产率，激活地区发展活力，加快脱贫致富，有效解决返贫问题，为解决专项扶贫和行业扶贫的关系问题，城市和农村的关系问题，灾害和贫困的问题，更好地发挥财政资金的引导和扶持作用，提供一揽子解决方案。特色资源产业扶贫的内核在于特色资源转化为产业，产业转化为生产力，形成资源、资金和资本的有效融合，为开发式扶贫提供新的发展活力。只有在市场框架下，在产业模式内，将国家扶贫开发政策与当地特色资源有效结合起来，才能实现贫困群体的彻底脱贫致富。

特色资源产业扶贫是在国家开发式扶贫的战略范畴下形成的，是解决我国农村贫困问题的经验结晶，是具有中国特色的扶贫理论的突破性发展。特色资源产业扶贫关键在于处理好贫困地区开发与保护的关系，有效挖掘和利用本地资源，提高劳动者素质，促进产业集聚。第一，特色资源产业扶贫是强调贫困地区自我发展的关键环节。通过资源产业发展，以市场竞争为导向，以政府为主导，引导和鼓励社会普遍参与，突出贫困人口的自力更生，指导贫困地区合理开发自身资源，将自身资源优势转变为市场竞争优势和经济优势，不断提高农户参与的积极性和主动性，提高自我发展的能力，形成自我脱贫的良性循环。第二，特色资源产业扶贫重视产业发展的适用性和地域性，政府在考虑引进先进技术、发展特色资源产业时，必须注重与贫困地区客观条件相适应。第三，特色资源产业扶贫是解决集中连片特困地区、环境脆弱地区和因病致贫地区脱贫致富问题的重要方式。发展壮大贫困地区优势特色产业，是解决贫困群众增收问题最直接、最有效的途径。一方面，通过"雨露计划"，输送和培养高素质劳动力，为产业发展奠定基础，实现农民自主增收和自我发展；另一方面，通过资源的保护与开发相结合，创新环境脆弱地区脱贫致富的思路和方式，发展特色旅游产业和文化产业，帮助农民脱贫。第四，县域经济是国民经济最基本的区域单元，是整个国民经济的重要组成部分，更是全面建设小康社会、早日实现现代化的"基础工程"，加快集中连片特困民族地区的发展，增强这些地区区域经济综合竞争能力，是我国扶贫开发工作取得攻坚阶段性成果的重要内容，也是实现到2020年全面建成小康社会的现实需要。

二、特色资源产业扶贫的运行机理

1. 基本要素

特色资源产业扶贫的基本要素包括可开发利用的资源、资源的开发利用载体和资源开发利用的参与者。可开发利用的资源是特色资源产业扶贫的基础，在开发式扶贫和社会保障双轮驱动的方针之下，开发式扶贫必须立足于自身所拥有的各类特色资源。通过对已有资源的评估和分析，形成资源转化为生产力的可能性。资源开发利用的载体，包括产业集聚区、农业产业化龙头企业、以工代赈项目、易地搬迁工程，还可以借助农业技术的推广、交通水利电力设施的改造实现资源的有效开发和利用，为自力更生的脱贫致富提供出路。社会扶贫过程中，也可以借助定点扶贫和区域间的扶贫协作，用足用好地区经济政策，让更多的发达地区的发展成果通过资源开发的方式运用到贫困地区。资源开发利用过程中，必须始终坚持"政府主导、社会参与、自力更生、科学发展"的战略。将专项扶贫、定点扶贫、东中西部扶贫协作和行业扶贫作为政府主导模式，对集中连片特困地区实施有效扶贫，并随着我国经济社会的发展，逐步增加，逐步加强。社会的广泛参与，包括国有企业、私营企业、学校、科研院所、社会各界和国际交流与合作，突出各方的技术扶贫在资源开发过程中的重要作用。自力更生就是在不断加大对贫困地区的资金投入的基础上，充分尊重贫困地区广大干部群众在农村扶贫开发中的主体地位，不断调动他们的主动性、积极性和创造性。科学发展是对可再生资源和不可再生资源都要遵循开发与保护相结合的基本要求，也是扶贫开发工作贯彻落实科学发展观的一个总体要求。

总体来看，特色资源产业扶贫需要政府、扶贫对象及社会各界的积极广泛参与，需要对贫困地区的资源进行全方位的研究，选择合理的产业，确定有效的开发方式，同时要加快建立特色资源产业开发的载体，为特色资源产业扶贫提供有序平稳的运作渠道。

2. 特色资源产业扶贫的运行机理

特色资源产业扶贫是在开发式扶贫和社会保障扶贫"两轮驱动"的基础上，对专项扶贫、行业扶贫和社会扶贫"三位一体"的扶贫开发方式进行整合，充分发挥各行业部门职责，将贫困地区作为本部门、本行业发展重点，积极促进贫困地区水利、交通、人口和计划生育、电力、教育、卫生、科技、文化等各项事业的发展。特色资源产业扶贫也是坚持外部支持和自力更生相结合的重要环节，有利于提高资金使用效率，更大范围内调动贫困人口的积极性、主动性和创造性，通过资源开发的方式，推动贫困地区改变落后面貌。

特色资源产业开发通常分为资源开发和保护两类相生相伴的开发方式。特色资源产业开发必须通过基础设施的完善、劳动力素质的提高、第一产业的发展、第二产业的促进和金融社会保障，实现第一、二、三产业的协调发展，促进地方自然资源、文化资源、产业资源的有效开发和整合，促进开发式扶贫取得实效。通过改善交通条件、加强水利等基础设施建设、加快科技的推广和引用，保证贫困地区基础设施建设实现全覆盖，为开发利用资源打下坚实的基础。劳动力素质的提高既是贫困人群自我发展的层面，更是脱贫致富，实现自我发展的重要载体。通过"雨露计划"和教育扶贫专项，推动农村新生代劳动力素质的不断提升，真正完成从"输血"到"造血"的转变。农业的发展，是解决贫困地区人口温饱问题的关键，对于广大集中连片特困地区而言，应推广农业技术，实施产业化扶贫，充分利用当地特色资源，实现脱贫致富。第二产业是国民经济的主导产业，通过定点扶贫、地区间协作扶贫、社会组织通过实体经济参与扶贫、特殊地区的扶贫试点等工作，彻底扭转贫困地区工业落后的面貌，突出工业化在贫困地区发展中的重要作用。第三产业的发展有利于提高人民生活水平和质量，金融扶贫是我国扶贫过程中采取的一种有效方式。通过设立金融扶贫办事机构，设立扶贫小额贷款、村级资金互助会等金融扶贫组织，将小额贷款和互助资金主要用于特色农业、原材料加工业、家庭工业、休闲旅游业、农产品加工项目等，放大了扶贫基金的效用，变短期性扶贫为长效性扶贫，有效提高农民的发展能力。

资源保护是资源开发的另一种方式。在推动资源相对丰富地区发展的同时，要通过危房改造、解决用电问题、发展社会事业等行业扶贫方式，不断完善贫困地区的基础设施和公共服务，通过财政支持、整村推进、以工代赈、易地搬迁等专项扶贫方式，创新地区扶贫开发模式，将社会保障扶贫落到实处。

以资源开发推动开发式扶贫，以资源保护落实社会保障扶贫，实现我国扶贫模式的"双轮驱动"战略的无缝对接。通过专项扶贫、行业扶贫和社会扶贫等方式，确立专项扶贫开发推动、行业扶贫有序进行、社会各界力量支持的"三位一体"大扶贫的格局，为创新扶贫体制机制，创新扶贫模式，动员和组织社会各界通过多种方式支持贫困地区的开发建设，集中力量打好新一轮扶贫攻坚战，到2020年实现全面小康奠定基础。

第三章 国外特色资源产业扶贫模式

贫困是个全球性的社会问题，大部分国家都存在一定比例和不同程度的贫困人口，贫困问题历来受到世界各国的重视。世界各国（地区）都在结合本国（地区）社会经济实际发展水平，积极探索通过改进和完善社会福利，加强资源产业的开发，加强对贫困地区的特别扶持，注重促进区域的协调发展，解决落后地区的贫困状况。像美国、德国、日本、英国、巴西、南非等国，都曾在开发落后地区上取得过举世瞩目的成就。这些国家通过政府的主导作用、制定有针对性的资源产业扶贫政策、调整落后地区产业结构和改善资源产业配置，积累了很多值得借鉴的宝贵经验。

第一节 发展中国家特色资源产业扶贫模式

一、南非旅游扶贫开发政策与模式

作为非洲经济强国，南非的发展战略不局限于采矿业和制造业等优势产业，旅游扶贫开发也成为其资源开发和扶贫发展的重要方式。据世界旅游组织测算，1990~2010 年，南非旅游业年均增速 6%，给当地带来了巨大的经济利益，也成为弱势群体脱贫的重要方式。南非选择的旅游扶贫之路，是一项国家范围内的发展战略，得益于南非国内外旅游高速发展的浪潮，也是新南非政府探索国家社会经济发展道路中旅游产业的集中反映。

（一）南非旅游扶贫开发的主要政策

南非从维护经济稳定和社会公平的角度，推出一系列宏观经济政策，努力为发展经济包括旅游业提供平稳、安定的环境。1994 年推出的"重建与发展计划"，强调了黑人的社会和经济地位。1996 年通过的南非宪法也成为保障黑人权利，推行旅游扶贫的法律基石。1997 年制定的"社会保障白皮书"将扶贫和对老、幼、残的扶助列为社会福利的重点。1994 年，种族隔离结束后，南非新政府把旅游业作为国家增加就业、发展外汇的主要产业，认为旅游业要以国家优先和可持续的方式加速发展，以为每个南非人积极提高生活质量做出贡献为目标。旅游业也被确定为国家发展的优先产业，是国民经济居前五位的重点部门之一。为进一步调动广大黑人的积极性，2005 年南非环境事务与旅游部发布了《旅游业提高黑人经济实力宪章和记分卡》文件，为执行"提高黑人经济实力"制定框架和原则，提供了与其他利益相关者合作的基础。该文件要求，旅游业是由人提供服务的部门，决定产品及其质量的关键因素在于人。

从 2001 年开始，南非主管旅游的环境事务与旅游局推出了"减少贫困计划"（Poverty Relief Programme），整合旅游发展和环境管理，把增加就业、农村发展和减少贫困联系在一起。"减少贫困计划"是南非政府最直接、最重要的旅游扶贫项目，其目的是探索通过长期的可持续旅游工作，减少南非最贫穷社区的数量。通过旅游部门创建新的基础设施、帮助地方社区生产和提供更好的服务，以促进旅游业潜力得以开发。这些基础设施主要包括基础道路、信息中心、公园围墙等，旅游产品涵盖文化乡村、博物馆、旅馆及手工艺术品等。

（二）南非旅游扶贫开发模式

1. 将旅游开发确定为全民动员式的开发活动

1996 年南非政府《发展和推进南非旅游》白皮书，把负责任旅游作为旅游发展的主要指导原则和行动标准，提出个体、企业、商会、社区和政府均应负责任地实现变革，促进经济、社会和环境的可持续性。白皮书提出参与发展旅游业者的一种积极行动的途径，以负责任的营销和管理建立竞争优势，不仅要为当地带来较大的经济利益，还要以提高社区福利、改善工作条件、保护当地文化为己任。白皮书还将一系列政府和半国营的旅游开发项目向穷人开放，包括减贫项目、旅游企业项目、旅游培训和国家证书、负责任旅游、目的地负责任旅游及公平旅游等。2002 年，南非环境事务与旅游部进一步发表可持续旅游指南，提出国家保证旅游业按照白皮书要求开展负责任旅游，要求个体、旅游协会和企业在国家指导框架下，承诺以负责任旅游发展自己的市场，人人都应该成为旅游业的参与者和主人。2003 年，为了进一步落实白皮书和指南的各项要求，南非政府发布了《负责任旅游手册》，为推动"负责任旅游"发挥了很大的作用。

2. 旅游扶贫中对龙头企业予以激励

南非还通过对企业的激励措施给穷人创造更多的利益，包括规划倾斜、资金资助、良好的邻里关系和营销激励等。南非国家公园被授权准许在特定时期和规定的园区内建设旅游设施，但为了保证贫困人口获利，要求增加贫困人口进入旅游市场的机会，并在雇佣当地适当人数的贫困员工方面进行规定；资金方面，按照旅游减贫项目的规定，企业能够得到实行旅游扶贫的资金资助，这些资金可以用于资助建设旅游基础设施、旅游企业对贫困人口进行培训、提供上岗机会等。据统计，2003 年南非在开发旅游项目、创造就业和减贫中向企业倾斜相关资金 2.32 亿南非兰特。南非农村的投资者普遍认为，与邻里保持良好的关系有利于他们的经营，他们注重将更多利益分给社区邻里，社区则以土地等资源作为回报。另外，南非联邦接待协会为接待部门专门设立了奖励项目，奖励执行可持续经济、社会和环境项目的产业部门成员。

3. 突出旅游扶贫试验区的示范带动作用

为了研究扶贫战略及其对减贫的影响，南非很多旅游景区企业被视为扶贫试验区。例如，由英国国际发展局经济和社会研究组资助的 5 个旅游企业便是其中重要的旅游扶贫试验区，分别代表不同的旅游产品项目、丛林餐馆、博彩和高尔夫球、客源市场、土地占用情况与扶贫战略的相关性等试验项目。此外，南非还设置了非洲旅游扶贫试验项目，如斯皮尔休闲区、太阳城胜地、南部太阳城旅馆、克·唐狩猎场等。通过帮助旅游龙头企业，与当地贫困户加强联系，促进其发挥带动作用，为地方旅游资源开发减贫提供重要的方式。

南非的旅游资源产业扶贫以独特的产业观、全国共同参与的战略观、可持续发展的综合开发脱贫观，体现了其独特性和适用性，对于促进可持续旅游和平等旅游具有重要的借鉴意义。

二、巴西农业扶贫开发模式与政策

巴西位于南美洲东部，濒临大西洋，是南美洲面积最大的国家。社会经济发展水平较低，区域差异明显，贫困规模较大。巴西中央政府的资料显示，1969 年，巴西人均 GNP 为 347 美元，比拉丁美洲 17 个发展中国家人均 GNP 的平均值还低。其中，年收入低于 50 美元的极端贫困人口占总人口的 14%，收入低于 75 美元的贫困人口占总人口的 20%。20 世纪 80 年代，虽然政府加大反贫困力度，但贫困人口数量和贫困发生率并未明显下降。1990 年巴西贫困人口接近总人口的 1/2，其中农村贫困人口占 73%。巴西东北部的 9 个州最为贫困，人均 GNP 仅为东南沿海发达地区的 1/3，其中以农业为主的皮奥伊州是巴西最贫穷的地方，贫困人口高达 90%。为了加快发展，缩小地区间发展不平衡，增强贫困人口参与经济活动的能力，巴西公共部门采取了一系列的扶贫措施。

1. 加快农村土地改革

长期以来土地高度集中的状况，加上粗放式经营，导致巴西农业生产率低下，阻碍了农业的发展，使得无地农户和小农户的生活更加困难。为缓解土地引发的冲突，政府颁布了《土地法》，建立了土地管理结构，通过土地的规模化经营，通过移民式扶贫，开展农村土地制度改革，促使农业地区资源利用率稳步提高。

2. 实施全方位、立体化扶贫计划

为解决农村贫困问题，20 世纪 70 年代巴西政府专门筹资实施"东北部农业发展计划"和"全国一体化计划"。东北部的农业发展计划是以实现东北部农业现代化为目的，由土地再分配计划和为购置土地、农业机械、化肥及其他农业物资而制订的信贷计划组成；全国一体化计划则是为了扩大农业投入，投资修建多条公路干线，将边远地区与发达地区连接起来，为移民扶贫开发和区域农业经济发展创造条件。对于亚马孙地区的农业带居民，政府还鼓励更多人移居，并为定居者和原有农户提供信贷和技术支持，大力开拓国内外农产品市场。政府还启动了一系列的补充计划，以创造非农就业机会，并向农户发放优惠贷款，政府提供贷款、科技、农机和农药化肥，鼓励农民加入各种专业合作社。1997年，巴西政府制订了"最低收入保证计划"，由联邦政府按照一定比例向愿意参与该计划的最贫困的城市提供拨款，联邦政府和市政府分别出资50%，对人均月收入低于最低工资标准1/2、有在校读书儿童的家庭进行资助。

3. 通过农业碳交易促进可持续发展

目前，巴西的农业碳交易项目数量在全球排在前列，减排量大，占总数的比重也高。巴西借助世界银行"原型碳基金""生物碳基金""社区发展碳基金"等多个碳基金，缓解贫困地区生态环境脆弱，社会经济发展落后的状况。通过这些碳基金，巴西贫困地区将碳减排与社区发展相结合，促进社区发展，改善贫困人口的生活和环境。大多数的碳基金项目针对没有电力或基本健康医疗服务和年人均收入低于1025美元的地区，开发小型的CDM项目，为改善地区基础设施、能源条件、生计和就业及电力状况等方面做了较大的贡献。

4. 积极利用外资加快农业基地建设

为了弥补财政资金不足，巴西政府在玛瑙斯开辟了自由贸易区，开发土地资源，发展农业规模化企业，并在发展电子、汽车、摩托车等技术密集型产业方面提供政策性措施，包括税收优惠、基础设施建设、减免土地使用费用、参持新建企业的股份等。

第二节　发达国家特色资源产业扶贫开发模式

一、美国的资源产业扶贫政策

美国的贫困标准是20世纪60年代由社会安全方面的专家设计提出的，认为家庭的食物支出占家庭总支出的1/3以上即为贫困，贫困线（联邦贫困指导线）也会随经济的发展而调整。各州还会根据家庭人口规模、年龄结构不同，调整确定各州的贫困标准线。据美国卫生与公共服务部的相关介绍，2009年，四口之家年收入（包括工资收入、退休金收入，但不包括非货币收入）2.2万美元以下为贫困家庭。2009年美国共有4360万贫困人口，贫困人口比例达14.3%，其中，65岁以上的人口即老年人口贫困发生率为20.7%，18～65岁人口的贫困发生率为12.9%，18岁以下人口的贫困发生率为8.9%。不同族群的贫困发生率也不同。西班牙族裔的贫困发生率为 25.3%，非洲族裔的贫困发生率为 25.8%。另外，美国还规定，家庭年收入在联邦贫困指导线 50%以下的家庭为深度贫困家庭（又称赤贫）。近年来，受金融危机的影响，美国的赤贫人口有上升趋势，2012 年美国赤贫人口占总人口的 15%。

美国的贫困人口主要分布在南部的城市。城市贫困人口占比为 12.1%，农村地区贫困人口占比为 14.4%。虽然农村的贫困发生率略高于城市，但由于城市人口多，农村人口少，因此城市的贫困人口数量也远远超过农村贫困人口的数量。美国贫困人口组成变化较大，2001～2014 年有 1/3 的美国人陷入过贫困，但长期贫困的不多，许多处于贫困的成年人，在儿童时期不贫困。美国国会众议院筹款委员会工作人员称，在美国有些短期贫困对人的一生影响极大，如 18 岁以下的未成年人，如果持续 5 年贫困，其健康将受到影响，甚至导致犯罪，国家也会为此付出较大的代价。

1. 成立落后地区产业扶贫开发的专门机构

1933 年，罗斯福总统选择田纳西河流域进行扶贫开发，依照《麻梭浅滩与田纳西河流域开发法》，成立了田纳西河流域管理局，负责领导和组织田纳西河和密西西比河中下游一带的水利资源的综合开发和利用。此后，在管理局的基础上成立了经济开发署，进一步加强了对困难地区的经济开发扶持力度。1998 年，通过《联邦受控区和受援区法案》，开始实施定点援助活动，旨在培育受援助地区的资源开发和自我发展能力，在创造就业机会、兴建公共设施、加强人力资源培训、保障住房、重视环保和公共安全等方面实施援助项目。

2. 财政和金融政策的产业开发支持

（1）军事工业与地方产业发展相结合

第二次世界大战后，为加快南方各州工业发展，美国把发展军事工业同促进落后地区产业发展结合起来。联邦财政的军事拨款更多地向南部和西部地区倾斜，通过建立一系列拥有高端技术的国防工业基地，加大对大型军事、国防及宇航方面的投资和研究，加快高科技的军工技术转为民用。通过军事工业的发展，有效改善贫困地区的基础设施，促进西部和南部地区的新兴工业的发展，这些地区迅速成为美国原子能、电子和生物制药等高科技产业的重要基地。军事工业在当地的发展促进了当地基础设施、产业基础的提升，对当地可持续发展、增加就业具有重要的作用。

（2）增加转移支付，出台信贷优惠政策

联邦政府的财政转移支付主要包括专项补助、分类补助和一般目的补助三种形式。专项补助资金由联邦政府指定用途，规定金额、期限和要求，地方政府不得挪用。专项补助是根据人口、人均收入或者财政收入等衡量，70%左右的合格者将自动获得补助。分类补助只规定某一类支出项目的补助总额，不规定具体用途和要求，由州和地方政府自行决定具体使用项目，这项补助在联邦转移支付中所占比重较小，为10%左右。与此同时，联邦政府还对在落后地区投资的私营企业和外资企业，给予长期低息或无息贷款（其中固定资本的直接贷款额可达该项资本总额的65%）的优惠，这类措施促进南部的佐治亚州和佛罗里达州的外资直接投资增长率大幅度上涨，也对这两个地区资源产业的扶贫起到了积极的促进作用。联邦政府还加大教育投资，85%的州的政府财政支出用于教育。

（3）教育培训带动劳动力资源的开发

一是加大劳动力投资。加大为低收入成年人提供支援、相关需求帮助、就业与培训等服务的力度，为青年（年龄上限为24岁）创造暑期工作机会。二是资助为美国老年人提供社区服务的非营利性机构，增加就业。三是提供州就业和再就业服务。对连接失业与雇佣、培训机会与再就业方面的服务机构提供资助。四是残疾人教育。主要是资助12年特殊教育的教学区和学前特殊教育，援助残疾婴儿（年龄从出生到两岁）及其家长。五是职业恢复补助金。六是无家可归儿童和青年教育。安排资金拨给各州用于帮助校区为无家可归儿童和青年人服务，包括食物、交通和支持服务。七是针对低收入大学生的佩尔助学金。安排资金用于佩尔助学金的最高限额增加500美元，即在2009~2010年，从4360美元增加到4860美元。

3. 通过项目支持实现农村发展援助

美国实施农村发展项目的目标是，提高农民的生活质量和增加农村经济发展机会。加大对农村发展项目提供贷款、贷款担保或直接提供资金援助。一是实施能源项目，即对高能耗社区（即能耗高出全国平均水平275%的社区）提供资助，高能耗的农户也得到资助，主要是支持这些社区的节能改造项目、置换耗能高的设备。此外，使用清洁能源和可持续能源的项目也获得资助。二是实施重点商业项目。主要目标是帮助当地改善发展条件，创造经济发展机会。享受该项优惠政策的对象范围是不超过5万人的城镇及周边地区的居民。主要做法如下：对工商业项目提供贷款担保，联邦政府提供贷款总额90%的担保；对农村小型商业企业给予资助，主要是对刚起步的农村小型商业企业提供援助，包括提供贷款和贷款担保；农村商业机会的资助，主要是资助农村商业团体领导人的教育、培训、咨询等。三是实施社区项目。这些项目包括资助水净化和垃圾处理项目、科研资助项目、社区设施建设资助项目、宽带下乡资助项目。水净化和垃圾处理项目的资助对象是公共机构、印第安人保留地的社区组织。该项目受益区域对象是，人口不超过3万人的乡镇，主要是提供贷款或直接的资金援助。科研资助项目主要是对人口在2.5万人以下的社区提供水净化和垃圾处理技术研究方面的资助。社区设施建设资助项目主要是对人口2万人以下的社区提供文化、体育、教育、消防等公共设施建设资助，包括提供贷款或贷款担保。宽带下乡资助项目主要是对人口不超过2万人的社区在远程教育、宽带进农家等方面提供资助。四是住房资助项目。这类项目主要针对赤贫人群（收入为当地平均收入 50%的人群）、低收入人群（收入为当地平均收入 50%～80%的人群）、刚跨过中等收入的人群（低收入水平加 5500 美元）、残障人员，资助的主要方式是提供贷款或贷款担保。

二、法国资源产业扶贫政策

2012 年，法国的官方贫困线是月收入 964 欧元，按照这个标准，2012 年法国约 6500 万人口中仍有约 860 万贫困人口，约占总人口的 13%。持续多年的欧债危机让法国经济陷入低迷，贫困人口数量在上升。目前法国有超过 300 万失业大军，另有 15 万 "无固定居所者"，其中有 4 万人在巴黎。

1. 政府成立专门机构协调贫困地区扶贫开发

20 世纪 60 年代，法国政府先后成立了 "国土整治和区域行动评议会" 及 "国土整治全国委员会" 等常设机构，负责协调地区整治行动。此后，各地区相继成立 "地区计划委员会"。各级政府一方面直接拨款到欠发达地区，通过加快基础设施建设，提高资源扶贫开发水平和效率；另一方面设立了地区开发基金、工业自应性特别基金，对往落后地区迁厂、建厂的企业主，提供低息贷款、免税优待、现代化设备和科技人员，提高扶贫开发的可持续性。

2. 实施国土资源开发整治计划

"国土开发整治" 与我国的 "整村推进" 扶贫模式较为相似。法国的国土开发整治开始于 1950 年，经过不断调整和完善逐渐形成了包括国土整治城市发展政策、农村改革政策、山区开发政策、滨海资源开发与保护政策和老工业区 "结构调整" 政策等在内的一套比较完整的计划。在这些计划实施过程中，贫困地区的资源得到有效利用，生态脆弱性得以缓解，人民脱贫致富得到根本性改善。

3. 实施多层次的资源产业扶贫转移支付制度

法国中央财政对地方财政的转移支付规模较大，中央预算的转移支付占地方总收入的比例达 25%左右。中央对地方财政转移支付主要有一般性补助、专项补助、特定补助和替代性转移支付四种。对于一般性补助，政府不规定用途，主要将其用于帮助地方平衡预算，按地方人口数量和地方政府征税完成情况来分配，往往人口越多或征税越多的地方，得到的补助越多；专项补助是中央给予地方的专项工程如交通、基础设施和学校等项目的补助；法国政府还通过退税方式对特定地区和特定产业实行补助；对于那些无纳税能力的企业或自然人，中央财政代替其向地方财政缴税来实现替代性转移支付。

第四章　恩施州农村扶贫开发现状

第一节　恩施州概况

一、自然概况

（一）地理位置与地形地貌

1. 地理位置

恩施州属于鄂西南山地，主要由巫山、武陵山、大娄山等山脉组成。其西北部系巫山山脉南缘分支，东南部和中部系武陵山脉北缘分支，西部系大娄山山脉的北延部分，北部系大巴山山脉，与神农架毗连。地理位置介于 108°23′12″E～110°38′08″E，29°07′10″N～31°24′13″N，属于武陵山区。全州土地面积 24 061.25 平方千米，占全省总面积的 12.89%。全州东西跨越 2 个经度，相距约 220 千米；南北跨 2 个纬度，距离约 260 千米，穿越了神秘的 30°N。其南接湖南省的湘西土家族苗族自治州、张家界，西部、北部连接重庆市黔江、万州等地，东部、东北部毗邻宜昌市、神农架林区。

恩施州作为我国中部与西部地区政治、经济、文化交流的前沿，其境内长江水道、318 国道、209 国道都是贯通我国东、南、西、北各省份的重要通道；随着宜万铁路、沪蓉高速公路的建成通车，恩施州成为关系我国中部崛起的重要战略城市之一，有效地促进了经济文化的交流。从全国区域划分来看，恩施州处于长江经济带和中部五省经济区中，又是长江上游的重要生态屏障，具有承东启西、接南纳北的区位优势。

2. 地形地貌

恩施州地处我国第二阶梯东缘，属云贵高原东部延伸部分，境内有四大山脉，即武陵山脉、巫山山脉、大娄山山脉、大巴山山脉。州内最高海拔 3032 米，平均海拔 1000 米以上。海拔 1200 米以上的高山地区占 29.4%，800～1200 米的二高山地区占 43.6%，800 米以下的低山地区占 27.0%。境内地表切割深，沟壑纵横，地形地貌复杂，大河、小溪成树枝状展布。深谷、伏流、溶洞、冲、槽、漏斗、石林等常见。整个地势西北、东北部高，中部相对较低，阶梯状地貌发育。除东北部有海拔 3000 米以上山地外，普遍展布着海拔 2000～1700 米、

1500～1300 米、1200～1000 米、900～800 米、700～500 米等 5 级面积不等的夷平面，并存在 1～2 级河谷阶地，呈明显层状地貌。河流切割明显，长江横贯巴东，切割穿巫山形成雄壮的巫峡。清江、酉水、溇水、唐崖河、郁江等河流及其支流，多沿断裂层发育，形成程度不等的深切曲流。

（二）气候条件与资源概况

1. 气候条件

恩施州属亚热带山地季风性湿润气候，冬少严寒、夏无酷暑、春迟秋早、雾多湿重、雨量充沛、四季分明。气候垂直差异明显，小气候特征突出，有阴雨、洪涝、低温冷害、冰雹、大风等气象灾害。全州实际年平均日照时数为 1160～1600 小时，年平均日照比例为 26%～37%。全州多年平均年降水量 1118～1900 毫米，雨量丰沛，雨热同期，春夏多于秋冬，春秋多阴雨，夏季雨水强度大，冬季雨量小。降水区域总体是南多北少，高山多于低山，长江河谷最少，南部鹤峰最多。海拔 350 米以下的河谷地，年平均气温在 17℃以上，最冷月平均气温在 5.5℃以上，≥10℃的年平均活动积温大于 5300℃，无霜期在 285 天以上；海拔 350～700 米的低山盆地，年平均气温在 15～17℃，最冷月平均气温在 3.5～5.5℃，≥10℃的年平均活动积温在 4500～5300℃，无霜期在 260～285 天；海拔 700～1250 米或 1300 米的低中山，年平均气温在 11.5～15℃，最冷月平均气温在 0～3.5℃，≥10℃的年平均活动积温在 3500～4500℃，无霜期在 225～260 天；海拔 1250 或 1300 米到 2000 米的中山，年平均气温在 6.5～11.5℃，最冷月平均气温 0～5℃，≥10℃的年平均活动积温在 1700～3500℃，无霜期 195～225 天；海拔 2000～3000 米的中山岭脊，年平均气温在 6.5℃以下，最冷月平均气温–5℃，≥10℃的年平均活动积温小于 1700℃，无霜期少于 195 天。

2. 资源概况

恩施州资源富集度高，优势度强，开发潜力大。有长江、清江、澧水、酉水等主要河流，水能理论蕴藏量 743 万千瓦，可开发利用量 550 万千瓦。风能、太阳能、生物质能储量丰富。矿产资源富集，已探明高磷铁矿、硅石矿、煤矿、天然气、高岭土、硒矿、石膏矿、磷矿、铅锌矿等矿产种类 75 种，其中硒矿储量世界第一，有"世界硒都"之誉。旅游资源品位高，组合性强，开发前景广阔，有长江三峡、八百里清江画廊、巴东神农溪、建始直立人遗址、恩施大峡谷、利川腾龙洞、咸丰坪坝营、来凤仙佛寺、宣恩七姊妹山等一批武陵山生态文化旅游圈的核心景区，是古人类文化、巴文化的发祥地，土家族、苗族等少数民族文化绚烂多彩，"红色文化""抗战文化"极为丰富。生物物种多样，有陆生脊椎动物 350 余种，其中兽类 60 余种、鸟类 200 余种、爬行类 40 余种、两栖类 30 余种，有金丝猴、云豹、金钱豹、华南虎等国家一级保护动物 8 种，有猕猴、黑熊、大鲵、穿山甲、大灵猫等国家二级保护动物 61 种；森林树种多达 171 科 645 属 1264 种，约占全国树种的 1/7，国家重点保护的珍稀树种有红豆杉、水杉、珙桐、银杏、木莲等 40 余种，约占全省列入国家重点保护树种的 90%；有党参、天麻、当归、贝母、杜仲、厚朴、黄柏、丹皮、半夏、百合等药用植物 186 科 854 属 2088 种，比《本草纲目》中记载的还多 200 多种，特别是中国板党、湖北贝母、巴东独活、利川香连、宣恩竹节参、鸡爪黄连、紫油厚朴、江边一碗水、头顶一颗珠等数十种名贵中药材，量大质优，在国内外久负盛名。片区森林覆盖率高达 66%，是我国亚热带森林系统核心区，长江流域重要的水源涵养地和生态屏障，素有"鄂西林海""华中药库""华中动植物种质基因库"之称。

二、社会经济概况

（一）行政区划与人口

1. 行政区划

恩施州辖有 2 市 6 县，即恩施市、利川市、巴东县、建始县、宣恩县、咸丰县、鹤峰县、来凤县。全州共有土地面积约 2.4 万平方千米，88 个乡、镇、街道办事处，其中 44 个乡，39 个镇，5 个办事处；2650 个村/社区，其中 2531 个村，119 社区；23 708 个村民小组/居民小组，其中村民小组 22 921 个，居民小组 787 个。

2. 人口概况

恩施州是一个以土家族、苗族聚居，侗族、白族、蒙古族、回族等少数民族散杂居为主要特征的少数民族地区。2015 年末全州总人口 402.61 万人。其中，男性人口 210.19 万人，占总人口的 52.2%；女性人口 192.42 万人，占总人口的 47.8%。2015 年末全州常住人口 332.7 万人，其中城镇人口 133 万人，城镇化率 39.98%；全州人口密度（按常住人口计算）为约 138 人/平方千米；全年人口出生率为 11.01‰，人口死亡率为 5.72‰，人口自然增长率为 5.29‰；出生人口男女性别比为 100∶107.32，保持在正常范围内。

（二）社会经济发展概况

1. 区域经济整体状况

2015 年经核算，恩施州全州生产总值 670.81 亿元，比上年增长 9.1%。其中，第一产业增加值 143.86 亿元，增长 5.3%；第二产业增加值 244.42 亿元，增长 9.7%，其中工业增加值 197.32 亿元，增长 8.1%；第三产业增加值 282.53 亿元，增长 10.8%。产业结构进一步优化。三次产业构成由 2014 年的 22.7∶36.2∶41.1 调整为 21.4∶36.4∶42.2，第一产业比重继续下降，第二产业和第三产业比重继续提高。按年均常住人口计算，2015 年全州人均生产总值 20 191 元。

在市场主体方面，2015 年末恩施州实有市场主体 183 975 户，比上年增长 2.0%。其中，新登记各类市场主体 39 804 户。全部市场主体中，实有企业类市场主体 26 467 户，比上年增长 18.8%；实有企业类市场主体注册资本 1005.49 亿元，比上年底净增 326.18 亿元，增长 48.1%。全年办理"三证合一"营业执照 12 721 户。

在物价水平方面，2015 年恩施州居民消费价格比上年上涨 2.5%，其中食品价格上涨 2.8%。工业生产者出厂价格与上年持平。工业生产者购进价格上涨 1.6%。农业生产资料价格下降 0.1%。商品零售价格上涨 0.8%。物价水平运行比较稳定。

整体来看，"十二五"时期，恩施州全州地区生产总值累计 2736 亿元，是"十一五"时期的 2.1 倍。与 2010 年相比，全州生产总值由 2010 年的 351.13 亿元增加到 2015 年的 670.81 亿元，年均增长 10.7%（表 4-1），高于全国年均水平 2.9 个百分点，与全省年均水平保持同步，也高于全州"十一五"时期年均增幅 0.1 个百分点；规模以上工业增加值由 73.47 亿元增加到 175.20 亿元，年均增长 14.85%；全社会固定资产投资由 244 亿元增加到 726 亿元，年均增长 24.3%；社会消费品零售总额由 132 亿元增加到 271 亿元，年均增长 15.5%；财政总收入由 56 亿元增加到 132 亿元，年均增长 18.7%，地方一般公共预算收入由 26.1 亿元增加到 67.2 亿元，年均增长 20.8%；金融机构人民币存款余额由 467 亿元增加到 1050 亿元，年均增长 17.6%，贷款余额由 251 亿元增加到 659 亿元，年均增长 21.3%；三次产业构成由 2010 年的 30.7∶28.7∶40.6 调整为 2015 年的 21.4∶36.4∶42.2，产业结构进一步优化，全州城镇化率由 2010 年的 30.5%增加到 2015 年的 39.98%。主要经济发展指标完成了"十二五"规划目标任务，为"十三五"发展奠定了坚实的基础。

表 4-1　2010～2015 年恩施州 GDP 及其增速情况

指标	2010 年	2011 年	2012 年	2013 年	2014 年	2015 年
GDP/亿元	351.13	418.19	482.19	552.48	612.01	670.81
增速/%	13.8	13.4	11.9	9.9	9.5	9.1

资料来源：根据《2015 年恩施州国民经济和社会发展统计公报》相关信息整理而成

2. 人民生活与社会保障概况

2015 年全体居民人均可支配收入 12 666 元，同比增长 10.7%，人均生活消费支出 9280 元，同比增长 10.9%。农村常住居民人均可支配收入 7969 元，同比增长 10.8%，人均生活消费支出 6324 元，同比增长 10.8%，农村居民恩格尔系数 40.0%。城镇常住居民人均可支配收入 22 198 元，同比增长 9.7%，人均生活消费支出 15 279 元，同比增长 10.0%，城镇居民恩格尔系数为 33.3%。"十二五"期末，全州城镇常住居民人均可支配收入是"十一五"期末的 1.8 倍，年均增长 12.1%；全州农村常住居民人均可支配收入是"十一五"期末的 2 倍，年均增长 15.1%。

就业创业成效明显。2015 年全州新增城镇就业人员 4.27 万人，城镇登记失业率控制在 3.01%以内。2015 年实现就业困难人员再就业 3551 人，城镇失业人员再就业 7178 人；大力推进创业带就业，发放小额担保贷款 2 亿元，扶持创业 3825 人，带动就业 13 982 人。

社会保险覆盖面持续扩大。2015 年全年各项社会保险扩面 13.32 万人。2015 年末全州企业基本养老保险参保人数 34.84 万人，机关事业单位养老保险参保人数 2.67 万人；城乡居民社会养老保险参保人数 152.85 万人，参保率 99.6%，养老金发放率 100%；工伤保险参保人数 18.71 万人，其中农民工参保 5.18 万人；失业保险参保人数 13.15 万人；生育保险参保人数 9.4 万人；城镇职工基本医疗保险参保人数 24.02 万人，城镇居民基本医疗保险参保人数 37.96 万人。2015 年全年实际征收各项社会保险费 50.37 亿元。

城乡救助体系不断完善，困难群体的基本生活得到保障。2015 年全州城镇居民最低生活保障人数 2.77 万人，最低生活保障支出 1.23 亿元；农村居民最低生活保障人数 16.11 万人，最低生活保障支出 3.25 亿元。2015 年末收养性社会福利单位 134 个，床位数 15 541 张。农村"五保"供养水平不断提高，全州符合条件的五保对象 17 824 人，其中集中供养 4125 人。全年全州实施困难群众住院、门诊救助 73 121 人次，支出医疗救助资金 7183 万元。

第二节　恩施州农村扶贫开发现状

一、恩施州农村贫困现状

（一）农村贫困对象

1. 空间贫困对象

恩施州属于"老、少、边、山、库"区，长期以来，由于受地理生态环境、区位交通条件、历史文化背景等多方面因素制约，经济社会发展滞后，区域整体性贫困与农村群体性贫困并存，扶贫开发工作任务十分艰巨，到 2015 年末，恩施州所辖 8 个县（市）均为国家扶贫开发工作重点县（市），同时，通过精准甄别，全州境内有 91 个贫困乡（镇）、729 个贫困村（表 4-2）。

表 4-2　2015 年末恩施州空间贫困对象情况表

对象	贫困县（市）/个	贫困乡（镇）/个	贫困村/个
恩施市	1	17	145
利川市	1	15	141
建始县	1	10	92
巴东县	1	12	118
宣恩县	1	9	70
咸丰县	1	11	66
来凤县	1	8	46
鹤峰县	1	9	51
恩施州	8	91	729

资料来源：恩施州扶贫办内部资料

2. 贫困人口状况

2014 年通过对全州 2532 个建制村、330 多万农村人口全面摸底、普查、评议、录入、量分、公示，较为客观、科学、精准地锁定了全州约 31.85 万户贫困农户、约 107.69 万贫困人口，明确了全州三大类精准扶贫对象：无劳动能力、需兜底的特殊困难对象 10.1984 万人；有一定劳动能力的低保贫困对象 19.2559 万人；完全具备发展能力的一般贫困对象 78.6187 万人（具体情况见表 4-3）。2015 年底，恩施州扶贫办通过"回头看"等措施确定恩施州建档立卡贫困人口为 65.452 万人。

表 4-3　2015 年末恩施州空间贫困对象情况表

县（市）	贫困人口总规模锁定数		2014 年脱贫数量锁定数		2015 年脱贫数量锁定数		未脱贫对象锁定数	
	户数/户	人数/人	户数/户	人数/人	户数/户	人数/人	户数/户	人数/人
恩施市	57 375	174 073	8 938	28 680	12 200	41 139	36 237	104 254
利川市	70 164	215 374	8 618	28 375	13 475	44 455	48 071	142 544
建始县	40 968	137 081	5 236	18 421	8 693	28 409	27 039	90 251
巴东县	54 564	172 593	7 330	23 959	9 397	32 292	37 837	116 342
宣恩县	27 552	87 489	3 579	12 125	9 594	31 612	14 379	43 752

续表

县（市）	贫困人口总规模锁定数		2014 年脱贫数量锁定数		2015 年脱贫数量锁定数		未脱贫对象锁定数	
	户数/户	人数/人	户数/户	人数/人	户数/户	人数/人	户数/户	人数/人
咸丰县	44 866	140 606	6 895	23 214	11 070	37 927	26 901	79 465
来凤县	—	79 041	—	14 303	—	26 619	—	38 119
鹤峰县	23 050	70 631	3 049	9 448	7 261	21 390	12 740	39 793
合计	318 539	1076 888	43 645	158 525	71 690	263 843	203 204	654 520

资料来源：恩施州扶贫办内部资料

3. 减贫状况

"十二五"期间，恩施州整合各类资金，大力推进扶贫开发事业，2011～2014年，累计投入扶贫资金 169 562 万元，其中财政扶贫资金 111 121 万元，以工代赈资金 31 309 万元，民族发展资金 21 532 万元，相关行业和部门定点帮扶资金 5600万元，通过全州上下合力攻坚，大力实施"整村推进"，扶贫开发工作取得明显成效。农民年人均纯收入由 2010 年的 3255 元增加到 2014 年的 7194 元，4 年间年人均纯收入增加 3939 元，增长率达到 121%。到 2014 年底，全州农村贫困人口由2010 年的 130.4 万人减少到 108.6 万人，贫困发生率由 2010 年的 38.16%下降到2014 年的 36.85%，返贫率控制在 10%以内（表 4-4）。

表 4-4　恩施州 2011～2014 年贫困人口变化情况

县（市）	2011 年		2012 年		2013 年		2014 年	
	贫困人口/万人	贫困发生率/%	贫困人口/万人	贫困发生率/%	贫困人口/万人	贫困发生率/%	贫困人口/万人	贫困发生率/%
恩施市	18.78	32.73	25.5	40	23.312	37.2	20.88	33.3
建始县	16.97	40.58	20.2	74	18.79	41.6	16.73	37.1
巴东县	13.96	36.57	23.53	43.9	22.86	54	21.21	50.3
利川市	21.93	29.31	30.6	54.22	28.78	34.9	25.77	31.3
宣恩县	10.4	35.9	12.4	39.07	12.1	38	10.99	34.5
咸丰县	15.35	49.39	19.96	59.8	18.36	54.6	16.45	48.9
来凤县	8.78	36.14	11.34	42.46	10.43	38.4	9.33	34.4
鹤峰县	6.54	35.65	10.13	52	9.55	48.3	8.5	43
恩施州	112.8	35.56	153.7	44.48	144	41.8	108.6	36.85

资料来源：恩施州扶贫办内部资料

2015 年，恩施州扶贫开发总投资 89.7043 亿元，其中基础设施建设投资 29.1946 亿元（主要用于铁路、公路、水利、能源等基础设施方面），占总投资的 32.5%；农村生产生活条件改善方面投资 3.105 亿元，占总投资的 3.5%；基本公共服务投资 9.9212 亿元，占总投资的 11.1%；产业发展方面投资 39.198 亿元，占总投资的 43.7%；生态建设与环境保护方面投资 11.2855 亿元，占总投资的 12.6%。可见，投资方面主要集中在产业发展与基础设施等方面，这也从另一个角度反映出该区域贫困的成因之一主要是基础设施不完善和产业水平低下。

2015 年，全州共减少贫困人口 25.62 万人（其中，恩施市 3.96 万人、利川市 4.31 万人、建始县 2.75 万人、巴东县 3.11 万人、宣恩县 3.10 万人、咸丰县 3.64 万人、来凤县 2.66 万人、鹤峰县 2.09 万人），超额完成年度任务 4.52 万人，2015 年底，恩施州扶贫办通过"回头看"等措施确定恩施州建档立卡贫困人口为 65.452 万人；贫困发生率由 2014 年全州的 36.85% 下降到 2015 年的 19.96%，2015 年度任务内的 7 个贫困村全部实现整体脱贫；全州共组织 1500 多个单位开展驻村扶贫，组建 739 个工作队驻村帮扶，安排 5.4 万名干部开展结对帮扶，实现贫困村、贫困户结对帮扶全覆盖。同时，恩施州还动员社会力量参与精准扶贫，探索实施金融扶贫、旅游扶贫、光伏扶贫等一系列新型扶贫举措，有效带动贫困人口脱贫致富。

（二）贫困人口变动特征

长期以来，由于历史、自然环境、现实体制等多种因素的制约和影响，恩施州是湖北省农村贫困人口分布最多的民族地区，各级政府对该区域的贫困问题治理进行了长期不懈的努力，取得了一定的效果，但由于农村贫困问题的复杂性、动态性、多元性等特征的影响，该区域农村贫困问题治理还存在诸多亟待优化和完善的地方，因此，客观、科学地分析恩施州农村贫困人口的分布及其变动趋势等特征，是实现该区域贫困治理目标的重要前提和基础。基于此，2015 年 10 月对恩施州 8 个县（市）进行实地抽样调查，共发放问卷 530 份，回收有效问卷 486 份，有效问卷率约占 91%，在此基础上，结合相关统计数据和研究成果，对恩施州贫困人口的分布和变动趋势进行深入探讨，以期揭示该区域当前扶贫开发中存在的问题和完善解决的对策，实现该区域贫困治理的健康、持续发展。

1. 贫困人口的基本分布状况

恩施州农村贫困人口的分布从整体上看，覆盖面广，覆盖了全州 8 个县（市）的绝大多数行政村，呈现出连片和集中分布的特征。从具体情况来看，问卷调查显示，该区域农村贫困的分布受到地域、家庭、年龄、文化程度、性别、就业、健康状况等多种因素的影响。下面结合相关统计资料和调查数据就恩施州农村贫困人口的基本分布状况进行分析。

（1）整体分布情况

2011 年《湖北省武陵山片区区域发展与扶贫攻坚实施规划（2011—2020 年）》中的相关数据显示：2010 年湖北民族山区乡村贫困人口为 185.7 万人，占整个总人口的比例为 49%，贫困村为 1579 个，占行政村总数的 52%，贫困发生率和返贫率分别为 57.5%、4.7%；2015 年初始贫困人口为 108.6 万人，占总人口的 32.9%，贫困村为 729 个，占行政村总数的 28.8%，贫困发生率和返贫率分别为 24.96%、2.7%，从整体上看贫困状况得到了很大改善（表 4-5）。

表 4-5　湖北民族山区乡村贫困人口基本情况

年份	贫困人口/万人	贫困人口占总人口的比例/%	贫困村/个	贫困村占行政村总数的比例/%	贫困发生率/%	返贫率/%
2010	185.7	49	1579	52	57.5	4.7
2015	108.6	32.9	729	28.8	24.96	2.7

从实地调查的数据来看，按照新的贫困标准，该区域农村贫困人口几乎覆盖了全州 8 个县（市）所辖行政村的 28% 以上，贫困人口的分布表现出面广、集中和脆弱性等特征，从一个侧面反映出该区域贫困人口规模大、程度深等状况，扶贫任务任重而道远。

（2）地域分布情况

恩施州贫困人口的分布可以从县域之间和县域内部两个尺度来进行分析。首先，在县域之间贫困人口的分布存在较大差异。从 2015～2019 年贫困村脱贫数量来看，各县（市）之间存在明显差异，其中恩施市数量最多，达 145 个，其次为利川市和巴东县，其数量分别为 141 个与 118 个，数量最少的为来凤县、鹤峰县，其贫困村数量分别为 46 个和 51 个，这说明该区域贫困人口分布不仅县域之间差别大，而且贫困面广（表 4-6）。

表 4-6　恩施州 2015～2019 年脱贫时间表　　　　　　单位：个

县（市）	2015 年	2016 年	2017 年	2018 年	2019 年	总计
恩施市	0	48	41	29	27	145
利川市	0	47	35	40	19	141

续表

县（市）	2015 年	2016 年	2017 年	2018 年	2019 年	总计
建始县	0	32	28	18	14	92
巴东县	0	39	39	40	0	118
宣恩县	7	28	20	15	0	70
咸丰县	0	22	15	15	14	66
来凤县	0	20	26	0	0	46
鹤峰县	0	21	30	0	0	51
合计	7	257	234	157	74	729

注：相关数据由恩施州扶贫村内部相关资料整理而得

其次，从县域内部来看，实地调查数据显示，农村贫困人口主要分布在高海拔等高山地区、交通不便等边远山区，尽管城郊和地理条件较好的地区仍有贫困人口分布，但其所占比例较小，这也从另外一个层面说明区域内部社会经济发展的差异导致了内部贫困人口分布的非均衡性，印证了"贫困人口分布与现代化程度呈负相关"的观点。

（3）家庭分布情况

通过对恩施州 486 份调查问卷的数据分析可知，该区域之所以存在大量的贫困人口，最明显的直接影响因素是家庭收入太低，以至于一些特困家庭连最基本的生活资料，如基本的食品都很难得到保障。可以这么认为，长期的家庭低收入是该区域贫困人口形成的主要影响因素。调查数据和相关统计资料显示，2015 年所调查的贫困人口中，家庭人均年收入为 1500 元左右，而人均年收入低于 1400 元的占 1/3 以上，人均年收入达到 2000 元以上的家庭仅占 10%左右。2015 年，从被调查的家庭的收入分布情况来看，人均年收入介于 800 至 1500 元的家庭约占 62%，介于 800 至 1400 元的家庭约占 35%，其家庭收入情况基本符合正态分布特征。可见，如何提高贫困人口的家庭收入，是降低该区域贫困人口比例的重要基础和条件。

（4）就业分布

基于分层抽样和问卷调查等手段，本研究对恩施州贫困人口家庭的就业状况进行了探讨，以期揭示贫困人口的就业与贫困形成之间的关系。调查数据显示，贫困人口的形成与其就业状况有着明显的关系，其分布特征如下。首先，绝大多数贫困家庭的就业基本上都是局限在传统的农业生产领域，由于受到市场和自然灾害等因素的影响，他们的收入结构单一且水平偏低；其次，一些家庭中的成年劳动力除了进行农业生产外利用空隙时间去临近城镇从事建筑等短期打工活动，其家庭收入明显好于前一种纯粹从事农业生产的家庭，同时，一些贫困家庭虽有子女外出务工，但由于所受文化教育较少和基本技能不强，大多从事的是收入低的行业，其收入增加不明显。由此可见，提高贫困人口的就业技能，拓宽就业渠道，是增加贫困人口收入的重要手段。

（5）年龄分布

从所得 486 份调查问卷结果来看，恩施州贫困人口的年龄分布的具体情况如下：60 岁及以上贫困人口占贫困人口调查总数的 20%左右；50～59 岁年龄段的约占 40%，这两个年龄段所占比例较大，说明贫困人口在 50 岁以上的较多。40～49 岁的贫困人口占 17%左右，仅次于上述年龄段的贫困人口。此外，30～39 岁、12～18 岁两个年龄段的贫困人口较少，分别占调查贫困人口总数的 9%和 6%，贫困人口最少的主要分布在 18～29 岁和 12 岁以下的年龄段。从整体来看，其贫困人口的年龄分布基本上呈正态分布。造成上述贫困人口在年龄上的分布特征的原因主要与该区域贫困人口的家庭人口结构和基本的社会保障形式有密切关系。一方面，该区域农村家庭中 50 岁以上老人随着自身劳动能力的下降，能够获得收入的机会和能力下降，同时，又没有像城镇人口那样有相应的社会保障，因此他们的生活开支主要由自己的子女承担，而对于一般的贫困家庭来说，除了要赡养老人以外，还要承担子女的上学、就医和结婚等费用的支出，因此，不可能拿出多少费用来用于老人的生活开支，从而使 50 岁以上的贫困人口较多；另一方面，对于 30～49 岁的农村人口来说，由于自身劳动能力较强和相应承担的家庭支出较少（主要是孩子上学等费用），其在贫困人口中所占比例较小。另外，18 岁以下的贫困人口基本上还处于上学阶段，除了部分家庭由疾病或重大意外事故所导致的贫困外，其贫困基本上都转移到父母，所占比例也较小。总之，贫困人口的年龄分布揭示出了农村贫困与社会保障之间的深层关系，这是农村贫困治理需要思考的问题。

2. 农村贫困人口分布的变动趋势

通过上述对恩施州农村贫困人口基本分布情况的探索可以看出，影响该区域农村贫困人口分布形成的因素呈现"多元化"特征，随着内外环境、政策体系和贫困人口自身的变化，农村贫困人口的分布开始出现新的变动趋势和特征。

（1）整体分布的变动趋势

从对恩施州农村贫困人口的相关统计数据和调查资料来看，2010～2014 年农村贫困人口的数量开始逐年减少。例如，恩施州 8 个县（市）的贫困人口数量从2010 年的 150 万人减少到 2015 年的 82.98 万人左右，平均每年约 13 万人脱贫，该区域贫困发生率由 2010 年的 57%下降到 2014 年的 36.85%，但贫困发生率主要说明了贫困分布面的数量变化，并未说明贫困的深度和强度，对该区域贫困缺口率和 FGT 贫困指数的测算表明，近年来该区域的贫困的深度和强度在增加，这说明该区域绝对贫困虽然减少了，但持续性贫困和特困人口的状况却更加严重，这也暗示着我国扶贫开发过程不能以贫困发生率作为评判贫困变化的唯一标准，恰恰相反，更应注重贫困的深度和强度的变化，这就要求我们在注重传统的重经济增长对农村反贫困的巨大作用时，更加注重扶贫的瞄准机制即分配政策的调整，以增强反贫困的效果。

（2）地域分布的变动趋势

近年来，恩施州贫困人口的地域分布也出现空间分异的变动趋势和特征，这种特征主要产生于县域之间和县域内部的变化。首先，从县域之间的变动情况来看，其贫困人口的分布出现"南高北低"的变动趋势，即分布在区域北部的利川、恩施、建始、巴东等县（市）的农村贫困人口脱贫比例逐渐高于区域南部的鹤峰、咸丰等县（市），出现这种情况的主要原因是近年来随着北部宜万铁路、沪渝高速公路和高铁的开通，北部区域经济发展明显快于南部区域。其次，从县域内部的分布变动趋势来看，贫困人口的分布主要向基础设施差、交通不便的边远高海拔地区集中分布，紧邻城郊的贫困人口逐渐减少，但有一点必须引起注意，那就是，随着城镇化进程的推进，许多失地农民由于文化技能等多种因素的影响，逐步沦为城市贫民，换言之，农村贫困人口出现了向城市转移的趋势。

（3）家庭和就业分布的变动趋势

通过对恩施州 486 份贫困人口调查问卷的分析，发现其贫困人口的家庭分布和就业分布具有高度的一致性，2014 年，恩施州共有贫困人口 108.6 万人，按照其贫困的程度，大致可以分为三类：第一类为农村特殊困难对象，主要指完全丧失发展能力的低保人口，全州约有 12 万人；第二类为农村低保贫困对象，主要指尚具有一定发展能力的低保人口，全州约有 18 万人；第三类为农村一般贫困对象，主要指完全具备发展能力的贫困线下人口，全州有 70 多万人。其中，第一类家庭的贫困人口主要指农村的"五保户"、孤寡老人、完全丧失劳动能力的残疾人等家庭，但其所占的比例为 9%左右。第二类家庭主要为具有一定劳动能力的农村低保人口，其就业主要是从事简单的农业生产，同时，受到身体健康和生活能力的制约，主要依靠低保费用维持生计，这类贫困人口占贫困人口总数的 16%左右；第三类贫困家庭的贫困人口完全具备劳动能力，但由于受到文化、技能、信息等多种因素制约，其就业主要在传统的家庭农业生产领域，市场参与能力较低，收入水平有限，这类贫困人口构成了贫困人口的主体，占贫困总人口的 75%左右。可见，提高农村贫困人口的劳动技能和市场参与能力，拓宽其就业渠道，是促进农村贫困人口脱贫的重要途径和方向。

（三）主要影响因素

1. 区域整体性贫困与农民群体性贫困交叉影响

（1）区域整体性贫困影响

按照《全国主体功能区规划》，恩施州是重要的生态功能区，是长江流域的生态安全屏障。虽然恩施州在《湖北省主体功能区规划》中属省级层面重点开发区，但由于受区域整体生态保护的限制，国家没有在此布局大的产业基地和加工制造业项目，区域经济发展缺乏国家重大产业项目拉动，自身内生动力又严重不足，区域整体性贫困将会长期持续，难以实现突破性、跨越式发展。2014 年，全州人均生产总值为 18 463 元，只占全国的 39.6%、全省的 39.2%；城镇化率仅为 38.4%，比全省低 17.3 个百分点。"三小带三大"始终是制约恩施州经济发展的重要短板，主要体现在：小主体带大产业，特色产业优势难以发挥。2014 年全州年产值超过 2000 万元的工业企业只有 380 家，不到全省的 3%，实现工业增加值 136.46 亿元，全省排名倒数第 2 位，仅高于神农架，工业产值只有全省的 1.22%，产业扶贫带动能力很弱。小投入带大项目，拉动经济增长的动力难以显现。2014 年全州固定资产投资只有全省的 2.34%，人均固定资产投资仅相当于全省的 40%，促进区域发展的能力不足。小城镇带大农村，城镇化建设任重而道远。2013 年，全州城镇化率仅为 36.6%，比全省低 16.9 个百分点，以城带乡的能力较低。

（2）农民群体性贫困影响

城乡居民收入水平与全国、全省的差距巨大。2014 年城镇居民人均可支配收入 16 639 元，分别比全国、全省低 10 316 元和 6267 元，仅相当于全国、全省平均水平的 61.7% 和 72.6%；农民人均纯收入为 5235 元，分别比全国、全省低 3661 元和 3632 元，仅相当于全国、全省平均水平的 58.8% 和 59.0%。另外，由于受自然生态环境、农村产业结构和农业生产水平的限制，农村居民整体收入水平低。2014 年，全州农民人均纯收入 7194 元，只达到全国农村居民人均纯收入 9892 元的 72.7%。农民因病致贫、因灾返贫的现象比较突出，加上国家贫困标准的提高，全市贫困人口数量仍然居高不下，2014 年末全州建档立卡的农村贫困人口规模为 108.6 万人，约占全省贫困人口的 1/5，占全州农业人口的 1/3。全州这些贫困人口大多集中在深山区、高寒区、地方病高发区，这些地区自然条件恶劣，基础设施落后，产业结构单一，文化教育滞后，交通不便，返贫率高。改"大水漫灌"为"滴灌"，对这些贫困人口实施点对点的帮扶，并使其在 2020 年整体达到小康水平，难度很大。同时，全州还有 729 个重点贫困村，必须整合资源，加大投入才能实现整体脱贫。农民整体收入水平和贫困人口所占比例反映出恩施州农民群体性贫困，扶贫攻坚压力巨大，精准扶贫、精准脱贫任务繁重。

2. 区域基础设施的影响

（1）骨干交通体系尚未形成，经济社会发展的"底盘"不牢固

到目前为止，全州交通特别是清江以南区域的道路网络尚未形成，国省干线公路密度和等级相对较低，农村公路通达通畅率低。有 1 个县未通高速公路，2 个县未通国道，4 个县未通铁路；存在县际公路未联通、公路等级偏低（四级及以下）等问题；乡（镇）间公路等级低，已通水泥（沥青）公路行政村数所占比例也比较低；还有近千个不通公路的拆并村没有纳入建设计划；已经硬化的乡村公路路面窄、部分损坏，影响流通，制约经济发展。

（2）农业基础设施仍然薄弱，扶贫带困能力不足

一方面，山区土壤地力低，且多为坡地，不适宜机械操作和规模经营。同时，山区自然灾害频繁，几乎每年都会发生不同程度的旱、涝、风、雪、冰雹、雷电、滑坡、泥石流等自然灾害，防灾避灾能力弱。农田水利设施落后，高寒山区自然生态环境恶劣，农业产出效益低，一方水土难以养活一方人。随着退耕还林、生态保护等项目的实施，耕地资源大幅减少，大量农户需进行易地搬迁或生态移民。虽然全州交通条件得到了较大改善，但国省干线公路密度和等级相对较低，农村公路通达通畅率低，有近一半的行政村未通沥青路（水泥路），有 400 多个撤并的建制村还未通公路。还有 65 万人的饮水安全问题需要进入规划去解决。近几年实施整村推进、通达工程、通畅工程等均以合并后的大村为单位进行，以合并前的小村为单位，水、电、路、广播电视、移动通信、宽带网等远远没有达到"村村通"标准，农业基础设施仍然比较落后。因此，尽管恩施州有着良好的农业生态环境和许多优质农产品资源，但难以形成产业规模和市场优势。另一方面，农产品生产周期长、市场风险大、比较效益低，加上农民缺乏发展特色种养殖业的生产技术和应对市场变化的基本知识，怕承担风险，怕负债经营，因而从事特色农产品生产经营的积极性不高，农村大量青壮年劳动力外出务工，留守在家的多是老、弱、妇、幼人群，劳动力资源严重不足。再一方面，农业组织化程度低，缺乏资金、技术实力雄厚的大型投资集团和龙头企业带动，农户单家独户的生产经营方式已不能适应现代农业发展专业化分工协作和规模化生产经营的要求，农业组织形式和经营模式亟待改革创新。

3. 产业结构与财政低下的影响

（1）产业结构的制约

2014 年，全州三次产业结构比例虽然已经调整为 22.7∶36.2∶41.1，但是各产业内部结构不尽合理，工业仍以传统化工、建材业为主，规模以上企业少，缺乏骨干项目和后续项目支撑，科技创新能力不足，科技含量低，融资能力弱，导致规划项目中部分工业项目一直未开工建设或已开工项目建设后劲不足；传统农业仍占主导地位，农业基础薄弱、规模经营不够、品牌效益偏低，缺少能够带动产业升级、

结构优化的龙头企业，现代农业发展体量小；现代服务业发展不充分，旅游景区景点开发和包装打造不够、配套弱、链条短、产品结构单一，产业发展水平有待进一步提高；商贸物流、金融保险、信息服务等其他服务业所占比重较低。

（2）本级财政收支矛盾突出，支持农村扶贫开发的投入不足

由于缺乏主体财源，而财政支出面广量大，财政收支矛盾突出。2014年，全州财政总收入达到118.63亿元，但财政收入下行压力加大的趋势渐显。烟草、电力等部分骨干企业、交通运输和现代服务业税收持续下降。城乡基础设施建设欠账多，农村交通、水利、教育、卫生等支出缺口大，财政压力大，支持区域经济社会发展和农村扶贫开发的投入严重不足。

（3）经济增长对投资的依存度高，发展动力不足

2011～2013年，全州共完成全社会固定资产投资1230.9032亿元，极大地拉动了第二、第三产业发展，但也反映出全州经济发展对投资的过度依赖，尤其是自2013年以来，随着宏观经济下行压力加大、房地产市场疲软、沪渝高速公路和宜万铁路等项目相继完工，投资对经济的拉动作用明显下降，对"十三五"期间经济的发展构成严峻挑战。

（4）资源约束趋紧，重点项目建设要素保障能力不足

一方面，由于土地利用总体规划、农用地转用计划指标等原因，不能完全满足新建项目用地需求；另一方面，企业融资渠道较为单一，社会资本参与不够，重大项目建设资金保障能力不足，市场主体数量不多、规模不大、实力不强，全州规模超过10亿元的企业仅有3家，尚无上市企业。此外，体制机制创新不够，市场活力未能充分释放，市场主体活力不足，城乡一体化发展的体制机制障碍比较突出，以及国内经济的下行压力和国际环境的倒逼态势，都给恩施州经济转型升级带来了巨大挑战。

二、恩施州农村扶贫开发措施

恩施州地处武陵山集中连片特困地区腹地，是全省扶贫开发的主战场，全州8县（市）均为国家级重点贫困县。近几年，在省委、省政府的领导下，恩施州始终坚持以扶贫开发总揽全州工作全局，团结和依靠各族干部群众，不等不靠，以干求助，将"竞进脱贫、竞进小康"作为发展的头等大事，坚持"以区域发展带动扶贫开发、以扶贫开发促进区域发展"，积极推进综合扶贫改革和精准扶贫工作，加快了全州脱贫奔小康的步伐。

（一）创新精准扶贫体制机制

1. 改革扶贫考核机制

恩施州先后出台了《恩施州县市党政领导班子和领导干部精准扶贫目标责任

考评办法》《恩施州州直单位精准扶贫目标责任考评办法》和《恩施州乡镇（街道办事处）扶贫暨经济社会发展绩效综合考评办法》，大幅提高了精准扶贫在政绩考核中所占权重。精准扶贫工作县市考核权重增至 60 分，州直部门考核权重提高到 33 分，乡镇综合考核权重提高到 60 分。通过考核"指挥棒"，确保了各级、各部门真正把片区扶贫攻坚和脱贫奔小康的责任放在心上、扛在肩上、抓在手里。

2. 落实精准扶贫工作机制

2014 年对通过精准识别、建档立卡明确的 108.6 万贫困人口实施分类指导，形成了"特殊困难对象实行基本保障、低收入贫困对象实行扶持救助、一般贫困对象实行产业扶贫"的精准扶贫工作思路。在全省率先制定出台《恩施州瞄准特殊困难对象实施精准扶贫实施方案（试行）》，全面实施低保提标、大病救助、教育扶持等 10 项具体帮扶措施，对农村完全丧失自我发展能力的 11 万名特殊困难对象进行精准帮扶；对 20.2 万左右的低保贫困对象进行救助帮扶，不断改善其生产生活条件，使其增强自救能力；对 76.8 万左右的低收入群体，以产业扶贫、城镇化建设、公共服务均等化等措施，全面推动其脱贫致富。通过努力，2014 年减贫 16 万人，2014 年底全州通过精准识别、建档立卡明确的贫困人口降至 92 万人。2015 年，全州脱贫人口 26.3843 万人，超额完成年度任务；年度任务内的 7 个贫困村全部实现整体脱贫，全州贫困人口下降为 65.4520 万人。

3. 健全干部驻村帮扶机制

恩施州出台了《关于在全州开展干部驻村帮扶贫困村和贫困户工作的实施方案》，实行"领导联片、部门驻村、干部帮扶"，2015 年全州共组织 1500 多个单位开展驻村扶贫，组建了 739 个工作队驻村帮扶，安排 5.4 万名干部开展结对帮扶，实现贫困村、贫困户结对帮扶全覆盖。同时，积极动员社会力量参与精准扶贫，探索实施金融扶贫、旅游扶贫、光伏扶贫等一系列新型扶贫举措，有效带动了贫困人口脱贫致富。

4. 强化扶贫资金管理监督机制

按照《湖北省财政扶贫资金管理办法》和《〈湖北省整村推进专项扶贫项目管理办法〉等六个管理办法》等的规定，确定了以扶贫专项资金为基础，整合其他相关政策项目资金加快扶贫项目实施的政策措施，切实强化对专项扶贫项目精细化管理监督，完成了年度财政专项扶贫资金审计及问题整改。

5. 开展"金融扶贫改革路径探索"试点

创新贷款方式，解决群众"贷款难"问题。州政府出台了一系列落实融资担保、贴息扶持等的政策，搭建了新的融资担保平台。例如，恩施市通过小额贷款、担保贴息等扶持政策，带动了一批创业致富大户。宣恩县与金融部门合作，将 15 万元的扶贫互助资金转化为担保基金，按照 1：10 的比例为贫困农户提供贷款担保；建始县与商业银行对接，为贫困户提供最高 5 万元产业发展担保额度，为带动贫困户发展的专业合作社、农业产业化龙头企业提供 20 万元担保额度,将全县产业担保可贷款金额增至 1000 万元,基本实现了有产业担保贷款意愿的贫困对象应贷尽贷,较好地解决了"资金难"的问题。

6. 建立市场主体参与扶贫联动机制

通过财政资金、金融政策、税收政策等各类优惠扶持政策,不断培植壮大农业龙头企业,制定了龙头企业享受财政扶贫政策必须履行扶贫义务并与识别后的贫困户签订帮扶合同的措施,鼓励涉农企业参与扶贫帮困。采取"一家龙头企业+多家专业合作组织(家庭农场)+一批致富能人+带动一批贫困群众"新模式,动员企业在贫困村兴建基地、聘用农民工、发展订单农业,建立市场主体与贫困群众的利益连接机制,使市场主体与扶贫对象形成利益共同体。

(二)立体推进精准扶贫重点工作

1. 村级道路畅通工作与饮水安全工作

完成"通畅工程"7646 千米;启动实施了"村村通客运"工程;100%的行政村通了沥青或水泥路,100%的行政村通了客车。全面开展了农村公路调查摸底,将农村通村组公路建设规划作为"十三五"规划的重要内容。

恩施州大力实施农村安全饮水工程,完成了 153 座小型水库除险加固,治理中小河流 32 条,解决了 126 万农村居民和 32.8 万农村师生的饮水难题,农村生产生活条件明显改善。城镇集中式饮用水源地水质达标率 100%。

2. 农村电力保障工作与危房改造工作

启动实施了全州农村电网改造升级工程。例如,仅在 2014 年就完成投资 23 亿元,解决了 23 个乡(镇)供电卡口和 10 万户低电压问题,惠及 30 万农村人口。在推进农村电力保障工作的同时,积极推进农村贫困人口危房改造工作,仅 2014 年就新建保障性住房 2.5 万套,改造农村危房 1.1 万户,改造特色民居 8123 户。

3. 特色产业增收工作与乡村旅游扶贫工作

充分发挥恩施州的资源优势,大力发展特色农业、新型工业和生态文化旅游业,仅在 2014 年全州新增特色农业基地 30 万亩[①],新增规模农产品加工企业 40 家、农民专业合作社 978 家。加大了硒资源开发利用力度,颁布了硒标准,制定了硒标志,引进和培育了硒产品研发生产企业,成功举办了两届硒产品博览交易会,恩施硒茶等硒产品的市场影响力不断提高,为农民持续增收创造了条件。

发展乡村旅游村 91 个,吸纳和带动贫困群众创业就业、增加收入,直接带动贫困地区 10 万余人、间接带动 40 万余人就业创业,实施转移培训近 3

---

① 1 亩≈666.7 平方米。

万人。涌现出恩施枫香坡、建始黄鹤桥、宣恩伍家台、咸丰麻柳溪、来凤杨梅古寨、鹤峰董家河等一批乡村休闲旅游示范点。生态文化旅游业实现了跨越式发展，形成了 2 家 5A 级景区、14 家 4A 级景区的高等级景区集群，2014 年游客接待人数由 1062 万人次增加到 3700 万人次，年均增长 28.3%；旅游综合收入由 51 亿元增加到 250 亿元，年均增长 37.6%，生态文化旅游业进入全省第一方阵。

4. 教育扶贫工作与卫生和计划生育工作

州、县（市）财政制定特困对象家庭子女教育特殊救助办法，启动了县（市）城区 11 所义务教育阶段学校的建设，实施了寄宿制学校、普通高中、中职学校和学前教育等项目建设，改善了城乡办学条件。教育教学质量全面提升。

大力加强医疗卫生服务体系建设，县、乡（镇）、村三级医疗卫生服务网络更加健全。新型农村合作医疗参合率达到 99.4%，城镇医疗保险参保率达到 99.5%，政策范围内住院费用补偿率达到 76%。城乡居民大病医疗保险和救助制度全面落实，医疗保障能力进一步提升。人口与计划生育基本国策全面落实，启动实施"单独两孩"生育政策，低生育水平保持稳定，基层基础工作得到加强，优质服务能力不断提升。

5. 文化建设工作与贫困村信息化工作

大力发展民生文化，实施了农家书屋、农村体育基础设施建设、广播电视村村通等文化惠民工程，农民的精神文化生活不断丰富。加强民族文化的抢救、保护、传承和开发利用，民族文化产业加快发展，文化与旅游融合度不断提升。积极开展大众体育活动，成功在恩施州举办了湖北省第八届少数民族传统体育运动会。

农村信息化工作加快推进，贫困村互联网覆盖率达到 65%，通宽带自然村达到 5773 个。农村电商和综合便民信息服务网络发展势头良好，网络建设和运作水平逐步提升，全州已有 623 个村及社区实现了农民办事不出村。以"宽带恩施"为主的信息网络建设全面提速，城市光纤入户率达 80%，行政村通光纤率达 98%，出口带宽达到 250G，以 4G 为主体的移动网络基本实现城乡全覆盖，移动电话百人拥有率居全省第 4 位，网民活跃指数居全省第 2 位。

（三）抓试点，探索精准扶贫有效经验

1. 扎实推进龙凤镇综合扶贫改革试点工作

按照"国家试点、省级领导、州级组织、市镇实施"的工作模式，把握先行行试的主动权，扎实推进龙凤镇综合扶贫改革试点工作，如 2011～2014 年连续 3 年共落实专项扶贫资金 9000 万元。2014 年，实施续建、新建项目 59 个，完成投资 9.25 亿元；农村常住居民人均可支配收入增加到 6198 元，同比增长 23.8%。2014 年，城镇化建设加快推进，龙马集镇改造完成 50%工程量，39 个居民点建设全面铺开；产业结构调整深入实施，新发展产业基地 2.2 万亩，成立农民专业合作社 92 家，覆盖 17 个村（居）委会、农户 4500 户，每年农民户均可增收 1 万元以上。投融资体制、镇村治理机制、"网格化"管理机制、农村产权交易机制等创新开始破题。

2. 探索建立建档立卡贫困人口量化识别标准

按照国家建档立卡工作的总体部署，探索制定了具有恩施州特色的《恩施州农村扶贫开发建档立卡工作方案》，配套开发《恩施州贫困对象识别认定管理系统》。对全州所有村和农户全面普查，从人口情况、居住环境、负担状况、经济基础四个方面对农户贫困程度进行具体测量计分，数字化贫困程度，"画线定贫"，由高到低确定贫困户名单，较好地破解了当前贫困识别机制缺乏量化标准、主观性强、人为因素影响大的难题。

3. 积极探索资源整合、连片开发扶贫模式

参照国家片区扶贫攻坚的做法，聚焦重点贫困区域，采取集中力量、重点攻坚的形式，探索连片扶贫模式。按照"渠道不变、管理不乱、集中投入、各计其功"的原则，整合项目和资金，捆绑使用，集中投入。例如，建始县以当阳片区（辖 13 个高山村，贫困发生率为 61.6%）为平台，整合财政资金 5000余万元，同步统筹推进扶贫搬迁安置小区、产业发展和交通设施等连片开发项目；利川市以西南片区（辖忠路、沙溪、文斗三个贫困程度较深的乡镇，138 个行政村，51 861 户，20 万人）为平台，开展连片开发精准扶贫示范区建设，2014年已启动基础设施建设项目 46 个，正有序牵引其他扶贫项目统筹推进，在 3～5年内可取得明显成效。

4. 积极推动"121"产业发展模式

在贫困村发展 1 门产业+2 个合作组织（专业合作组织和资金互助合作组织），对接 1 个龙头企业的模式，充分发挥农村专业合作组织和资金互助合作组织的辐射牵引作用，构建产业覆盖贫困农户的利益链条，取得了良好的成效。2016 年，全州基本形成了以烟、茶、畜、果、药、菜为主的六大特色农业支柱产业，产业基地达到 600 万亩。

第五章　恩施州特色资源产业扶贫效果评估

第一节　恩施州特色资源产业扶贫发展概况

一、恩施州特色资源产业扶贫实施基础与发展规模

（一）宏观政策基础

1. 国家发展战略的宏观支持政策叠加

"十二五"期间，湖北省武陵山片区的特色资源产业扶贫工作获得了国家发展战略的宏观政策支持，进入了一个难得的发展机遇期。国家深入实施西部大开发战略，将2011~2020年定位为西部大开发的关键时期。加大扶贫开发力度，率先启动武陵山片区区域发展与扶贫攻坚试点。同时，继续加大对革命老区、民族地区的扶持力度。湖北省武陵山片区既是中部地区享受西部大开发政策的区域，又是武陵山片区的重要组成部分，必将获得国家层面更多的政策、项目和资金等的支持。

2. 省级政策支持

地方政府的区域支持政策的制定。湖北省委、省政府相继做出了实施"两圈一带"战略、实施"616"对口支援工程、推进湖北省武陵山少数民族经济社会发展试验区建设的战略部署，并形成了每两年在片区内的恩施州召开一次支持民族地区经济社会发展现场会的工作机制，为湖北省武陵山片区推进区域发展与扶贫攻坚、加快经济社会发展提供了政策契机。

3. 州级政策支持

片区地方政府在出台响应湖北武陵山发展战略和支持政策的基础上，提出了"生态立区、产业兴区、开放活区、富民稳区"的"四区"战略，根据其战略目标，制定了一系列产业扶贫特殊优惠政策和措施。综上所述，各级宏观政策的支持，为湖北省武陵山片区产业扶贫的开展提供了强大的政策支持与保障。

（二）产业基础

1. 特色农业产业基础

首先，以优质烟叶、茶叶、蔬菜、干鲜果、药材、魔芋、马铃薯等产业为主

导的特色农业发展格局基本初步形成。实现了农业增效、农民增收、农业产业化发展步伐不断加快的"三赢"局面，加快了贫困村脱贫致富的进程。

其次，农村产业结构不断优化。通过产业扶贫的推动，农业种植结构由单一的粮食种植转变成粮食与多种经济作物共同发展；农业内部结构由单一的种植业转变成种植业与养殖业、农产品加工业共同发展，经济效益、社会效益、生态效益三者得到了一定程度上的综合发挥。

再次，脱贫致富进程不断加快。通过产业带动、立足实际、围绕主导产业，建立了一批与企业生产原料配套，较为稳定、规模较大的生产基地和种植小区，将企业、基地、农户融为一体，农产品基地和农产品加工企业与市场联挂，逐步向生产—加工—销售的标准化方向发展。

最后，农业产业化经营水平不断提高。例如，2010 年恩施州全州规模以上农产品加工企业达 308 家，在"十一五"期间增加 136 家，占全州规模以上工业企业总数的 55.5%；在"十一五"期间农产品加工业产值达到 100 亿元，农产品加工业产值与农业产值之比由 0.5∶1 提高到 1∶1。在"十一五"期间，拥有国家级重点龙头企业 1 家，省级重点龙头企业 21 家，州级重点龙头企业 137 家；农民专业合作社从 104 家发展到 1244 家，社员从 5.38 万人发展到 11.7 万人，带动农户 37 万户，10 个农民专业合作社进入省级示范社；无公害农产品、绿色和有机食品标志总数达 464 个，其中新增 369 个。"清江源"烟叶、"恩施玉露"茶、"思乐牌"冷鲜肉、"大山鼎"高山蔬菜等品牌打造初见成效。

2. 旅游业基础

恩施州旅游资源丰富，拥有 8 个主类、27 个亚类和 110 个基本类型，旅游资源品位总体水平高，特级及优良级旅游资源共 28 处，占总旅游资源单体的 6.38%，普通级旅游资源单体 191 处，占 43.5%；区域旅游资源分布格局明显，且主要分布在公路、铁路及江河沿线附近，优良级旅游资源在恩施州各县市均有分布，为恩施州旅游产业发展提供了重要的旅游资源基础。"十二五"时期，恩施州紧紧围绕建设全国知名生态文化旅游目的地的目标，把旅游业作为州域经济发展的引擎和抓手，创新"旅游+"的融合发展模式，旅游业已成长为恩施州最有潜力、最有活力、最有竞争力的优势产业、绿色产业和引擎产业。2011 年，恩施州旅游委员会被人力资源和社会保障部（简称人社部）、国家旅游局评为全国旅游系统先进集体；2012 年恩施州跻身全国百强旅游城市；2013 年，荣登"最美中国榜"，获"最佳城市旅游目的地"殊荣；2013 年、2014 年连续两年被表彰为全省旅游发展先进城市；2014 年 12 月，全国贫困村旅游扶贫试点工作座谈会在恩施州召开；2015 年 5 月 19 日，中共中央政治局委员、国务院副总理汪洋专程到恩施州调研旅游扶贫工作，充分肯定了全州旅游产业发展取得的成效。

3. 富硒产业基础

恩施州境内硒资源丰富，拥有"世界唯一探明的独立硒矿床"和"全球最大的天然富硒生物圈"两大优势资源，2011年9月，被第十四届国际人与动物微量元素大会（TEMA14）授予"世界硒都"的称号。现已初步探明含硒岩石储量50多亿吨，适硒土壤占全州土地面积的95.6%以上，农副产品中生物有机硒含量是其他富硒地区的数十倍，且大都富含有机硒。近年来，恩施州围绕"生态、有机、富硒"的发展目标，以建立富硒农产品基地为基础，以培育壮大富硒龙头企业为重点，以研发富硒产品为突破口，大力实施富硒品牌战略，打造富硒产业集群，全州富硒产业发展步入了良性快速发展轨道，初步形成了"硒+X"的大健康产业链，形成了覆盖农业、工业和服务业的硒产业格局。2015年，全州硒产业总产值突破330亿元，几乎占全国富硒产业总产值的一半，建立了茶叶、蔬菜、中药材、烟叶、干鲜果、粮油等富硒农业基地280多万亩，其中，标准基地建设面积达到194万亩；培植了硒产品研究、生产、流通企业160余家，其中，规模以上工业企业101家。2014年1月10日，由中国商业联合会、恩施州人民政府联合主办的首届"中国硒产品博览交易会暨中国恩施·世界硒都硒产品博览交易会"在恩施州文化中心开幕，来自海内外的专家学者、投资采购商、富硒地区代表齐聚"世界硒都"，共商推动富硒产业发展。2015年9月，经湖北省政府批准，《湖北省富硒产业发展规划（2015～2020年）》正式发布，提出以建设"中国恩施硒谷"为重点，将恩施州建成全国最大的多样性富硒农副产品中心和硒肥生产基地、富硒矿泉水生产基地、富硒生态旅游基地。2016年4月，《湖北省国民经济和社会发展第十三个五年规划纲要》正式出台。该纲要明确提出，支持恩施州加快建设富硒产业发展先行区。2016年9月，第二届"中国硒产品博览交易会暨中国恩施·世界硒都硒产品博览交易会"在恩施州举行，极大地推动了恩施州硒产业的发展，其富硒资源产业的区域主导地位初步形成。

（三）扶贫开发的现实需求

1. 扶贫开发不断深入的必然选择

恩施州的特殊贫困状况是由自然环境、历史因素、现行体制等多种因素综合作用所致。针对该片区农村贫困群体的特征和社会经济发展的现状及扶贫目标，坚持开发式扶贫方针，突出产业扶贫，立足项目开发，坚持政府主导，以农村贫困人口为主体，着重提高贫困人口的自我发展意识和自我发展能力，不断提升贫困人口在产业发展中的参与能力。这既是恩施州实施扶贫开发工作的出发点，也是扶贫工作的落脚点。围绕恩施州整个扶贫开发工作重点，在州内选择多个特色支柱产业，创新产业发展运作模式，不断调整优化农业农村经济结构，提高贫困村在发展高效农业方面的专业化、规模化、组织化和标准化程度，做大做强贫困农户稳定增收的特色主导产业，实现扶贫主导产业在瞄准上和机制上与贫困人口的重叠和对接，是将扶贫开发不断推向深入的必然选择。

2. 贫困群众的需求与参与积极性

为了打破传统的　"救济式扶贫、介入式扶贫"模式中群众被动接受的局面，近年来，恩施州积极探索和创新"参与式扶贫"模式，赋予被帮扶群众以平等参与项目选择、工程建设及产业开发的权利，尊重群众意愿，充分调动了群众参与扶贫的积极性，实现了政府行为与群众需求的最佳结合，解决了过去扶贫开发中群众被动参与和存在"等、靠、要"的问题，完成了贫困群众变"无力参与"为"借力参与"、变"单一参与"为"多方参与"、变"被动参与"为"主动参与"的根本性转变。

（四）扶贫主导产业类型与发展规模

1. 扶贫主导产业类型

恩施州政府紧紧围绕中央和省对新阶段扶贫开发战略做出的重大调整和部署，坚持"生态立州、产业兴州、开放活州、富民稳州、依法治州"的"五州"战略，充分发挥山区特色，依托本地优势资源，着力推进经济结构优化，围绕特色产业基地建设，调整种养结构，扶持壮大龙头企业，培育发展农业专业合作组织，以"产业扶贫与调整农村经济结构相结合，多渠道促进农民增收；产业扶贫与整村推进、连片开发相结合，选准扶贫产业；产业扶贫与村企共建相结合，发挥龙头企业带动效应；产业扶贫与新农村建设相结合，实现扶持投入多元化；产业扶贫与乡村旅游业相结合，挖掘旅游扶贫资源"的"五个结合"为抓手，坚持不懈地实施产业化扶贫开发战略。依据对资源优势、产业扶贫开发贡献等因素的考虑，恩施州在扶贫产业的种类上主要选择优质烟叶、优质茶叶、优质蔬菜、优质林果、优质药材、畜牧业、魔芋、马铃薯等特色种养殖业、特色农产品加工业和特色乡村旅游业为扶贫主导产业，加强特色农业产业与旅游产业的联动发展和融合，促进扶贫开发的快速推进，实现恩施州走低碳生态、全民共同脱贫致富的自生发展道路。

2. 扶贫主导产业发展规模

恩施州在扶贫产业的种类上主要选择优质烟叶、优质茶叶、优质蔬菜、优质林果、优质药材、畜牧业、魔芋、马铃薯等特色种养殖业、特色农产品加工业和特色乡村旅游业为扶贫主导产业。

首先，在特色种养殖业的规模上，2010年底，恩施州特色农产品基地面积达350万亩，"十一五"期间新增140万亩。其中，烤烟和白肋烟种植面积59.6万亩，是湖北省最大的烟叶生产基地；茶叶面积85.49万亩，占全省茶叶面积的1/4；蔬菜种植面积169.01万亩，高山蔬菜面积76万亩，是全省最大的高山蔬菜基地；

道地药材留存面积 130 万亩，是国家重要的商品药材生产基地；水果面积 52.49 万亩，其中柑橘 30.7 万亩，梨 10 万亩，小水果 12 万亩；干果面积 35 万亩；魔芋种植面积 24.5 万亩，是全国四大魔芋主产区。另外，种养殖业协同发展。2010 年，全州畜牧业产值达 61.98 亿元，"十一五"期间增长 60.5%，年均增长 8.7%，占农林牧渔业总产值的 35.56%；出栏生猪 440.67 万头，同比增长 33.4%；出栏羊 55.10 万只，同比增长 57.5%。

其次，在特色农产品加工业上初具规模。2010 年，恩施州规模以上农产品加工企业达 308 家，期内增加 136 家，占全州规模以上工业企业总数的 55.5%；农产品加工业产值达 100 亿元，农产品加工业产值与农业产值之比由 0.5∶1 提高到 1∶1。拥有国家级重点龙头企业 1 家，省级重点龙头企业 21 家，州级重点龙头企业 137 家。农民专业合作社从 104 家发展到 1244 家，社员从 5.38 万人发展到 11.7 万人，带动农户 37 万户，10 个农民专业合作社进入省级示范社。无公害农产品、绿色和有机食品标志总数达 464 个，新增 369 个。"清江源"烟叶、"恩施玉露"茶、"思乐牌"冷鲜肉、"大山鼎"高山蔬菜等品牌打造初见成效。

最后，在旅游业发展方面，充分利用了丰富的生态旅游资源、历史文化旅游资源、民族文化旅游资源，大力进行旅游产业建设。例如，"十一五"期间，恩施州建设重点旅游项目 26 个，规划总投资 35 亿元；恩施大峡谷、腾龙洞、坪坝营、野三河、水布垭、唐崖河、贡水河、仙佛寺、屏山爵府等一批重点景区得到深度开发，国家 A 级景区达到 21 个，新增 8 个 3A 级以上景区。全州旅游产业体系初具规模，截至 2010 年，全州共有旅行社 52 家，与 2006 年相比增长 136%；星级饭店 38 家（其中四星级 6 家、三星级 16 家），与 2006 年相比增长 111%；星级农家乐 479 家；国家工农业旅游示范点 7 个；全国重点文物保护单位 8 个；国家级自然保护区 3 个；国家级森林公园 1 个；国家非物质文化遗产 9 项；导游人数 683 人，与 2006 年相比增长 152%。

二、恩施州农业产业化扶贫的组织模式与利益连接机制

（一）农业产业化扶贫组织模式

在政府政策引导和资金支持下，龙头企业与农户形成多种形式、多样化的利益连接机制。从组织模式来看，主要以"政府+龙头企业+农户"和"政府+龙头企业+中介组织+农户"两种类型为主。"政府+龙头企业+农户"模式，龙头企业在政府的各种政策引导和资金支持下，与分散农户直接进行合作，双方关系主要靠产销合同来维系；在"政府+龙头企业+中介组织+农户"模式中，政府扶持下的龙头企业与农户通过专业协会、专业合作社、专业大户等中介组织来联结，龙

头企业首先与中介组织签订合同，然后由中介组织与农户进行合作，通过这种方式一方面能降低龙头企业与分散农户签订合同的交易成本，另一方面中介组织对龙头企业和农户的机会主义行为都有较强的约束力。

1.　"政府+龙头企业+农户"模式

按照"政府搭台，企业唱戏"的思路，政府扶优配强龙头企业，龙头企业围绕生产基地与农户以订单的形式分别展开合作。龙头企业向农户有偿提供生产资料、资金、技术和产品销售等系列服务，农户按照龙头企业的计划和技术标准进行生产，产品以合同价格交售给龙头企业，如图5-1所示。

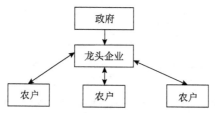

图5-1　　"政府+龙头企业+农户"模式

政府将培育龙头企业作为农业产业化扶贫的关键环节来抓。在投入政策上，政府每年安排一定的财政扶贫资金，对企业生产和基地建设所需的水、电、路进行改造和扩建；对龙头企业进行新产品开发、厂房建设和设备购置，政府适当给予贷款贴息。在土地使用政策上，坚持"资源、有偿、依法、规范"的原则，建立以"四荒"为主的土地流转机制，通过租赁、拍卖、联合或股份合作等形式，使山地逐步向民营龙头企业集中。在行政审批过程中推行"一站式"服务，最大限度地放松部门制约和政策限制。

龙头企业在政府扶持下，与农户以合同为纽带展开合作。龙头企业或者直接与分散、独立的农户签单，或者通过乡（镇）、村干部"牵线搭桥"，但乡（镇）、村干部不是合同主体，最终还是由龙头企业和农户直接订立产销合同，合同明确龙头企业和农户各自的责任与权利。这种以农产品购销合同为纽带的组织形式，改变了农业经营中的产前、产中、产后分割的局面，龙头企业与农户的交易由市场交易转变为内部交易，一定程度上实现了一体化经营。对农户来讲，不仅解决了长期以来困扰其发展的信息、资金、技术难题，而且为农产品找到了销路，解决了"卖难"的问题。对于龙头企业来说，不仅获得了质量稳定的货源，还大大节约了自己建立基地的费用。部分企业还通过这种方式树立了良好的企业形象，提升了企业竞争力。例如，湖北长友现代农业股份有限公司，按照"政府+龙头企业+基地+农户"的产业化模式，悟守诚信、服务一流、质量一流，实现了龙头企业和农民的互动发展，农民增收明显，企业也迅速壮大。

2. "政府+龙头企业+中介组织+农户"模式

"政府+龙头企业+中介组织+农户"模式，就是由政府扶持专业合作社、专业协会等农民合作经济组织，将龙头企业与农户之间的直接交易转为组织化间接交易。如图 5-2 所示，这种组织形式与"政府+龙头企业+农户"相比，由中介组织代表农户与龙头企业进行合作，并为龙头企业提供农产品或初级加工品，同时，中介组织为农户有偿提供生产资料、技术、信息、服务，按照龙头企业的生产计划组织农户生产。

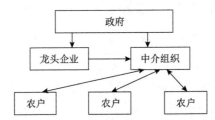

图 5-2 　"政府+龙头企业+中介组织+农户"模式

中介组织主要有专业协会和专业合作社两种形式，其中专业协会是以自我服务为主要目的的非营利性民间团体，经费主要来自会费、政府财政扶持和捐赠，协会向会员提供服务时适当收取一定的费用作为营运经费，一般不对会员进行利润返还。专业合作社是以劳动、土地、资金、技术等要素的合作而建立起来的营利性组织，专业合作社以低于市场价向社员提供生产资料，按保护价收购农产品，合作社利润按销售额返还给社员。

（二）利益连接机制

1. 扶贫项目企业负责制

农业产业化扶贫实质上是一个政府扶龙头、龙头带基地、基地连农户，立足资源，面向市场，并充分利用现代科技提升竞争力的过程。与以往政府主导的扶贫开发相比，产业化扶贫除了政府和农户两大主体外，龙头企业也是重要的扶贫主体。地方政府将扶贫资源低偿分配给龙头企业，作为代理人的龙头企业引导农户生产并为农户提供服务，确保农户获得公平的权利和合理的利益。恩施州的农业产业化扶贫，以龙头企业为依托推行"扶贫项目企业负责制"，政府对承办项目的龙头企业按财政补助资金总额的 10% 扣取质量保证金，同时推行"业主带大户、大户带小户"的资金捆绑式扶贫模式，从而将政府与龙头企业两大力量进行了有机融合，使农户在得到强大外力支持的同时又不完全依赖外力，尤其是农户与龙头企业的竞争与合作，促进农户转变经营观念、增强市场意识。

"扶贫项目企业负责制"的主要运作过程是，政府将优势产业项目交由龙头企业领办，捆绑扶贫项目开发资金由龙头企业业主承贷承还，再由龙头企业与农户签订生产合同，农户生产的农产品由企业保价收购，经企业加工后推向市场。政府在项目资金放贷时，就要求龙头企业与农户签订收购合同或直接吸纳贫困人口就业，保证农户在项目实施过程中的利益。因此，该制度的实施，使政府、龙头企业、农户结成责、利紧密相连的利益共同体。从责任上来看，政府的责任主要是搞好基础设施建设，向龙头企业分配财政扶贫资金或提供信贷担保资金，同意龙头企业从政府各级部门选择管理和技术人才，帮助龙头企业向有关机构申报质量认证，开通农产品"绿色通道"以缓解鲜活农产品流通问题；龙头企业在建立特色农产品生产基地过程中，通过多种合作方式与农户对接，按保护价收购农产品，基地建设必须以租地农户为主要劳动力；农户按照龙头企业的要求交售农产品。从利益上来看，政府在扶贫资金使用上采取扶强扶优的办法，使得扶贫资金的还贷和再投放有充分的保证，同时龙头企业分担了政府的扶贫重任，一定程度上减轻了政府的扶贫压力；龙头企业根据订单情况建立生产基地和组织农户生产，使企业利润获得充分保证，同时也分享到部分扶贫资源；农户以保护价销售农副产品给龙头企业，生产收入有了保障，且部分劳动力实现了就地转移，获得比从事种植业更多的工资收入。

到2015年底，恩施州龙头企业已领办数百个产业扶贫项目，捆绑使用信贷扶贫、以工代赈、新财政扶贫、老区建设、民族发展等项目资金。龙头企业坚持"一个企业两张订单，一张连市场，一张连农户"的经营理念，与基地农户结成多种类型的产业链。

2. 农业产业化扶贫的利益连接机制

实施农业产业化扶贫的根本目的是使农户脱贫致富，主要通过政府制定农业产业化扶贫战略，并在政策上予以支持和引导，将龙头企业和农户的积极性充分调动起来，龙头企业将农户纳入产业链中，让农户实现销售收入的同时还尽可能分享到加工、销售环节的部分利益。为此，政府把扶持龙头企业作为扶持农民的重要措施，每年将一定比例的信贷扶贫资金、财政扶贫资金、以工代赈资金、农业综合开发及科技开发资金等投向龙头企业。同时，放宽信贷扶贫资金的投放条件，在政策和制度允许的范围内，对扶贫效果前景好的项目，适当放宽资金比例，并根据产业特点和项目审批具体情况，延长贷款期限，提高信用贷款额度。此外，政府还给予龙头企业税收优惠，如农产品加工企业研究开发新产品、新技术、新工艺所产生的各项费用，在缴纳企业所得税前扣除；加工型龙头企业引进技术和进口农产品加工设备，符合国家有关税收政策规定的，免征关税和进口环节增值税；从事种植业、养殖业和农产品初加工的重点农产品加工龙头企业免征三年所得税。

在政府政策引导和资金支持下，恩施州已形成一批经济效益较好的龙头企业。

龙头企业作为政府扶贫的代理人，与农户及其合作组织以不同的组织模式联合起来，形成利益共同体。但关键是，共同利益如何在龙头企业、农户及其合作组织之间进行分配，这就是农业产业化扶贫的利益连接机制，它是实施农业产业化扶贫过程的关键环节。恩施州农业产业化扶贫中龙头企业与农户的利益连接机制主要有三种方式：一是政府扶持下的龙头企业与农户签订农产品购销合同，实行以产品合同为纽带的较松散的利益连接方式；二是政府鼓励土地合理流转，龙头企业租赁农户土地建立基地，并雇佣租地农民参与基地管理的合作制利益连接方式；三是通过龙头企业主要经营者、经纪人或专业大户联合发起成立专业合作社，吸纳大量农户为社员，龙头企业以资金、技术入股，农户以土地、劳动力入股，从而形成以要素产权为纽带的紧密的利益连接方式。

（1）合同制

在政府的强力支持和推动下，恩施州100多个州级龙头企业中，有60多个龙头企业与农户通过产品合同展开合作，占所有利益连接方式的60%以上。在这种利益连接方式中，龙头企业与农户作为独立的利益主体，双方直接签订产品购销合同，龙头企业向农户提供服务，并回收产品。

产品合同关系的利益连接方式与以往单纯的市场买卖关系相比，其进步意义就在于龙头企业与农户通过合同形式稳定了产品购销关系。但这种合作方式也存在较大的违约风险，双方利益难以保障，主要表现在大部分合同权责利含糊不清，在市场竞争加剧、价格波动频繁的时候，双方都有违约、毁约的冲动。尤其是实力较强的龙头企业在收集和处理信息方面具有明显优势，而且合同条款已经事先拟好，因此合同的签订是在双方信息极不对称的情况下进行的，事后违约的概率高，而损失最大的往往是农户。

（2）合作制

与产品合同利益连接方式相比，合作制关系中龙头企业与农户的利益连接相对紧密，尽管这种方式在恩施州目前所占比例较小，但这种制度的优越性已使龙头企业与农户从中得到了实惠，反过来又进一步推动合作制发展。这种合作制分为以下两种形式。

一种是租赁—雇工合作制，即政府提供优惠的政策，鼓励和引导龙头企业租赁农户土地以建设原料基地，吸收租地农户参与基地管理或帮助农户转业，农户在获得租金的同时，也取得了工资收入。例如，华龙村茶叶有限公司（简称华龙公司）1992年创办之时，恩施州及鹤峰县扶贫办为其投入老区建设周转金40万元，奠定了华龙公司的发展基础。1998年以后，州扶贫办、州农业银行平均每年为华龙公司提供一定数量的扶贫贷款，支持公司发展壮大。2005年，华龙公司投资150万元租赁中坪村150户农户的20公顷水田用于发展高标准茶园，以5000多万元租赁该村1200公顷荒山用于建设板栗、银杏、杜仲、厚朴等高效经济林，公司支付 1750 元/公顷的租赁费，基地用工全部使用租赁户劳动力，2006 年该村农户仅靠转租耕地、荒山和到华龙公司务工，就获得直接现金收入 110 多万元，人均增收 1100 多元。2006 年，华龙公司又全面推行员工月薪最低 1000 元保障机制，有 1800 多名农民工享受到这一待遇，其中 1400 多名计件工和季节工月均收入达到 1000 元，400 多名固定工管理人员月均收入达到 1500 多元。

　　另一种合作制利益连接方式，是指政府通过给予正确引导和资金支持，农民在自愿、互利的基础上组建专业协会或专业合作社，通过专业协会或专业合作社与龙头企业进行谈判，或者龙头企业以单位社员的身份加入协会或合作社并成为组织的重要领导者之一。例如，建始县药业产业协会，该协会由恩施州最大的中药材民营企业玉泉药业有限公司董事长李绍权发起，由 8 个单位会员和 730 个药农会员组成，协会有理事 5 人，常务理事 2 人，专职财务人员和工作人员 5 人。协会发起人李绍权，原是当地的药材产业大户，在自己种植中药材获得丰厚利润后，带动乡邻大力发展中药材，李绍权对愿意种药材的农户一律实行"五包"：包种苗供应、包技术指导、包肥料供应、包产品回收、包当年每公顷药材种植收入在 15 000 元以上。在他的感召下，1992 年有 69 户首先与他签订了技术合同，当年发展中药材面积 12 公顷，到年底，69 户平均年收入 4000 元，人均纯收入超过 1000 元。之后，李绍权又以 2300～4500 元/公顷的价格租赁周围农户的空闲地 10 公顷，发展中药材基地。2003 年，他的林药基地已发展到 2 个乡镇的 11 个村 738 户，基地面积发展到 846.6 公顷，同年申请注册了 500 万元的玉泉药业有限公司，2010 年该公司已拥有 16 100 平方米的饮片加工厂及 1650 平方米的仓库，每年可进行药材粗加工 5000 吨，饮片加工 2000 吨，年销售收入超过 3000 万元，年创利税 300 万元。以玉泉药业有限公司为依托，加入协会的农户会员获得协会的技术指导和培训，并由公司以"三提供一回收"（公司提供种苗、提供技术、提供市场信息和按保护价收购产品）的方式，与药农签订产销合同。同时，公司也在协会的协助下，获得湖北省食品药品监督管理局批准立项的中药饮片加工项目，其生产规模不断扩大。

　　但总的来看，大部分协会与合作社启动资金不足，尽管政府每年安排一定比例的信贷扶贫资金用于支持协会与合作社发展，仍有相当一部分协会与合作社仅靠社员自筹的有限资金开展活动，加之协会与合作社成员素质不高，使协会与合作社举步维艰。有的协会与合作社在受到基层政府或龙头企业扶持的同时，也受到了较强的不正当干预。

　　（3）股份合作制

　　股份合作制连接机制，有的是在以往龙头企业与农户产销合同关系发展基础上，龙头企业进一步将农户纳入企业内部成为股东，也有的通过合作社自身发展壮大成为股份制合作社，龙头企业和农户作为合作社社员，各自以现金、技术、土地参股。在股份制利益连接机制中，各主体利益与生产、加工和销售挂钩，实行按股分红，从而真正形成"风险共担、利益均沾"的以要素产权为纽带的利益共同体。例如，咸丰县泰安名贵药材专业合作社就属于这种利益连接方式，该专业合作社内，龙头企业作为单位社员以现金和技术入股，农户以土地入股，对于利益分配合作社坚持"联产计酬"的原则，税后利润提取 40%用于公积金、公益金、风险金后，10%用于分红，50%按销售额进行利润返还，每年决算分配一次。但这种股份合作利益连接方式在恩施州不多，在所有的利益连接方式中占不到 5%的比例，且现有的股份合作方式是在原有合作制还没有充分发展的情况下，勉强发展起来的，资金、技术、管理上还相当薄弱，受实力相对较强的单位社员影响较大，股份合作制内部治理结构不完善，农户能够分配到的利润不多。

第二节　　恩施州特色资源产业扶贫效益与存在的问题

在国家和湖北省委、省政府的关心下，在恩施州各级地方政府主导下，通过多年不懈努力，正在形成具有湖北武陵山片区特色的生态养殖业、种植业、旅游业及相应产品深加工业的扶贫主导产业雏形。一批贫困户因地制宜，合理选择适合发展的产业，部分开始逐步实现脱贫。

一、恩施州特色资源产业扶贫效益

（一）恩施州扶贫主导产业整体效益分析

"十一五"期间，恩施州全州上下认真贯彻党和国家的扶贫开发政策，以扶贫开发总揽农村工作全局，整合各类扶贫资金，加强扶贫项目实施管理，积极探索扶贫开发新机制，促进全州农村经济社会发生了深刻变化，经济总量逐步扩大，经济结构不断优化，特色产业初具规模，人民温饱问题整体解决，基础设施日臻完善，社会事业不断进步。扶贫开发工作取得了阶段性成果，为推进"十二五"时期扶贫开发工作奠定了良好基础。

1. 农村贫困人口进一步减少，贫困程度有所缓解

通过全州上下合力攻坚，大力实施"整村推进"，扶贫开发工作取得了明显成效。2006～2010 年底，累计减少绝对贫困人口 10 万人，减少低收入贫困人口 40万人。到 2010 年底，全州农村贫困人口为 120 万人，贫困发生率为 35%，返贫率控制在 10%以内。

2. 全力推进重点工作，重点贫困村得到巨大支持

狠抓整村推进、产业化扶贫、劳动力转移培训、扶贫搬迁和老区建设等重点工作。2006～2010 年，共启动实施整村推进 1587 个村，已验收 447 个，一大批交通、能源、水利、产业建设项目相继实施，贫困村基础设施得到改善；支持特色产业基地建设 200 万亩，以烟、茶、畜、果、药、蔬为主的村级特色支柱产业基本形成；2006～2010 年，雨露计划培训 40 026 人，转移就业率达到 95%以上；扶贫搬迁 18 906 户，7.56 万贫困人口搬进了新居；重点扶持建设了 195 个革命老区村。

3. 广泛动员社会参与，形成合力扶贫的强大氛围

多年来，农业部一直在恩施州开展定点扶贫，为恩施州扶贫开发做出了巨大贡献。湖北省委、省政府在恩施州实施了"616"帮扶工程，对恩施州扶贫开发给予了大力支持。恩施州委、州政府广泛动员本地社会资源，安排党政机关、武警部队、民营企业进村入户，开展驻村帮扶，组织实施"1321"帮扶工程，在扶贫规划、项目支持、资金援助、村企合作、人才培养等方面给予贫困村极大的帮助，使全州扶贫开发形成了整体合力的局面。

4. 积极探索扶贫开发新模式，成功走出一条符合贫困山区特点的扶贫开发新路子

在实施扶贫开发过程中，全州各县（市）针对山区农村贫困特点和根源，采取了以"五改三建两提高"（改水、改路、改厨、改厕、改圈；建池、建园、建家；提高农村文明程度、提高基层组织战斗力）为主要内容的综合扶贫模式，引导广大农民改善生产条件、提高生活质量。全州累计建成农村户用沼气池 49 万口，把沼气池建设与产业结构调整有机结合，推广"猪—沼—烟""猪—沼—茶""猪—沼—果"等模式，农村生态环境得到良好保护。这种扶贫模式被国家农业部誉为贫困地区小康建设的"恩施模式"，被收编入《湖北扶贫开发典型案例》一书，现已在全省和全国部分农村地区推广。

5. 扶贫主导产业快速增长

2010 年，恩施州 8 县（市）农林牧渔业增加值达 107.65 亿元，比 2005 年增加 36.38 亿元，增长 51.0%，年均增长 5.9%；粮食总产量 167.18 万吨，2005～2010 年每年始终稳定在 150 万吨以上；肉类总产量 41.66 万吨，比 2005 年增加 11.87 万吨，增长 39.85%，年均增长 7.0%；茶叶、蔬菜、药材、干鲜果、油料等大宗农产品产量均有较大幅度增长；农民人均纯收入达 3255 元，比 2005 年增加 1612 元，增长 98.11%，年均增长 14.69%。

1）烟叶产业方面。恩施州优质烟叶产业 2005～2010 年末，全系统销售收入由 20.54 亿元增加到 34.87 亿元，增加 14.33 亿元，增幅 69.77%；利税总额由 1.47 亿元增加到 11.49 亿元，增加 10.02 亿元，增幅 681.63%；利润由−0.57 亿元增加到 6.29 亿元，增加 6.86 亿元，增幅 1203.5%；税收由 2.04 亿元增加到 5.9 亿元，增加 3.86 亿元，增幅 189.22%，烟农现金收入由 4.99 亿元增长到 11.9 亿元，上缴的烟叶税由 0.91 亿元增长到 2.61 亿元。

2）畜牧业方面。2010 年，恩施州畜牧业产值达到 58.6 亿元，占农林牧渔业总产值的 37%左右，按可比价格计算，比 2005 年增加 19.98 亿元，增长 51.73%，年均增长 8.7%；农民人均年畜牧业纯收入大幅增加，畜牧业综合产值达 70 亿元以上，已真正成为恩施州农村经济的一大扶贫支柱产业。

3）林业产业方面。恩施州林业产业依托森林公园发展森林旅游，涵盖第一、二、三产业的产业格局初现端倪，林业产值由 2006 年的 22 亿元增长到 2010 年的49.42 亿元，年均增长 25%。

4）旅游业方面。"十一五"期间，恩施州累计接待海内外旅游者 2893.8 万人次，实现旅游总收入 131.25 亿元，年均分别增长 41.62%和 51.94%。2010 年，全州接待海内外旅游者 1062.5 万人次，实现旅游总收入 50.62 亿元，比上年分别增长 60.11%和 74.55%，占全州生产总值的 14.42%，旅游业在经济社会发展中的地位进一步提高。

（二）分县（市）产业扶贫效益分析

1. 恩施市产业扶贫效益

恩施市立足于区域资源优势和产品市场竞争力，积极引导农民调整产业结构，选择了以绿色富硒食品为主的特色农业和生态文化旅游业两大扶贫主导产业，绿色富硒食品包括烟叶、茶叶、干鲜果、中药材、蔬菜、畜牧六大特色产业。这些产业都是能吸收农村贫困对象直接参与并增强其自我发展能力，实现脱贫致富目标的主导产业，对农村扶贫开发的贡献大。

多年来，恩施市充分利用"世界硒都"独特的资源优势，坚持以农业增效、农民增收为目标，立足于开发原生态硒产品，做强做大硒产业，坚定不移地推进农业产业结构调整，不断发展壮大特色产业规模，基本形成了烟叶、茶叶、干鲜果、中药材、蔬菜、畜牧六大特色主导产业。到 2010 年，烟叶种植面积达到 11.64万亩，烟叶总产量 1.68 万吨，产值 2.09 亿元；茶园总面积 21.76 万亩，其中投产茶园面积达到 16.14 万亩，茶叶总产量 9869 吨，产值 2.92 亿元；干鲜果面积 5.76万亩，产量 13 915 吨，产值 2714 万元；药材面积 31.74 万亩，生产药材 6178 吨，产值 8154 万元；蔬菜种植面积 38.76 万亩，蔬菜产量 4.38 万吨，产值 5.46 亿元；全年生猪出栏 88.78 万头，年末生猪存栏 69.19 万头，全年畜禽肉产量 83 133 吨，畜牧业产值达 10.63 亿元。

在抓好主导产业规模化发展的同时，不断加大科技推广力度，以品牌建设提升产业发展水平。2010 年，"清江源"烟叶、"恩施玉露"茶、"思乐"畜产品、"大山鼎"蔬菜、"宜恒"植物油等品牌已开始走出大山，市场认知度和市场占有率明显提高。2010 年，全市六大特色主导产业（烟叶、茶叶、干鲜果、中药材、蔬菜、畜牧）产值达到 221 676 万元，占农林牧渔业总产值的 69.63%，成为带动全市农民增收的骨干产业。

　　恩施市是中国优秀旅游城市、全国生态休闲旅游示范县（市）。近几年来，随着鄂西生态文化旅游圈的建设推进及恩施市交通条件的改善，恩施市旅游业不断升温，旅游服务业蓬勃发展，成为带动农民增收致富新的增长点。2010 年，全市接待旅游总人数 276.32 万人次，实现旅游直接收入 4.03 亿元，实现旅游综合收入 17.32 亿元，占全市 GDP 的 19.9%。

2. 利川市产业扶贫效益

　　利川市是典型的贫困山区农业大市，地域辽阔，资源丰富，耕地充裕，已经形成一定生产规模的特色支柱产业有茶叶、利川山药、利川莼菜、中药材、魔芋、干鲜果、生漆等。根据利川市的土壤、气候条件，目前其主要的扶贫产业优势在于发展种植业和农产品加工。根据现有的产业基础，产业扶贫重点选择茶叶基地及加工、利川山药基地及加工和魔芋基地及加工三大产业，同时规划莼菜、米业、蔬菜、中药材、干鲜果、畜牧养殖、生态旅游 7 个增收项目。与此同时，扶贫产业发展要靠千家万户，就需要技术普及和农业科技创新；产业规模要尽可能做大做强，就需要走产业化发展之路，壮大农业龙头企业，组建专业合作社和培养种植大户。

　　产业是增收的基础，产业是脱贫的支撑。只有做大做强贫困地区的主导产业，才能实现贫困群众的根本脱贫。近年来，利川市通过大规模发展产业扶贫，取得了令人振奋的效果。发展主导产业是扶贫投资效益的主攻方向，是对整个经济发展起主导作用和决定作用的产业。主导产业是在当地优势行业的基础上发展起来的。主导产业的形成，能较快发挥贫困地区的资源优势，促进生产要素的优化配置，从而推动整个地区经济的发展。只有培育主导产业，才能迅速为贫困地区积累更多资金，从区外输入先进技术，提高贫困地区人均收入水平，使贫困人口早日摆脱贫困。主导产业不仅能吸引整个区域的劳动力、技术、资金、物质等生产要素，形成凝聚效应，而且对提升生产力水平、提高农民素质和调动农民参与积极性有着十分重要的作用。

　　通过发展扶贫主导产业，可以把基地规模做大，有效解决好有品牌无产品的问题。目前，利川市已申报并通过环境影响评价的农产品标志有 19 个，其中绿色食品标志 17 个、有机食品标志 2 个。团堡的山药和魔芋、毛坝的茶叶、南坪的优质大米、建南的长毛兔、福宝山的莼菜、齐岳山的反季节蔬菜等一批品牌叫响州内外市场，飞强茶叶、乐福畜产兔毛等 4 个品牌获得了出口经营权，成为农民增收致富的支柱产业。根据利川市的土壤结构、海拔气温、日照雨量等综合因素，充分依托这些品牌优势和生态优势，一个区域相对集中发展 1～2 个主打产业，发展产业集群，形成区域性主导产业和主导产品，可以有效推动产业扶贫。

3. 建始县产业扶贫效益

以市场导向为依据，县域产业特色为支撑，建始县选择的扶贫产业项目有旅游业、建始猕猴桃、乌龙茶、景阳鸡。

扶贫产业项目具有明显的经济效益，猕猴桃进入盛产期后，每亩产量可达 1 吨，按收购价 10 元/千克计算，每户年增加产值 1 万～2 万元，每户年增收 0.6 万～1.2 万元。乌龙茶进入采摘期后，每亩鲜叶可收入 0.6 万～0.8 万元，每户年平均增收 2.4 万元。景阳鸡单只利润在 25 元以上，每户年平均增收 0.3 万元。旅游业可直接拉动当地的饮食、运输产业迅速发展，同时刺激相关产业协同发展。

扶贫产业项目实施加快了区域经济结构调整，产业结构进一步科学合理化，农作物布局比例恰当，支柱产业基本形成。能有效改善村民的生产生活条件和生态环境，增强群众的科技意识、市场竞争意识和自我发展能力，显著提高群众的生活水平，干群党群关系密切，保持农村长期稳定发展。

扶贫产业项目的实施，大幅度提高了水资源利用率，减少了农田灌溉用水量，节约了水资源；提高土壤蓄水、保水能力，防止水土流失；增加土壤养分含量，增加活土层，提高地力，改善耕地质量，提高农作物品质，减少化肥污染，促进改善农业生态环境，对生态农业和可持续发展农业具有重要意义。

扶贫产业项目针对建档立卡贫困户，采取差异化的扶持措施，贫困户的发展权益得到极大保护和发展，贫困户的经济收入水平、发展意识不断提升。截至 2012 年底，特色产业总产值为 22 000 万元，人均增收 488 元，贫困户素质大为提高。通过开展针对贫困户的种养实用技术和科技培训，贫困户的种养技能得到提升，观念得到更新，自我发展的能力得到提高。贫困户生活居住环境极大改变。由于在产业发展的同时，注重了公路、饮水等基础设施建设，对贫困户实施了以"五改三建"为主要内容的生态家园建设，贫困户的生活居住条件大为改观。

4. 巴东县产业扶贫效益

巴东县的气候资源和地理资源优势独特，因此，扶贫产业众多，其中以特色种植业、养殖业、农产品加工业、乡村旅游业为主。从巴东县的实际情况来看，贫困人口基数大、贫困面广，而且贫困人口分布不集中。大部分贫困人口分布在边远、深山地区，交通极为不便。巴东县充分考虑上述因素，力求产业的安排能够覆盖绝大部分贫困人口。从近年来巴东县产业扶贫项目实施情况来看，特色种养殖业对扶贫的贡献较为明显，发展特色种养殖业仍然是产业扶贫的首选，其次是乡村旅游业。

在国家和省的关心与帮助下，巴东县近年来大力发展特色农业，成效十分明显。2010～2012 年，农民人均纯收入从 3224 元增加到 4552 元；城镇居民可支配收入从 9830 元增加到 14 457 元；粮食总产量从 22.8 万吨增加到 23.78 万吨。2012 年，扶贫产业对农民增收的贡献率在 15%以上，第三产业对 GDP 的贡献率达到

36%，其中旅游业实现综合收入 21.5 亿元，同比增长 22.6%。

在农业产业发展方面，巴东县产业基地建设已经呈现出布局区域化、种植规模化、因地制宜发展的特点。一是农产品品牌建设初见成效。在良好政策的激励和扶持下，巴东已成为全省优质柑橘板块基地、产粮产油大县、魔芋大县、药材 GAP（good agricultural practice）种植示范基地和国家独活地理保护基地；2012 年，全县种植业农产品已有注册商标 127 个，"绿葱坡蔬菜""雷家坪柑橘""土家人小杂粮"等品牌被评为省、州知名品牌，巴东独活成功申报国家地理标志，金果、真香茗茶叶获得多项国家级、省级名优茶奖；全县共有无公害农产品 32 种、绿色食品 28 种、"湖北名牌产品" 5 种。2012 年，有以"雷家坪"牌椪柑、野三关甜椒、绿葱坡白萝卜为代表的"三品"认证标志达 23 个；农产品加工企业快速成长，2 家被评为省级农业龙头企业，22 家农业加工企业成为州级龙头企业；已在工商部门注册登记的农民专业合作组织有 22 家。2012 年，全县有药材企业 8 家，其中州级重点龙头企业 3 家：巴东今大药业有限公司主打巴东玄参规范化种植，产品销往南京金陵药业；时珍堂巴东药业有限公司是全州第一个通过国家 GMP 认证的中药饮片生产企业，具备年加工 400 多个品种、产量 1500 吨、产值 4000 万元的能力；水布垭酒业有限公司具备年产银杏酒 500 吨、产值 2000 万元的生产能力，银杏酒获湖北林博会金奖。中药材产业已经成为巴东县群众脱贫致富的重要产业。二是林业特种养殖快速发展。2012 年，全县有特种养殖经营企业（户）60 家，年产值 1000 多万元；共成立养殖专业合作组织 6 家，带动农户 400 多户从事养殖行业；特种养殖业逐步成为巴东县的新型产业，市场前景广阔。三是生态旅游业逐步发展壮大；全县已投入经营的国家级 5A 级景区 1 个（全省 6 家之一）、4A 级景区 1 个、3A 级景区 4 个，正在开发的景区 3 个，拥有旅行社 7 家，环保游船公司 5 家，星级饭店 6 家，旅游景区开发公司 8 家，持证导游 230 名，拥有环保游船 16 条，旅游商品生产企业 5 家，旅游直接从业人员达到 16 000 多人，日接待游客量可达 2 万人。2012 年接待中外游客 408 万人次，其中接待外国游客在全省的海外旅游及外汇收入中，居第三位。神农溪、巴人河、清江水布垭、链子溪、巴山森林公园等景点经过包装升级，景点规模逐步扩大，旅游网络基本形成，特别是神农溪纤夫节的连续成功举办，将巴东旅游业推上了一个新台阶。2012 年，铁厂荒森林公园被确立为高山休闲度假区，小神农架也开发在即，乡村旅游开始起步，第一、第二、第三产业联动效应增强，有效推进了产业化、工业化和城镇化进程，农村产业经济结构明显优化，生态旅游业成为巴东县的重要支撑。

5. 宣恩县产业扶贫效益

"十一五"以来，宣恩县以特色产业扶贫为突破口，共建特色产业扶贫基地（茶叶、白柚、生猪养殖、干果）5 万亩以上，特色种植、养殖业带动 1 万户贫困户走上致富之路，特色产业对扶贫开发贡献率年均上升 5%。就宣恩的优势资源、地理条件等综合而言，茶、畜、林果已成为贫困农民脱贫致富的支柱产业，发展以茶、林果为主的特色种植、生猪为主的特色养殖业仍然是产业扶贫的首选。同时，随着乡村旅游业的逐渐兴起，旅游业联动、带动效应不断彰显，新型乡村旅游业对稳定增加贫困农民纯收入、带动剩余贫困劳动力就业、提高贫困农户生活水平意义深远。

到 2012 年底，宣恩茶叶、林果总面积达到 30 万亩以上，其中支柱产业茶叶 15.5 万亩、以贡水白柚为主的主导产业所占面积达到 13.5 万亩；总产值达到 6.3 亿元，其中茶叶 4.1 亿元，水果 2.2 亿元，为茶农、果农（含贫困农户）每户平均增收 4150 元。宣恩县 2012 年生猪出栏 46.03 万头，总产值 7.3 亿元，农村人均畜牧业收入达到 2677 元，60%以上贫困农户因此脱贫。全县 2012 年有 6 个自然景点有游客开展自驾游活动，共接待游客 62.56 万人次，实现旅游收入 5195 万元，旅游综合收入达到 2.2 亿元，其中贫困户增加收入 4000 万元。2012 年底，烟叶、茶叶、林果业、畜牧业、乡村旅游业已成为该县农民的主要收入来源；这些主导产业的培植，为提高农户生活质量提供了重要的物质保障，成为稳定贫困农户经济收入来源、巩固扶贫成果的优势产业，属区域内产业扶贫重中之重。

6. 咸丰县产业扶贫效益

咸丰县扶贫产业众多，以特色种植业、养殖业、农产品加工业、乡村旅游业为主。从咸丰县的实际情况来看，贫困人口基数大、贫困面广，而且贫困人口分布不集中。大部分贫困人口分布在边远、深山地区，交通极为不便。制定产业扶贫规划时应充分考虑上述因素，力求产业的安排能够覆盖绝大部分贫困人口。从近年来咸丰县产业扶贫项目实施情况来看，特色种养殖业和乡村旅游业对扶贫的贡献较为明显，发展特色种养殖业和乡村旅游业仍然是产业扶贫的首选。2012 年咸丰县大力发展特色农业，按照企业＋基地＋农户的模式，把国家扶持与龙头企业带动和农民参与结合起来，打造了 7 万亩烤烟基地、12 万亩茶叶基地、11.1 万亩蔬菜基地、3.2 万亩经果林基地，成效十分明显。2005～2010 年，农民年均人均纯收入从 1618 元增加到 3246 元；粮食总产量从 16.29 万吨增加到 21.12 万吨。扶贫产业对农民增收的贡献率在 13%以上。

7. 来凤县产业扶贫效益

来凤县按照企业＋基地＋农户的模式，把国家扶持与龙头企业带动和农民参与结合起来，做大做强特色产业，通过重点发展"中国硒都"黑猪、土鸡、藤茶、凤头生姜、淀粉加工等产业，形成了安普罗零号土猪肉、阿塔峡土鸡、凤雅藤茶、凤头生姜、三丰淀粉等一批叫响州内外市场的品牌，成为农民增收致富的支柱产业。2011 年已发展优质藤茶基地 1 万亩、烟叶种植面积超过 3

万亩、红薯基地 5 万亩、生姜基地 5 万亩、药材基地 10 万亩、生猪养殖户 39 000 户,年出栏生猪达 50 万头,年出笼土鸡 100 万只,为进一步壮大特色优势产业奠定了坚实的基础。2011 年末,实现地区生产总值 35.2 亿元,2006～2011 年年均增长 15.6%;全社会固定资产投资完成 23.2 亿元,2006～2011 年年均增长 28.5%;财政总收入完成 4.7 亿元,2006～2011 年年均增长 22.9%;地方一般预算收入完成 1.47 亿元,2006～2011 年年均增长 21.1%;全社会消费品零售总额 12.8 亿元,2006～2011 年年均增长 23.9%;城镇居民人均可支配收入 12 490 元,比 2006 年增加 4489 元;农民年人均纯收入 3726 元,比 2006 年增加 1845 元。第一、第二、第三产业结构从 2006 年的 36.0：18.6：45.4 调整到 2011 年末的 26.4：28.2：45.4。

8. 鹤峰县产业扶贫效益

鹤峰县近年来大力发展特色农业,带动农民增收效果较为明显,新阶段扶贫开发以来,鹤峰县委、县政府认真贯彻开发式扶贫方针,围绕“保障民生解八难,加快脱贫奔小康”主题,以整村推进、连片开发、项目建设为抓手,壮大扶贫龙头企业,发展扶贫产业,基本形成了以茶叶、烟叶、蔬菜、畜牧、药果为主的农业支柱产业,扶贫产业基本上覆盖了全县 205 个行政村。2009～2012 年,全县累计投资 1.76 亿元完成农村通达工程 310 千米、通畅工程 370 千米,农村公路通达率、通畅率分别达 100% 和 90.2%;投资 3200 多万元引导 130 个村 4900 多户农户实施了特色民居改造。2012 年,国家和省共安排扶贫专项资金 2322 万元,有 0.58 万贫困人口解决了温饱问题,农村贫困人口由 2011 年底的 10.13 万人下降到 9.55 万人,占农业人口的 48.4%,农村人均纯收入从 2006 年的 1917 元增加到 4779 元;城镇居民可支配收入从 2006 年的 7704 元增加到 14 584 元。鹤峰县县域经济综合排名从第 70 位上升到第 55 位,被评为“全省县域经济发展进位先进县”,被省委、省政府表彰为“十一五”期间全省扶贫开发工作先进集体,扶贫开发工作取得了明显成效。

二、恩施州特色资源产业扶贫存在的问题

（一）扶贫产业发展水平较低

1. 产业扶贫尚未形成规模

恩施州虽然初步形成主导产业的雏形,但是特色产业规模小,基础设施建设严重滞后,难以形成区域开发、规模发展,产业集中度相对不高。由此导致产业扶贫发展缓慢,难以形成明显的规模效应,贫困群众参与产业扶贫项目困难、贫困群众增收困难仍然比较突出,难以解决带动贫困户脱贫致富的问题。这主要表现在以下四个方面:一是缺乏科学的特色产业发展规划,盲目跟风,产业同构现

象严重，农村产业附加值低；二是市场培育不够，销路渠道不畅，农产品的上下游产业链连接不紧，产业扶贫没有形成集中连片的产业规模分布，造成人、财、物的分散和浪费，难以经受市场的风浪；三是没有形成种苗培育—精深加工—市场拓展为一体的产业链条；四是"一乡一业，一村一品"的大格局没有完全真正形成，难以真正做大做强，缺乏效力。

2. 市场竞争力弱，占有率低

恩施州内扶贫主导产业产品品质虽然好，但由于片区内农业产业化、商品化水平不高，连锁、专卖、便民等新型商贸业态尚未形成。片区内仓储、物流等基础条件差，金融、技术、信息、产权和房地产等高端市场体系不健全。产品要素交换和对外开放程度低。州内虽然有很多具有本地特色的农产品，在质量和品质方面很好，但由于宣传、营销、加工、流通等手段跟不上，产品在市场上的竞争力非常有限，与产品本身的质量和品质相比，存在较大的落差，市场占有率相对较低。

3. 科技支撑体系不健全

恩施州内产业发展的科技支撑体系还不健全，特别缺乏高水平的科研技术人员、科研机构。农民在种植业、养殖业等产业发展过程中遇到的问题得不到及时解决。农产品的升级换代滞后，新的种植、养殖、加工技术得不到及时推广和运用。

4. 投入不足

恩施州内多数县市地方财政困难，没有足够的地方配套建设资金，扶贫产业建设资金基本上全部来源于财政扶贫资金，信贷机制不完善、社会闲散资金没有得到合理利用，扶贫产业建设资金远不能满足建设需要，对产业的发展造成了一定的影响。

（二）扶贫产业辐射带动作用较弱

1. 对扶贫开发、群众增收贡献率低

产业扶贫作为新阶段扶贫开发的主攻方向，理应受到热捧，但由于受到长期以来形成的"怕麻烦""怕失败""怕不公"等思想的影响，产业扶贫进展艰难。一是到户小额信贷贴息项目不多，对当地支柱产业发展和扶贫开发重点村、贫困户发展致富产业的支持不够；二是科技扶贫项目对在当地主导产业或特色产业中解决技术难题，围绕产业发展和市场需求上规模、上水平、出特色、树品牌的支撑作用不够；三是农村社会和贫困群众长期形成的传统小农经济意识根深蒂固，产业扶贫发展思路有待转变；四是规模化、专业化经营程度不高，农户在生产过程中的抗风险能力较低，导致扶贫产业收入在群众全部收入中占比较低。

2. 缺少龙头企业、产业基地、能人带动

　　恩施州内缺少扶贫主导产业的龙头企业和极具规模的产业基地，在乡村产业发展上缺乏能人带动。一是龙头企业规模偏小，辐射带动作用有限。难以形成规模效应和有效发挥辐射带动作用；二是部分企业管理方式、生产方式落后，技术含量偏低，营利能力不强，发展后劲不足，企业成长速度缓慢；三是市场开拓能力不强，产品市场占有率不高，辐射面不宽，市场制约因素明显；四是企业从业人员素质和管理水平还不高，个别企业产权制度尚未明晰，企业财务管理普遍较为混乱，账簿不健全，会计信息不真实，核算随意性较大；五是企业与农民的利益连接机制没有建立，辐射带动作用不明显，一些企业与基地和农户之间还停留在以产品买卖关系为基础的低层次产销合作上，没有真正形成"公司+基地+农户"的"风险共担、利益共享"的利益共同体；六是工业化水平低，导致工业对农业的拉动作用不强，为农村剩余劳动力转移创造的就业机会不多，实现以工促农、工业反哺农业的能力十分有限。

第六章　恩施州特色资源产业扶贫区域主导产业选择研究

第一节　区域主导产业选择理论

一、区域主导产业形成条件与路径

（一）形成条件

区域主导产业的形成首先受到该区域各种条件的影响和制约。这些条件主要包括区域内的资源禀赋、市场需求能力、产业政策及产业发展状况等。

1. 区域资源禀赋是区域主导产业形成的基础条件

区域资源禀赋，狭义地讲是指一个区域内的自然资源的丰裕程度；广义来讲可以指一个区域内的生产要素的丰裕程度，即劳动、资本、技术、土地、信息等要素的现实或潜在的供给量和供给效率。尽管区域资源禀赋不是区域主导产业发展的必要条件，但是能够影响到区域内主导产业的生产要素供给，因此它是区域内经济发展和产业布局的前提，是实现区域分工的重要条件。区域内的资源丰裕程度能够直接影响主导产业的生产成本，决定该主导产业的发展空间，从而影响了一个区域内主导产业的形成、结构、布局及发展。按照李嘉图的比较优势理论及赫克歇尔和俄林的资源禀赋理论，一个区域如果能够合理利用自身资源优势，就能够以较低的成本发展主导产业并在国际分工中占据优势，获得超额利润；反之，如果选择区域缺乏资源的产业作为主导产业，虽然也有可能在短期内促进区域经济迅速发展，但这种高速发展无法长久地持续下去。从许多国家与地区的主导产业的形成中也可以明显发现利用区域资源禀赋优势的痕迹。例如，沙特阿拉伯、伊拉克等中东国家拥有丰富的石油资源，因此这些国家选择石油开采和加工业作为其主导产业；中国台湾，以及马来西亚等一些东南亚国家拥有丰富的劳动力资源与便利的海上交通，因此这些地区形成了以出口加工业为主的产业群。

从我国的实际情况来看，由于我国人口众多、资金缺乏、技术相对落后，相对于技术密集型产业与资本密集型产业，我国部分区域形成了以农业、纺织业等劳动密集型产业为主的主导产业。从我国各地区来看，由于我国国土面积较大，区域间的资源禀赋差异较大，因此不同地区间形成了不同的主导产业，区域间经济发展也极不平衡。东部地区在改革开放后，利用劳动力众多、交通便利等优势，劳动密集型加工业逐步成为主导产业，并且随着资金的积累、技术的进步及人才的聚集，主导产业逐步由劳动密集型产业向资本密集型产业及技术密集型产业过渡；而山西、黑龙江等部分省份拥有丰富的煤炭、石油等自然资源，因此矿产采集和加工业成为主导产业，但随着部分区域不可再生资源的逐渐枯竭，主导产业也逐渐向其他产业转型。需要提及的是，对于可再生资源较丰富的区域，不能忽视资源可再生能力存在的条件，进行过度的开发和利用，因为保持可再生资源的永续性对于该区域而言是保持其长期分工与竞争优势的关键。总体来看，区域内资源禀赋状况决定了其比较优势的大小，而这种比较优势的大小是区域主导产业发展的必要和前提条件，最终影响了各地区主导产业的形成及选择。

2. 区域市场需求能力是区域主导产业形成的先决条件

区域市场需求能力是指在国民经济运行中，一个区域内所有消费者对某种产品的需要并且能够支付的能力。市场需求能力是区域主导产业形成的先决条件，也是确立主导产业时必须重视的问题。正如马克思在《资本论》中所述，在商品经济社会，商品从成品到卖出的一步是"惊人的一跃"。如果跃不过去，摔坏的不是商品而是生产者本身。可以说，一个地区内的市场需求能力决定了所选择主导产业生存、发展和壮大的空间，如果没有足够的市场需求，那么一个地区的主导产业部门虽然在短期内能迅速发展，但从长期来看，随着产品的滞销，这一产业最终必然走向衰落。因此，在选择区域主导产业时，需要对这一区域内的市场需求能力、需求结构及需求的变动趋势进行考察，选择市场需求量大、需求前景好的产业作为主导产业，避免"夕阳产业"成为区域主导产业。这里有两点需要注意：首先，考察区域市场需求能力不仅仅针对某一产品的现实需求能力，该产品潜在的市场需求能力同样应放入考察范围内；其次，在选择主导产业过程中要考虑到周边地区该产品的供给能力。第二种情况对于中国这样一个地域广阔、区域间差异较大的国家尤为重要。例如，在20世纪90年代，我国许多省份均将汽车产业作为区域内主导产业，由于各地区决策者仅从本区域供给需求量考虑，没有充分考虑到其他省份的汽车生产量对本省份的影响，最终造成我国同一行业重复建设，浪费了大量资金。因此，选择主导产业应选择具有市场需求并且与周边区域同构性不强的产业作为主导产业。

3. 区域产业政策是区域主导产业发展的必要条件

区域产业政策是指一个区域内政府选择及实施的与特定产业相关的各项政策。它包括客观和主观两个方面：客观方面是指区域政府选择、供给、实施与特定产业相关的各项政策的可能性；主观方面是指区域政府选择、供给、实施与特定产业相关的各项政策的愿望和能力。两者都涉及政府制定和实施产业政策的权限。在现实经济增长中，如果仅依靠市场机制形成主导产业，在资源配置的过程中，会产生由市场失灵引发的低效率，而通过区域政府有目的地制定政策，能够较为有效地减少市场失灵所造成的效率损失，从而有效地促进区域主导产业的形成与发展。因此，区域产业政策可以看作主导产业形成的一个必要条件。实践表明，无论在发达国家还是发展中国家，政府对区域内主导产业选择的干预程度都在逐步加大。政府主要通过有意识地制定有利于主导产业发展的产业组织政策及技术进步政策，为主导产业的形成提供良好的制度环境，指明主导产业发展方向，加快主导产业发展速度，从而提高主导产业的规模效益，增强主导产业的区域竞争力。但是需要注意的是，区域产业政策必须符合市场规律，即政策是为解决市场失灵、提高资源配置效率而制定的，如果政府制定了不符合市场规律的产业政策，就会造成政府失灵，扭曲区域产业结构，降低资源配置效率。

4. 区域内关联产业的发展是区域主导产业形成的辅助性条件

区域内的主导产业不可能凭空形成，它必然受到区域内现有的与主导产业有关联的产业的影响和约束。主导产业的关联产业是指作为主导产业生产投入品的产业，以及主导产业依赖程度较高的部分基础产业。主导产业作为区域内经济主体的核心，与其他相关产业有着直接或间接的联系，这种联系越广泛、越深刻，主导产业就越能通过聚集经济和乘数效应的作用，带动整个区域的经济发展。主导产业的发展能够促进关联产业的发展，而关联产业的发展反过来也能促进主导产业进一步发展。例如，主导产业上游产业的规模扩张与技术进步能有效地降低主导产业的成本，下游产业的规模扩张则能够增大主导产业产品的消费量，而当某一关联产业的发展处于"瓶颈期"时，也会对主导产业产生不利影响。尽管关联产业的发展只是区域主导产业形成的辅助性条件，但其发展状况对主导产业的形成有着重要影响。

（二）形成路径

主导产业形成路径是指该产业从萌芽到成长再到其主导地位的确立、巩固和持续的过程。主导产业的形成路径主要包括市场拉动模式、政府推动模式、市场拉动与政府推动混合模式及区域外因素诱发模式四种。

1. 市场拉动模式

主导产业的形成起点是主导产品，生产主导产品的企业则为主导企业，与之相对应的产业即形成区域内主导产业。一种产品之所以成为主导产品，主要是市场竞争的结果，市场通过优胜劣汰使一批不适合区域发展需求的企业退出市场，具有优势的企业则能够将自身的竞争优势逐步转化为部门的竞争优势。

市场拉动模式是指特定产业在不借助外力的前提下，市场对现有产业进行自然选择，该产业依靠自身的素质及优势，在与其他产业的竞争中获取生产要素、经济资源和市场份额，逐渐赢得有利条件，得到市场自发的拉动和支持，最终成为主导产业的方式和过程（陈刚，2004）。这种方法以价格的变动与供给需求的变化作为手段，利用市场价值规律在区域中的产业间自发配置资源，从而使符合当时主导产业外部条件与内部动因的产业逐步成为该区域的主导产业。

从理论上来说，只要市场信息是完全的，利用这种市场拉动模式所产生的产业间的变动及转移也必然正确，从而主导产业就易于形成、确立和发展。同时，由于经历过市场竞争的严格筛选，只有真正有潜力、有发展并且符合区域现状的产业才能成长为主导产业，因此通过这种路径形成的主导产业具有较强的竞争能力、自我发展能力与自我创新能力。然而，这种模式也有不足之处。首先，这种模式假设市场是有效的，即市场是信息完全的，不存在垄断、信息不对称、外部性等因素造成的市场失灵，然而这种假设与现实脱节较大。其次，通过这种途径形成的主导产业具有较长的时滞。主导产业从萌芽到最终占据主导地位需要漫长的竞争过程，同时主导产业对区域内关联产业的影响同样需要较长的时间扩散，这在一定程度上延缓了区域经济发展与产业结构的升级。再次，市场自发拉动模式有一定程度的盲目性与波动性，这在一定程度上造成了社会资源的浪费与居民福利的减少。最后，没有政府监督，完全竞争下的企业最终会走向垄断，主导产业的垄断企业能够利用自身垄断地位榨取消费者与上下游厂商的超额利润，同时会延缓产业结构升级后新的主导产业的产生。因此，目前无论是在发达国家还是在发展中国家，完全依靠市场自发形成主导产业的方式几乎没有，依靠市场拉动模式形成主导产业的路径多见于20世纪30年代前，即现代经济学意义上的资本主义自由竞争时期。

2. 政府推动模式

要使市场能够有效地真正选择主导产业，必须有一套完善的、成熟的市场规则，这些规则主要包括利益最大化原则、产权独立和自由转让原则及行为契约化原则。由于市场具有自身无法弥补的缺陷，为了形成完善的市场规则就需要政府进入市场，弥补市场失灵，提高市场效率。政府推动模式是在主导产业形成的过程中，特定产业在政府的扶持下与其他产业进行竞争，并最终成长为主导产业的过程。在这一过程中，政府一般运用经济政策、法律政策及必要的行政手段来影响区域内产业的发展，从而引导和促进地区主导产业的合理发展。

从理论上说，政府推动模式能够较为有效地解决市场中存在的市场失灵问题。首先，与企业相比，区域政府更容易获得更多的区域内信息，更好地把握市场需求的变化，从而能够为区域主导产业的形成、发展提供明确的方向。其次，区域政府能够有效地提供公共产品。区域主导产业的形成需要一个交通、通信、能源等基础设施完善的投资环境，投资环境的好坏不仅直接影响到区域内企业的生产成本与交易成本，还是吸引区域外资源的重要因素。而这些设施属于公共物品或者准公共物品，私人不愿提供，因此这些设施只能由政府提供。

因此，政府推动模式能够为主导产业的发展提供良好的环境。这种形成路径的优势是在政府的政策支持下，主导产业从萌芽到主导地位的确立所经历的时间较短，同时主导产业目的性较为明确，减少了市场自发模式下企业的自目性与波动性，不确定性较小，能够有效地节省社会成本。因此，许多发达国家也都提倡政府对主导产业的形成进行科学的干预，从而对经济运行进行整体协调，在宏观上推动经济合理发展。然而，这种模式也有其不足之处。首先，主导产业对政府具有较强的依赖性。主导产业往往具有较好的自我生存与发展能力，因此许多时候只需要政府为企业提供良好的外部政策及适当的财政支持即可，并不需要政府过度的政策倾斜来保护和扶持。然而，许多政府为了缩短主导产业的形成时间，为主导产业提供了过度的保护和扶持，这虽然加快了主导产业的形成，但由于没有经过市场激烈的竞争，产业的竞争能力、创新能力与发展能力相对较弱，对政府具有较强的依赖性。其次，这种模式是以政府的主观性为前提的。由于政府也无法掌握市场中完整的信息，当政府做出错误决策时，就会造成主导产业发展方向出现偏差；若政府部分官员将自身利益置于整体利益之上，被某一产业所"俘获"，而将错误的产业作为主导产业，就会造成资源的浪费及区域经济发展的挫折。

3. 市场拉动与政府推动混合模式

正如上文所述，主导产业的形成完全依靠市场拉动或政府推动都已被实践证明是不可行的。现实中主导产业的形成通常是市场拉动与政府推动二者共同作用而形成的，本书将这种模式称为市场拉动与政府推动混合模式。需要说明的是，市场拉动与政府推动这两种模式并不矛盾。市场拉动模式是一个总体和长期的过程，受制于市场机制；而政府推动模式属于操作层面，是市场机制发挥作用过程中的一个环节。从宏观和长期来看，区域主导产业的形成是市场机制作用的结果，每个具体区域的主导产业都是市场机制作用下产业结构体系运行的结果；但就主导产业形成的具体过程以及市场机制发挥作用的具体过程来看，二者均离不开政府在市场经济条件下的信息引导、制定政策等活动（张小青，2007）。因此，市场拉动与政府推动混合模式可以很大程度上克服单纯的市场拉动模式与政府推动模式的缺陷，同时还可以将二者的长处结合起来，形成市场拉动与政府推动的合力，从而更加有利于主导产业的形成与发展。

市场拉动模式、政府推动模式及市场拉动与政府推动混合模式这三种不同路径的选择，实际上就是在研究主导产业形成过程中如何处理市场机制与政府干预的关系，这一问题对于在我国经济体制转轨过程中主导产业的选择尤为重要。计划和市场是资源配置的两种手段，二者具有不同的运行机理、运用主体及运作方式。市场手段由经济主体根据市场的供求关系和自身的经济技术状况做出资源配置方式，其基本特征是分散性、灵活性和利益性。市场手段的最大优点是竞争带来效率，但局部性、滞后性及其自身难以克服的市场失灵却是市场机制的顽疾。计划手段是由国家根据国民经济的整体需求对社会资源在全国范围内进行调节和配置的一种方式，其基本特征是统一性、强制性和集中性。计划手段的最大优点是能在一定程度上弥补和校正市场的不足。但运用不当就会造成经济发展僵化，若信息传递失真则可能导致更为严重的决策失误，给国民经济造成不良后果。通过对比可以看出，计划和市场具有互补性，这种互补使计划和市场两种手段能够共同作用于资源配置，从而成为现代市场经济的显著特征。我国传统计划经济体制的最大弊端就是过于强调计划的作用，而排斥了市场。在社会主义市场经济体制下我们强调市场，但绝不能因此排斥、否定计划，特别是在经济结构的调整和主导产业的选择上更不能只依靠市场或者政府。根据发达国家的成功经验及我国市场机制不完善的现状，在主导产业的形成路径上应在充分发挥市场作用的同时，积极运用政府的干预功能，并使二者密切结合起来。

4. 区域外因素诱发模式

除了依靠区域内市场机制与政府政策形成区域主导产业，区域外部的因素也是促使区域主导产业形成的重要路径之一。尤其对于落后地区而言，发达地区能够带来大量的资金、先进的技术和管理经验，从而诱发区域内产业的成长。这种模式对于我国而言可以分为两种，即针对国外的外资诱发模式及针对国内的东业西移模式。

外资诱发模式是指外国直接将资金、技术、管理经验带入我国，从而诱发当地产业的成长或外资企业直接兼并区域内的企业形成主导产业的方式。这一路径主要适用于人口密度较大、具有较好交通条件的沿海地区，如广东、江苏、上海等。这种模式的优势在于能够迅速促进区域经济的发展，大量缩短区域内主导产业的形成与升级时间，使区域内产业结构与主导产业呈现跳跃式发展。但是如果不能合理地利用外资，当外资撤出该区域后，反而会对这一地区的经济产生更为严重的破坏，如1997年的东南亚金融危机使泰国遭受了巨大的经济损失，并对泰国的产业发展产生了巨大的冲击。

东业西移模式是指随着我国东部地区的经济发展，东部地区的部分产业逐步向中西部地区转移，从而影响这些地区的主导产业的形成。根据缪尔达尔的"梯度推移理论"，资源倾斜式非均衡增长导致区域产业梯度与经济梯度，处于高梯度的产业会自发地向低梯度地区转移，从而带动低梯度地区的发展。目前我国其他地区与东部地区的巨大差距使得东部地区产业大幅度向其他地区转移的条件已经成熟。东业西移必然会对当地部分产业产生"冲击效应"甚至"挤出效应"，但同时也为这些地区带来资金和相对较高的技术、设备、管理制度，有助于区域内新的主导产业的形成与发展。

二、区域主导产业选择基准与方法

（一）区域主导产业选择基准

1. 国外选择基准理论

在不同的历史时期，不同学者对区域的内涵解释不同，在不同的社会背景和生产组织方式下，区域主导产业选择基准也各不相同。随着科技进步，社会中的相互依存性增加，地理学者对区域研究的重点有了显著变化：从地球表面的地区差异研究转向人类活动中的地区差异和由此产生的空间相互作用研究（苗长虹，2005），从地理距离研究到区域环境研究（Peter，2001）。在不同的区域研究范式下，主导产业选择基准也有明显的不同。其中较有代表性的包括国外经济学界的"罗斯托基准""赫希曼基准""筱原两基准"，地理学家从定性角度把区域主导产业看作增长极，把发展区域主导产业看作是区域经济非均衡发展的主要途径（冯德显和宋金叶，1997）。

赫希曼在《经济发展战略》中提出了不平衡发展战略，认为实现战略的途径包括两种：发展后向关联度强的产业，侧重于生产短缺到发展；发展前向关联度强的产业，由生产过剩达到发展。发展政策就在于选择前向关联度强还是后向关联度强的产业。主导部门可以通过提升前向关联度、后向关联度和旁侧关联度，并依次通过扩散影响和梯度转移形成波及效应进而促进区域经济发展。赫希曼指出许多国家的工业化正是从发展"最后加工"，即后向关联度较强的产业开始的，然后从事中间产品制造，发展前向关联度较强的产业，最后发展基本原材料工业。一般而言，在进行区域主导产业选择研究中，投入产出法中的影响力系数和感应度系数可以用来衡量关联度的高低。根据赫希曼标准，主导产业应该选择影响力系数和感应度系数均较高的产业，才能带动其他产业的发展。

罗斯托在《主导部门和起飞》（1998）一书中，提出了产业扩散效应理论主导产业选择基准，认为经济成长的各个阶段都存在相应的起主导作用的产业部，即通常所说的主导产业，其在产业结构中占有较大的比重，对地方经济发展和其他产业具有带动作用。经济成长阶段的演进是以主导产业部门的更替为特征的，主导产业部门通过投入产出关系推动经济增长，主导产业部门与发展阶段相关，实现经济发展的有序更替。赫希曼基准和罗斯托基准都是根据产业关联度的大小判断主导产业的选择，着眼点在于主导产业的带动或推动作用。

筱原三代平提出主导产业选择的标准包括需求收入弹性基准和生产率上升基准（黄，2002）。需求收入弹性就是产业的需求增长率与收入增长率之比，说明需求增长较快的产业应该作为地方发展的主导产业。生产率上升基准是指某一产业的要素生产率与其他产业的要素生产率的比率，是主导产业技术的重要指标。1971年，日本产业结构审议会又在筱原三代平两个基准的基础上，增加了环境基准和劳动内容基准。环境基准表示由产业布局过密而造成的环境污染和人口问题，劳动内容基准提出了为社会提供更多就业岗位的产业应该优先发展。其中，需求收入弹性基准和劳动内容基准对于贫困地区更为重要。

2. 国内选择基准理论

从 1978 年底开始实行改革开放到 20 世纪 80 年代中期，国内关于产业选择问题的研究水平不高，多数研究只是选择和套用现代产业结构理论的一些基本观点与我国的情况进行简单类比，系统性的分析研究尚缺乏。由于选择的标准不同，学者们提出的观点差异明显。总体上看，随着更多因素被考虑进来，学术界关于主导产业的观点趋于分散，包括的行业越来越多（江晓涓，1999）。20 世纪 90 年代，随着市场经济体制的出现，学术界开始关注市场机制在产业选择中的重要作用。江晓涓认为市场机制尚未在我国经济发展过程中充分地、高效地发挥作用，所以"市场失效"基准应该在产业选择中首先被提及（江晓涓，1996）。在对待国外的产业选择基准问题上，江晓涓提出的疑问在于：其一，市场容量大、生产率上升速度快的产业能为投资者带来较高的收益，但并不一定需要政府的特别支持才能快速发展；其二，基准如何计算；其三，不同基准之间无法排序。刘炜提出用短缺标准衡量中国的主导产业选择（刘炜，1995）。孟庆红提出了生产要素可再生性基准，认为这保证了投入供给的持久性（孟庆红，1997）。李京文认为我国在 1998 年后 20~30 年内，任何一个支柱产业都不会像发达国家的支柱产业那样，在国民经济中占有较高的比重，消费结构变化和技术进步将会成为支柱产业选择的标准（李京文，1998）。21 世纪以来，随着我国加入世界贸易组织，在产业选择中更加注重国际环境和国外因素也成为一大特色。郭克莎（2003）认为开放条件下的进出口贸易和资本国际流动对于产业发展潜力具有重要影响，需求收入弹性也受到国际市场的影响。钱雪亚和严勤芳（2002）归纳了显性比较优势、竞争力系数和市场占有率，用来测度一国或者地区在主导产业领域内的相对优势。刘渝琳（2003）通过对内生比较利益与外生比较利益的比较，通过超边际分析，认为我国参与国际分工应该发展内生比较优势产业。熊清华和吴娅玲（2003）在关于支柱产业选择的讨论中提出了可持续发展的基准。侯云先和王锡岩（2004）采用博弈论的分析方法，对战略产业的演变、培育和发展进行了系统研究和实证分析。张圣祖（2001）在威弗-托马斯组合指数模型的基础上，设计了综合打分排序的支柱产业选择法。杨戈宁和刘天卓（2007）对区域主导产业的概念进行辨析，并提出了选择性的指标。关爱萍和王瑜（2002）结合贫困地区的发展情况，选择了持续发展基准、市场需求基准、效率基准、技术进步基准、产业关联基准和竞争优势基准等 6 个方面。

总体而言，国内关于产业选择原则的分析基本上在概括总结国外理论成果，结合国内经济发展实际，或者从经验法则出发，根据世界工业化进程中产业结构的演化规律来判断本国或本地区产业结构的阶段和水平，指出长期变化的趋势，以此来选择主导产业。

（二）区域主导产业选择方法

随着人们对区域认识的深化和区域主导产业选择标准的多样化，区域主导产业选择方法不断改进。目前区位熵、投入产出法、偏离—份额分析法（SSM）、数据包络分析法（DEA）、主成分分析法、因子分析法、聚类分析法、层次分析法（AHP）、加权求总法、模糊分析法、BP神经网络分析法、灰色关联分析法等定量分析手段已经广泛应用于不同区域主导产业的选择。其中，当数据欠缺或数据质量不高时，一般用区位熵、层次分析法、模糊分析法、BP神经网络分析法、灰色关联分析法；数据库完备，数据质量高时，常用投入产出法、SSM、DEA、主成分分析法、因子分析法、聚类分析法、加权求总法；对区域各产业做深入研究时，用比较客观、精确的分析方法，包括投入产出法、DEA、主成分分析法、因子分析法、BP神经网络分析法；大体了解区域产业概况时，则用简单易行的区位法、SSM、加权求总法。下面介绍几种典型的研究方法。

1. DEA 模型

DEA是美国运筹学家查恩斯（A. Churns）等于1978年最先提出的，用来评价具有多个输入和多个输出的决策单元（decision making units，DMU）间相对效率的非参数分析方法（Janme，2000）。区域主导产业选择DEA模型的核心思想是，基于新增长方式下产业可持续高效运行的视角，把蕴藏在产业运行各环节的效率能力综合成一个可观测的指标值，根据该效率指标距离"有效前沿面"的位置确定主导产业。具体来讲，把每一个被评价对象作为一个DMU，再由所有DMU构成被评价群体，其中的每一个DMU都有已知的同类型投入和产出指标，通过对投入和产出比率的综合分析，以DMU各个投入和产出指标的权重为变量进行评价运算，确定最佳效率的"有效前沿面"，并根据各DMU与"有效前沿面"的距离状况，确定DEA有效的为区域主导产业。

DEA最大限度地降低了主观随意性，提高了决策的科学性和评判的客观性，计算简单，可操作性强。已有学者用DEA模型对河南省主导产业做了实证研究，发现河南省已确定的主导产业与这个计算结果差异不大（吴海民等，2006），但该模型对数据要求比较高，因此在对产业体系不完善、统计数据缺乏的市县域范围内的主导产业进行选择时将会受到限制。

2. 钻石理论修正模型

迈克尔·波特（Michael Porter）的钻石模型主要由生产要素、需求条件、企业战略结构与竞争、相关与支持性产业四个基本要素和机会、政府两个辅助要素组成（Porter，1998）。在经济全球化和区域一体化背景下，钻石理论解决了"比较优势陷阱"给劣势区域带来的不利发展环境问题，通过发挥地方政府引导调节作用，充分动员区域各要素全面参与，以"内生可持续发展"模式获得区域竞争优势。考虑贫困区域的特殊性，对钻石理论主导产业选择模型做了两点修正：突出考虑政府的作用；考虑可持续发展的目标。刘颖琦等用该模型对内蒙古赤峰市翁牛特旗主导产业进行研究，发现其所确定的主导产业不仅可以充分体现当地的比较优势和竞争优势，而且可以有效地带动其他产业的持续、健康、快速发展，比较符合当地经济发展的实际情况。用钻石理论计算时，具体可采用世界经济论坛（WEF）《全球竞争力报告》与瑞士洛桑国际管理学院（IMD）的《世界竞争力年度报告》对不同国家竞争力的计算方法，对各个产业的竞争力进行线性加权评价。

钻石理论考虑了政府干预、机会因素，对市场不发育、经济相对落后、数据缺乏的中西部地区有一定的指导意义。该方法适用于产业原始数据较少、产业规模较小、产业部门不齐全、比较优势不突出的劣势区域的主导产业选择。

3. 灰色聚类模型

灰色聚类是扶贫信息系统决策的重要技术，灰色聚类分析是将已知聚类元素在其聚类指标下划分新属类别，通过定聚类权，按最大原则对样本进行综合评价。灰色聚类法是选择区域主导产业的重要方法。例如，张新焕和王昌燕（2004）用灰色聚类法对新疆农业主导产业进行了量化分析，党耀国和刘思峰（2004）用灰色定权聚类评估的方法对江苏省区域经济主导产业和辅助产业进行了选择，刘思峰等（1998）基于灰色聚类的思想，提出了评价区域主导产业优度的数学模型（定权聚类评估模型），并对河南省武陟县工业主导产业选择进行了实证研究。在对大区域进行研究时往往采用聚类分析模型，如房艳刚和刘继生（2004）在分析接续产业选择依据的基础上，对东北地区资源性城市进行分类，并研究了不同类型资源性城市接续产业的选择；刘洋和刘毅（2006）对东北地区主导产业及产业体系特征进行分析，通过聚类分析、判别统计分析模型将区域产业体系划分出四个族群，提出了主导产业培育框架。在对单个产业进行验证预测分析时可采用灰色关联分析，如张辑用灰色关联方法分析秦皇岛旅游业的产业关联效应，认为旅游业是第三产业中的主导产业，并对其增长做出了预测（张辑，2007）。

区域间的差异性及主导产业选择基准的动态性和复杂性使灰色聚类分析模型在研究中具有重要的应用价值。采用灰色聚类分析法可以在离散的数据中建立连续的动态方程（蔺雪芹和方创琳，2008），采用灰色预测、灰色关联等方法，分析产业间的关系，可以对主导产业发展趋势进行预测；采用聚类分析法则可以简明地概括出研究区域的差异性特征，使主导产业的选取更具区域特性。

4. 层次分析模型

区域主导产业选择基准常用德尔菲法和层次分析法分配权重。确定每个指标的权重时，首先建立层次模型（包括目标层、准则层、措施层、方案层），然后构造判断矩阵，接着根据判断矩阵进行权重计算及一致性检验，最后层次递阶赋权。层次模型根据不同的区域特点建立，通常在方案层中列出多个产业，确定指标值大的为主导产业，也可根据已有优势产业，通过在措施层中列出所分析区域来确定主导产业的空间布局。判断矩阵通常由专家采用萨蒂的 1～9 比例标度法逐层评分。例如，王敏（2001）建立了一个地区主导产业选择的层次模型，并通过重庆市实证研究说明了其可行性；谢守红（2002）用层次分析法选择了杭州市的工业主导产业；刘万青（2002）用层次分析法对安徽省的工业主导产业选择做了定量分析；毛汉英等（2002）用层次分析法结合投入产出模型综合选取了三峡库区 2002 年后 15～20 年重点发展的支柱产业，而刘丽丽（2000）参照该评分标准对定性数据做了量化处理，并结合模糊识别模型软件包对北京市山区主导产业的选择和布局做了研究。但是九标度划分比较判断结果使专家感到操作困难，王开章等采用改进的三标度层次分析法（IAHP）对济南市的主导产业进行了研究，使计算更为简便，并体现了因子的完全一致性（王开章等，2003）。层次分析法因对定性数据较好的量化表示被很多其他方法所吸融，如王旭基于钻石理论，结合 DEA 模型和层次分析法构建了区域主导产业选择模型，并通过对成渝经济区的实证研究证实了该模型的可靠性。

　　从应用实践可以看出，层次分析法模型对区域主导产业选择可以进行有效分析，在数据缺乏的情况下，仍能根据区域特性较科学地赋予权重，而结合其他模型的修正使该模型在研究中具有重要应用价值。

第二节　恩施州特色资源产业扶贫区域主导产业选择

　　近年来，区域主导产业选取方法、选择理论层出不穷，但各地主导产业选择的科学合理性越来越受到质疑。选择基准多元化、混乱化，以及选择方法自身的缺陷使同一地区用不同的方法会选取出不同的主导产业，降低了主导产业选择的科学规范性。区域主导产业选择主要集中在对第二产业的研究上，只有少数学者对农业、服务业的主导产业选择进行过研究。忽视了主导产业的生命周期和区域的发展阶段，也使区域的产业结构性矛盾凸显。恩施州是我国最年轻的少数民族自治州，由于特定的历史、自然环境和社会实际发展水平等多种因素的影响，该区域的优势产业主要集中在农业、旅游业、硒产业等第一产业和第三产业领域，而第二产业发展相对较弱，基于此，结合恩施州的实际产业发展战略，拟通过对恩施州农业扶贫主导产业的实证分析，确定其农业领域的扶贫主导产业，通过定性分析其旅游业和硒产业的发展，讨论其在服务业和其他特色资源产业方面的主导产业选择。

一、恩施州特色农业主导产业选择

（一）主导产业指标体系构建

1. 指标体系构建

选取恩施州近几年农业产业发展数据，结合该区域农业发展现状，对以往学者相关研究基础的三个方面进行整合，研究如何选择现代农业主导产业，构建综合指标体系，运用层次分析法测算主导产业选择与培育重点，试图厘清恩施州农业产业发展重点和培育方向，优先发展现代农业主导产业带动贫困人口脱贫。为此，在以往学者的研究基础上，借鉴主导产业选择有关理论，对指标体系的构建，尽量做到简明、系统和有层次性，为便于下文计算分析，仅选取 4 个子系统一级指标、12 个二级指标构成农业主导产业选择指标体系（表 6-1）。

表 6-1　现代农业主导产业选择指标体系

一级指标	二级指标
发展潜力	需求收入弹性系数
	产值增长率
	要素生产率上升率
带动能力	影响力系数
	感应度系数
	对区域经济增长作用率
经济效益	利税增长率
	人均产值系数
	增长作用水平度
	经济效益系数
比较优势	区位熵（产值集中度）
	区域综合比较优势指数

2. 有关指标计算说明

（1）需求收入弹性系数

需求收入弹性用来反映某产业的社会需求量的变化对国民收入增长变化的敏感程度。需求弹性大的产业，其产品具有较大的市场容量，发展前景和效益被看好。在市场产品价格不变的情况下，需求收入弹性反映人均国民收入每增长 1%

引起某产业或产品增量变化的百分比程度。其计算公式为

某产业或产品需求收入弹性系数=（某产业或产品需求增量 ΔX/该产业或产品上一期需求量 X）/（国民收入增量 ΔY/上一期国民收入值 Y）

（2）产值增长率

该指标反映某产业或产品的生产发展速度、技术进步速度和劳动生产率的高低程度。主导产业应选择具有较好的成长性，增长速度较快的产业。其计算公式为

某产业或产品产值增长率=[（该产业或产品报告期产值/该产业或产品基期产值）$^{1/n}$-1]×100%

其中，n 为报告期与基期时间间隔的年数。产值增长率越大，则说明其在区域经济系统中的地位和作用越重要。

（3）对区域经济增长作用率

选择主导产业对区域产值增长作用率，应能够带动区内农村经济发展和第二、第三产业的发展或其他相关产业发展，其计算公式为

某产业或产品产值对区域经济增长作用率=规划期该产业或产品增长额/同期区域经济增长总额

（4）人均产值系数

各个区域范围的大小和人口数量不等，要确切反映某一产业或产品的发展规模和专业化水准，用人均产值系数可以消除用单一产值带来的比较失真效果，人均产值系数越高，说明该产业或产品在该区域生产的资源禀赋系数越高。其计算公式为

某产业或产品人均产值系数=（某区域产业或产品产值/该区域人口）/（上一级区域该产业或产品产值/该级总人口）

（5）增长作用水平度

该指标主要反映某产业的发展对区域同一大类产业的发展速度或贡献率，以及对区域经济增长作用率。其计算公式为

某产业对区域农业经济增长作用水平度=规划期内该产业增长额/同期区域农业经济增长额

（6）区位熵（产值集中度）

区位熵（LQ）一般用来反映该产业区域专门化的相对程度，取决于产业的区域经济实力和产业的绝对规模，其值越大表明该产业在区域中的地位和生产规模越大，可上市的产品越多，也可用产值集中度表示。一般来说，区位熵应该大于1，而且越大越好。其计算公式为

区位熵=（某区域某产业产值/该区域该类产业产值之和）/（上一级区域该产业产值/该级该类产业产值之和）

（7）区域综合比较优势指数

某产业区域综合比较优势是该产业或产品在区域的自然资源禀赋、社会经济条件、区位条件、科技进步及市场需求等因素综合作用的结果展现，其值为该产业或产品的规模指数和专业化指数的几何平均数。专业化指数在本书中用产值集中度来表示。其计算公式如下

$$规模指数=某区域某产业或产品产值/上一级区域该产业或产品产值$$

$$区域综合比较优势指数=（规模指数\times专业化指数）^{\frac{1}{2}}$$

（二）主导产业选择层次分析法模型构建

1. 综合评价指标体系权重的确定

根据有关指标涉及的数据的可获得性，结合恩施州经济概况与特点，特选取上述 7 个指标构建恩施州特色农业主导产业选择指标体系。其中对各指标权重的赋值情况，我们直接采用姜法竹和张涛（2008）对各指标权重分配的研究计算结果（表6-2）。

表 6-2　恩施州农业主导产业选择指标体系及其权重

指标名称	指标权重
需求收入弹性系数	0.25
产值增长率	0.20
对区域经济增长作用率	0.08
人均产值系数	0.10
增长作用水平度	0.07
区位熵（产值集中度）	0.15
区域综合比较优势指数	0.15

2. 综合评价值的计算

按照表 6-2 所示权重，综合评价值用 S 表示，则 $S=w_i s_i$，式中 w_i 表示第 i 项指标的权重值，s_i 表示第 i 项指标的计算值。测算的 S 值越大，说明该产业发展水平越高，可选择为主导产业来发展与培育。根据表 6-2，对 12 类农业产业的 7 个指标分别进行分析，按照以权重测算的最后结果进行排序，确定恩施州特色农业主导产业选择。

（三）恩施州特色农业主导产业选择指标实证分析

1. 需求收入弹性系数

需求收入弹性系数大于 1，其产品的增加能够带来更大的发展动力，不仅发展机遇好，而且发展效益好，发展速度也会更快，在国民经济增长中所占的份额也会更大；反之，则相反。需求收入弹性系数等于 1 时，则说明该产业或产品的社会需求量与国民收入为同步变化，有一定的市场容量。

从表 6-3 中可知，坚果、烟叶、油料、马铃薯等需求收入弹性系数较高，其次为茶叶、蔬菜等，而棉花需求收入弹性系数为负数。可见，市场对坚果、烟叶、油料等产品需求比较旺盛，而对谷物、棉花等产品需求不是很高。

表 6-3　恩施州农业各产业需求收入弹性系数

产业	产值/万元		Δx	$\Delta x / x$	$\Delta y / y$	弹性系数
	2013 年	2014 年				
谷物	270 109	283 065	12 956	0.045 77	0.222 38	0.205 82
马铃薯	111 476	147 378	35 902	0.243 60	0.222 38	1.095 42
油料	34 106	46 314	12 208	0.263 59	0.222 38	1.185 31
豆类	35 644	40 342	4 698	0.116 45	0.222 38	0.523 65
棉花	84	22	−62	−2.818 18	0.222 38	−12.672 81
烟叶	69 622	108 718	39 096	0.359 61	0.222 38	1.617 097
蔬菜	247 558	277 030	29 472	0.119 05	0.222 38	0.535 34
坚果	4 333	7 647	3 314	0.433 37	0.222 38	1.948 78
茶叶	210 203	248 261	38 058	0.153 29	0.222 38	0.689 32
中药材	75 952	79 993	4 041	0.050 52	0.222 38	0.227 18
畜牧业	864 514	907 307	42 793	0.047 12	0.222 38	0.211 890
水产业	11 752	12 246	494	0.040 34	0.222 38	0.181 40

资料来源：《恩施州统计年鉴》（2013～2014 年）

2. 产值增长率

产业值增长率越高，其生产率提高的能力和潜力也会越大，那么产业市场竞争力也越强，从而选择其为主导产业的可能性也会越大。由表 6-4 可知，烟叶、茶叶、畜牧业等的产值年均增长率较高，而棉花、豆类、谷物等的产值年均增长率较低。

3. 对区域经济增长作用率和增长作用水平度

该指标衡量各产业对区域经济与农业经济的作用变化程度，其值越大，则说明发展速度越快，带动能力越强。测算结果如表 6-4 所示。其中，结合两个指标综合衡量，蔬菜、烟叶、坚果等发展快，带动其他产业发展的能力强，其次为中药材、畜牧业和马铃薯。

表 6-4　恩施州农业各产业产值年均增长率、对区域经济增长作用率和增长作用水平度

产业	产值年均增长率	对区域经济增长作用率	增长作用水平度
谷物	0.104 94	0.000 48	0.020 09
马铃薯	0.128 69	0.003 10	0.128 04
油料	0.200 37	−0.000 27	−0.011 18
豆类	0.096 25	0.000 41	0.016 95
棉花	0.018 66	−0.013 12	−1.289 1
烟叶	0.905 08	0.006 43	0.265 78
蔬菜	0.170 38	0.014 73	0.608 85
坚果	0.195 48	0.005 93	0.245 06
茶叶	0.476 99	0.002 35	0.097 15
中药材	0.129 12	0.004 78	0.197 68
畜牧业	0.353 55	0.004 21	0.173 65
水产业	0.279 15	−0.001 0	−0.041 55

资料来源：根据《恩施州统计年鉴》（2012 年、2014 年）相关数据整理而来

4. 人均产值系数

从表 6-5 中可以看到畜牧业、中药材、烟叶、茶叶的人均产值比较大，说明这些产业在该区域具有较高的生产资源禀赋。相对而言，其他产业的资源禀赋则较低。

5. 区位熵（产值集中度）

根据上文指标测算公式，区位熵可表明该产业在区域中的地位和优势，其值

越高，生产规模越大，市场需求的商品也会越多，其中，排在前几位的产业有畜牧业、中药材、烟业、茶叶、坚果、水产业、马铃薯等，如表6-5所示。

表6-5　恩施州农业各产业的产值集中度和人均产值系数

产业	产值集中度	人均产值系数
谷物	0.975 92	0.865 13
马铃薯	1.006 99	0.892 67
油料	0.620 43	0.549 99
豆类	0.716 34	0.635 02
棉花	0.835 73	0.740 86
烟叶	1.340 61	1.188 42
蔬菜	0.815 65	0.723 05
坚果	1.067 63	0.946 43
茶叶	1.179 81	1.045 87
中药材	1.682 56	1.491 56
畜牧业	4.311 67	3.822 21
水产业	1.062 13	0.941 56

资料来源：根据《恩施州统计年鉴》（2012年、2014年）、《湖北统计年鉴》（2012年、2014年）相关数据整理计算而来

6. 区域综合比较优势指数

该指标的分析测算值越高，说明该产业越具有相对优势，发展为主导产业的可能性也就越大，如表6-6所示。其中，最具优势的产业有茶叶、畜牧业、烟叶、棉花、坚果等。

表6-6　恩施州农业各产业专业化指数、规模指数、区域综合比较优势指数、产业综合得分及位次表

产业	专业化指数	规模指数	区域综合比较优势指数	产业综合得分（S）	位次
谷物	0.975 92	0.046 66	0.213 40	0.293 10	8
马铃薯	1.006 95	0.048 15	0.220 20	0.345 69	7
油料	0.620 43	0.029 66	0.135 67	0.174 04	11
豆类	0.716 34	0.034 25	0.156 64	0.262 29	9
棉花	1.179 80	0.056 41	0.257 99	0.031 33	12

续表

产业	专业化指数	规模指数	区域综合比较优势指数	产业综合得分（S）	位次
烟叶	1.340 61	0.064 11	0.293 15	2.535 89	1
蔬菜	0.815 65	0.039 00	0.178 36	0.491 88	5
坚果	1.067 63	0.051 05	0.233 46	0.598 73	4
茶叶	4.311 67	0.206 17	0.942 85	1.816 52	2
中药材	0.835 73	0.039 96	0.182 75	0.408 67	6
畜牧业	1.682 56	0.080 45	0.367 93	0.638 35	3
水产业	1.062 13	0.050 79	0.232 26	0.226 31	10

7. 恩施州农业产业综合得分

根据前文分析，对恩施州特色农业 12 类产业的 7 个指标分别进行了计算，结合表 6-2 将各项指标值与各自对应的权重分配进行复合，得出各产业的综合得分及位次排序，如表 6-6 所示。测算结果排序为烟叶>茶叶>畜牧业>坚果>蔬菜>中药材>马铃薯>谷物>豆类>水产业>油料>棉花，由此可确定优先发展和培育的农业产业为烟叶、茶叶、畜牧业、坚果、蔬菜、中药材、马铃薯等。结合恩施州实际选择的主导产业综合考虑，最终确定烟叶、茶叶、畜牧业、坚果、中药材、魔芋、马铃薯为恩施州区域农业的主导产业。

二、恩施州特色旅游资源产业主导产业形成

恩施州地处武陵山区腹地，是我国内陆土家族、苗族、白族等 26 个少数民族的重要聚居区之一，由于特定的自然环境、历史因素、现实体制等多种因素的影响，该区域拥有丰富的生态旅游资源、民族文化旅游资源、历史文化旅游资源、红色文化资源等多元旅游资源，具备了发展旅游产业的资源基础和条件。近年来，恩施州政府积极响应国家推进旅游发展政策，大力推进恩施州旅游资源开发和旅游产业发展，旅游业被恩施州政府确立为全州支柱产业和区域主导产业，形成了恩施大峡谷、利川腾龙洞、咸丰坪坝营、清江画廊等全国著名景区，旅游产业对恩施州的经济发展效应日益凸显，恩施州先后被确立为全国旅游扶贫先行示范区和全域旅游示范区之一，旅游产业作为恩施州的区域主导产业和重要的扶贫产业的地位已经形成。

（一）主导产业形成的主要表现

"十二五"时期，恩施州紧紧围绕建设全国知名生态文化旅游目的地的目标，

把旅游业作为州域经济发展的引擎和抓手，创新"旅游+"融合发展模式，旅游业已成长为恩施州最有潜力、最有活力、最有竞争力的优势产业、绿色产业和引擎产业。2011年，恩施州旅游委被人社部、国家旅游局评为全国旅游系统先进集体；2012年，恩施州跻身全国百强旅游城市之列；2013年，荣登"最美中国榜"，获"最佳城市旅游目的地"殊荣；2013年、2014年连续两年被表彰为全省旅游发展先进城市；2014年12月，全国贫困村旅游扶贫试点工作座谈会在恩施召开；2015年5月19日，中共中央政治局委员、国务院副总理汪洋专程到恩施州调研旅游扶贫工作，充分肯定了全州旅游产业发展取得的成效。

1. 经济指标增势强劲，实现了由后发地区向第一方阵的跨越

2009年，恩施州旅游接待人次仅663万人，实现旅游综合收入仅29亿元，在全省和州域经济中的比重低、影响小、地位弱。2010年，高速公路和铁路贯通后，全州旅游接待人次首次突破千万大关，旅游综合收入突破50亿元。2014年全年接待旅游者3100万人次，实现旅游综合收入200亿元。短短五年，恩施州接待人次、综合收入均翻了两番，已成为湖北省旅游发展的强劲增长极，稳居全省第一方阵；成为全国30个少数民族自治州和武陵山区的新亮点，旅游接待人次和综合收入在30个自治州中分别位居第七位、第四位，在武陵山区分别位居第四位、第三位；跻身全国百强旅游城市之列。2015年1~9月，全州接待游客3265.37万人次，实现旅游综合收入202.3亿元，同比分别增长21%、22%；国庆七天，全州共接待219.6万人次，实现旅游综合收入11.88亿元，同比分别增长23.7%、28.37%。

2. 旅游要素快速配套，实现了由旅游客源地向旅游目的地的跨越

恩施州坚持应急和谋远有机结合，大力完善旅游要素，稳步成为中部旅游目的地。在"游"上，A级景区总量达到33家，4A级及以上景区由2009年的3家增加到2015年的16家，其中5A级2家（恩施大峡谷、巴东神农溪），以恩施市为中心、方圆80千米内形成了"2+14"（2个5A+14个4A）的高密度、高A级景区（指4A、5A级景区）集群，高等级景区在武陵山区位居前三位，腾龙洞、大峡谷、神农溪被评为"灵秀湖北"十大旅游名片，咸丰唐崖土司皇城晋级世界文化遗产。旅行社由2009年的39家增加到74家，其中3A级以上旅行社达到13家；持证导游由不足200人增加到1558人。在"行"上：先后改扩建了坪坝营、野三河、大峡谷等旅游公路，新建了野三河、景阳河等旅游码头，正在加快推进千公里生态旅游公路建设，改善了可进入条件。在"吃、住"上：三星级以上宾馆由2009年的18家增加到47家，其中四星级由2009年的4家达到2015年的8家，按四星级、五星级标准在建的宾馆达到15家，州城床位数由2009年的7777张增加到2015年的4万余张；五星级农家乐达到11家，四星级农家乐达到44家。在"购"上：旅游商品店由2009年的不足100家增加到2015年的400余家，县市城区、核心景区、星级宾馆、火车站、机场都设有较大型的购物场所，新增了土家女儿城等大型购物场所，先后有宝石花漆筷系列等 27 种旅游商品获奖。在"娱"上：形成了一批以"夷水丽川""新龙船调""武陵绝响""黄四姐"等为代表的文化娱乐精品。在旅游城市、名镇、名村创建上，利川市、恩施市成功创建为中国优秀旅游城市，巴东县、咸丰县、建始县创建为湖北旅游强县，2015 年全州 8 县市中有 5 个成为全省旅游经济强县；湖北旅游名镇、旅游名村分别达到 3个、13 个。

3. 客源半径不断扩大，实现了由单一客源地向多个客源地的跨越

恩施州大力度、多方式、宽领域强化宣传促销，连续举办四届"湖北·恩施生态文化旅游节"，策划实施"恩施号"飞机、摄制大型电影音乐诗画《神话恩施》，进行了"中外摄影家看恩施"、"欢乐中国行"、走进恩施"凉城美景·风情恩施"、"迪恩·波特挑战恩施大峡谷全球直播"、"硒游记"（发放优惠券价值 6000 余万元）、"双城记"（恩施州与韩国首尔、新加坡、泰国、美国科罗拉多州等境外地区进行旅游交流合作）、"候鸟行动——十万游客避暑恩施行"、"硒望之春全国旅游联盟"等一系列宣传促销活动。参加全省在中央电视台投放的宣传广告，在武汉、重庆、成都、郑州市场投放了公交、轻轨、电视广告；在北京、上海、武汉、台湾、重庆、郑州、石家庄、南充、遂宁、涪陵、宜昌、西安、长沙等地进行了旅游推介，全州客源市场已由武汉和重庆两个主要客源地拓展到武汉、重庆、四川、河南、湖南、陕西、江苏、北京、天津、上海、浙江、广东等多个客源地，获得了"2012 年广东人最喜爱的旅游目的地（线路）"殊荣，恩施州旅游形象宣传片也已亮相于美国纽约时代广场，恩施州旅游的影响力、美誉度进一步提升。

4. 引擎效益逐步显现，实现了由一般产业向支柱产业的跨越

首先，旅游产业成为恩施州富民富州的新支点。旅游经济的高速增长，促进了以其为龙头的第三产业蓬勃发展，对州域经济的支撑和引擎作用更加凸显。2015 年全州第一、第二、第三产业结构调整为 26∶34∶40，与旅游业发展密不可分，纳税年超过 30 万元的景区、星级饭店超过 20 家。其次，旅游产业成为全州就业的新高地。恩施州旅游直接从业人员达 10 万人以上，带动相关行业 40 余万人就业。州城 2014 年新增就业人员 1 万人以上，人均新增工资性收入 2 万元以上，相当部分的大中专毕业生选择导游、酒店管理等职业，缓解了就业压力；5 万多名农村富余劳动力依托旅游业实现了就地转移就业，拓宽了增收渠道。最后，旅游产业成为恩施州内投资的新领域。2015 年上半年恩施州旅游领域投资已超过 10 亿元，全年超过 20 亿元，优化了投资结构。同时，旅游地产已成为全州的重要投资领域。

5. 发展环境更加优化，实现了由单打独斗向齐抓共管的跨越

一是恩施州政府强化旅游产业发展的组织保障。恩施州委书记、州长等州领导高度重视旅游产业发展，对发展中的问题亲自调研解决，对旅游项目建设亲自指导，对旅游人才培训抓到手上，对重大旅游促销活动亲自策划，为旅游发展增添了动力。恩施州委六届五次全会提出实施"产业化城镇化双轮驱动"战略，将旅游产业链作为六大产业链之一进行打造，恩施州委六届七次全会再次提出推进生态文明，建设美丽恩施，大力发展生态文化旅游业。各县市成立了由主要领导任组长的旅游产业发展委员会或旅游产业发展领导小组，形成了"党委领导、政府主导、部门联动、市场主体、社会参与"的旅游发展格局。二是强化旅游产业规划保障。编制了全州旅游发展规划和《鄂西生态文化旅游圈恩施州发展总体规划》《恩施州旅游发展规划（2011—2020）》《恩施州旅游业发展"十二五"规划》，截止到 2015 年旅游规划达到 65 个，形成了完整的规划体系。三是强化法制保障。颁布了全州第一部地方性旅游法规——《恩施州旅游条例》，明确了全州旅游产业发展的原则、目标定位、规划编制、旅游开发、旅游经营、法律责任等体制机制性问题，推动全州旅游产业发展步入了法制化、规范化轨道。四是强化模式创新。首先是全域旅游发展模式。按照科学发展观的要求，坚持把全州约 2.4 万平方千米的区域作为一个大景区来谋划和建设，以旅游产业为载体，融合各产业和社会发展，形成"第一产业围绕旅游调结构、第二产业围绕旅游出产品、第三产业围绕旅游搞服务、各行各业围绕旅游出力量"的发展格局，加快推进旅游州域化。其次是要素突破发展模式。以旅游六要素中的"游"为中心，突出解决旅游要素短板问题，实现旅游业的要素配套协调。坚持应急和谋远相结合，积极谋划和集中解决旅游可进入性、景区承载容量、旅游配套服务、旅游消费单一、旅游人才短缺等突出问题，实现旅游产业发展的大配套和大优化，永葆产业发展佳境。再次是文旅融合发展模式。坚持走文化与旅游融合发展之路，使之相互烘托、相得益彰、共生魅力。利川腾龙洞成为地质文化与民族文化融合的典范，咸丰坪坝营正在成为生态文化与养生文化融合的典范，恩施大峡谷正在成为地质科考文化与生态文化融合的典范，土司城正在成为土家建筑文化与土司文化融合的典范，枫香坡正在成为民族文化与农耕文化融合的典范。在新一轮旅游发展中，旅游文化已成为重点发展领域。最后是市场倒逼发展模式。面对市场发展不旺和政府投入能力相对不足、市场作用刺激不足的实际，注重旅游产品的"迁移效应"，坚持走市场倒逼旅游产业全面快速发展之路，以目的地形成人流、客源地形成人气，通过大手笔策划形象宣传、深入穿透启动游客市场、高频率滚动巩固客源地，引来了旅游各要素快速配置，以及政府和市场的强力配合，实现了旅游经济规模扩张和质量提升的双赢。五是强化政策保障。恩施州委、州政府和各县市均出台了加快旅游产业发展的政策措施，对旅游市场主体给予了要素保障和奖励。恩施州政府每年从本级财政预算资金中安排 1300 万元专门用于支持旅游宣传促销，县市每年按上年公共预算收入的 1%以上安排旅游发展专项资金。恩施州委、州政府还把旅游产业发展纳入对县市领导班子考核的重要指标，增强了各县市抓旅游产业的责任感和紧迫感。六是强化依法治旅。深入贯彻落实《旅游法》，深入开展"四防一保"（防道路交通事故、防火灾、防公共安全事故、防自然灾害、保旅游安全）、"打非治违"专项整治活动，围绕重大活动、重要环节、重点部位加强安全管理，确保旅游业安全发展。

（二）旅游产业扶贫实施路径

恩施州应抢抓国家实施乡村旅游富民工程的重大机遇，实施乡村旅游扶贫重点村示范工程，扎实推进旅游扶贫工作，将恩施州某些村纳入国家旅游扶贫重点村的 72 个村中作为乡村旅游示范点，在体制、机制、政策上先行先试，积累经验，总结推广。积极培育乡村旅游示范企业，依托各地区位条件、资源特色和市场需求，充分发挥农业、林业等资源要素与旅游的融合效应，大力开发城郊休闲度假、生态农业观光、民俗风情体验等不同类型的乡村旅游产品，着力打造旅游特色村和乡村旅游精品。其中，建始小西湖、利川苏马荡、巴东野三关依托自然气候资源，打造乡村避暑度假基地；恩施芭蕉、宣恩伍家台、咸丰麻柳溪依托茶叶基地打造乡村农业观光度假基地；宣恩彭家寨、鹤峰大路坪村、来凤舍米湖依托原生态古村落、民族村寨的民居建筑文化特色，着力打造古村落观光度假型基地；恩施盛家坝小溪依托山水风光和田园生态打造远离城市隐居乡村的养生休闲度假基地；来凤黄梅古寨依托仙佛寺景区打造佛教圣地乡村一景，成为祈福养生的乡村休闲基地。本着"一乡一业""一村一品""一户一特"的原则，采取旅游景区公司+农户，综合开发、扶贫开发、整村推进等方式，做好不同类型、多样化的乡村旅游产品开发，满足不同层次的旅游市场需要。同时要积极引导和支持当地群众创办特色餐饮、住宿、观光、休闲、娱乐、种养等旅游产品，拓展延伸乡村旅游产品链。

按照巩固提高一批、建设发展一批、规划推动一批的要求，以创建武陵山国家旅游扶贫示范区为契机，在全州范围内打造乡村旅游试点示范工程，加快乡村旅游的发展，有效促进旅游扶贫工作：到 2018 年底建设不少于 4 个省级旅游名镇、20 省级旅游名村、80 个 4 星级以上农家乐，形成特色旅游小镇、乡村度假区、专业旅游特色村的乡村旅游发展格局，使乡村旅游成为全州旅游经济的新亮点；到 2018 年底，力争全州乡村旅游区接待国内游客达到 1500 万人次，乡村旅游收入突破 60 亿元，最终实现旅游产业扶贫目标。

三、富硒资源产业主导产业形成

硒，化学符号 Se，由瑞典科学家贝采利乌斯于 1817 年发现。硒是人体必需的微量元素。科学研究证明，硒具有"护心脑、保肝肾、防辐射、抗癌变、解毒素、抗衰老、恢复胰岛、增强免疫力和抗病毒"等生理功能，被誉为"生命火种"。1973年，世界卫生组织宣布硒是人和动物生命活动中不可缺少的必需微量元素；1988年，中国营养学会推荐的"每日膳食中营养素供给量与我国的膳食指南"中已将硒列为 14 种每日膳食营养素之一；2015 年 6 月，美国食品药品监督管理局（FDA）修订关于婴儿配方奶粉营养规格及标签规定，要求必须把硒加入所需营养清单，同时要求婴幼儿奶粉的最低及最高硒含量分别为 2.0 微克/100 千卡[①]和 7.0 微克/100千卡。目前，全球有 40 多个国家分别处于南、北半球缺硒带，约 3/4 的国家存在低硒或缺硒区；中国有 72%的地区土壤环境缺硒，有 16 个省（自治区、直辖市）存在严重缺硒区，至少有 7 亿人群生活在缺硒环境里。国家卫生和计划生育委员会统计数据显示，全国现有约 70%的居民处于亚健康状态。据估计，硒营养产品在健康市场上的需求超过 1 万亿元。与此同时，当前国内硒营养产品的供给明显不足，硒健康产业刚刚起步，硒资源开发具有广阔的市场前景。

恩施州地处鄂西南山地，属武陵山区，区域内硒资源丰富。恩施州地理坐标：108°23′12″E～110°38′08″E，29°07′10″N～31°24′03″N，土地面积约 2.4 万平方千米，下辖恩施市、利川市、建始县、巴东县、宣恩县、咸丰县、来凤县、鹤峰县等 8 个县（市）。拥有"世界唯一探明的独立硒矿床"和"全球最大的天然富硒生物圈"两大优势资源，2011 年 9 月，被第十四届国际人与动物微量元素大会（TEMA14）授予"世界硒都"称号。现已初步探明含硒岩石储量 50 多亿吨，适硒土壤占全州土地面积的 95.6%以上，农副产品中生物有机硒含量是其他富硒地区的数十倍，且大都富含有机硒。

恩施州硒资源开发成效明显。近年来，恩施州围绕"生态、有机、富硒"发展目标，以建立富硒农产品基地为基础，以培育壮大富硒龙头企业为重点，以研发富硒产品为突破口，大力实施富硒品牌战略，打造富硒产业集群，全州富硒产业发展步入了良性快速发展轨道，初步形成了"硒+X"的大健康产业链，形成了覆盖农业、工业和服务业的硒产业格局。2015 年，全州硒产业总产值突破 330 亿元，几乎占全国富硒产业总产值的一半，建立了茶叶、蔬菜、中药材、烟叶、干鲜果、粮油等富硒农业基地 280 多万亩，其中，标准基地建设面积达到 194 万亩；培植了硒产品研究、生产、流通企业 160 余家，其中，规模以上工业企业 101 家。2014 年 1 月 10 日，由中国商业联合会、恩施州人民政府联合主办的首届"中国

[①] 1 千卡≈4185.9 焦。

硒产品博览交易会暨中国恩施·世界硒都硒产品博览交易会"在恩施州文化中心开幕，来自海内外的专家学者、投资采购商、富硒地区代表齐聚"世界硒都"，共商推动富硒产业发展。2015 年 9 月，经湖北省政府批准，《湖北省富硒产业发展规划（2015～2020 年)》正式发布，提出以建设"中国恩施硒谷"为重点，将恩施州建成全国最大的多样性富硒农副产品中心和硒肥生产基地、富硒矿泉水生产基地、富硒生态旅游基地。2016 年 4 月，《湖北省国民经济和社会发展第十三个五年规划纲要》正式出台，明确提出，支持恩施州加快建设富硒产业发展先行区。2016 年 9 月，第二届"中国硒产品博览交易会暨中国恩施·世界硒都硒产品博览交易会"在恩施州举行，极大地推动了恩施州硒产业的发展，其富硒资源产业的区域主导地位初步形成。

第七章　恩施州特色资源产业扶贫模式选择

在扶贫过程中，选择扶贫模式至关重要。传统扶贫模式是以政府为主导的"救济式"扶贫，是自上而下进行的"被动式"扶贫，扶贫需要的各种资源要素全部由政府提供（王曙光，2011），贫困户只是扶贫的被动接受者，因此多发生返贫现象。产业化扶贫是非政府主导式扶贫，是一些贫困地区正在实践的新型扶贫方式：以当地资源为依托、以大型企业为龙头、以政府支持为后盾，通过在贫困地区建立生产基地（园区）来发展支柱产业，从而带动农户脱贫致富。实践表明，产业化扶贫可极大地调动农户参与产业化经营的积极性，促进贫困地区增产增收，是一种行之有效的扶贫方式。但目前产业化扶贫中存在产业化经营程度低、农户参与度不足及缺乏有效利益连接机制等问题。解决好这些问题，将对产业化扶贫起到根本的推动作用。基于前文对恩施州区域主导产业选择的分析，以及目前富硒产业主要纳入到特色农业领域进行发展的实际，本书主要分析探究恩施州特色农业资源产业扶贫模式和旅游资源产业扶贫模式选择。

第一节　恩施州特色农业资源产业扶贫模式选择

一、贫困地区特色农业产业化主要扶贫模式

（一）农业产业化扶贫的基本特点

农业产业化扶贫就是指以市场需求为导向，以发展壮大农村经济、增加贫困群众收入为根本目标，充分挖掘地方特色优势资源，以农业产业化为根本途径，通过调整农村产业结构，转变农村产业经济发展方式的扶贫模式。农业产业化扶贫具有以下基本特点。

1. 市场化

农业产业化扶贫必须以社会主义市场经济为导向，凡是脱离市场需求轨道、违背市场供求规律的农业产业化扶贫都是没有生命力的。2003 年 9 月，贵州省领先食品股份有限公司（下称领先公司）与清镇市卫城镇东门蔬菜协会签订了莲花白订单种植收购协议。按协议规定，莲花白种植面积为 400 亩，亩产 3500 千克以

上，涉及 164 户农户，种子由领先公司提供，届时领先公司按 0.32 元/千克的保护价进行收购。到了 2004 年 5 月，400 亩莲花白丰收了，领先公司也于 5 月 12 日开始按协议陆续收购，而到 6 月初，领先公司与东门蔬菜协会协商适当压缩每次莲花白供应量，6 月 12 日，领先公司告知加工机器损坏，停止了收购，最后导致卫城镇数百亩订单莲花白半数以上烂在了土地中。相关部门调查发现，由于企业与农户签订的"合同价""最低保护价"均为约定的固定价格，没有反映市场变化的实际情况，因而往往违背了市场规律，市场价低于订单价时，企业怕亏损不愿收购，市场价高于订单价时，农户又不愿卖给企业，导致订单、合同难兑现，极大地阻碍了农业产业化经营的健康发展。

　　从以上案例不难发现：一是扶贫产业布局由市场配置。莲花白订单种植产业之所以能落户卫城镇东门蔬菜协会，充分说明当时当地莲花白市场价格形势较好，使加工企业和种植户都青睐于此。如果当时莲花白的市场价格形势低迷，这个纠纷可能就不存在了。由此可见，扶贫产业分布是根据当地的市场形势而定的，市场前景好的产业往往成为扶贫产业选择和布局的首选。二是产业规模选择由市场决定。产业规模的大小不是盲目决定的，而是靠当地和周边的市场货物交易量来决定的。如果脱离当地市场的同类产品的交易量，就会出现生产过剩或短缺的现象。三是产业化产品流通由市场决定。产业化扶贫是通过种、养、加工等特定环节，产品最终根据市场供需情况流向市场而产生价值，最后产生扶贫效益。而此时的市场供需平衡状况就是决定产品流向和流量的最重要因素，当市场上同类产品供大于求时，价格就降低，产品流量就会下降，反之流量就会增加。

2. 专业化

　　专业化是农业产业化扶贫最基本的特点，产业化必须是某专业化系列产业的聚集，或者是相关联的几个专业化产业的优化组合。例如，产业化扶贫中的养殖产业就是一个专业性很强的产业，具体布局到一个村，有可能只是养这个专业环节，也有可能是养和繁殖两个相近环节的结合，具备条件的村也可能是把养、繁殖、屠宰、加工和销售等环节相结合。但是这些都是属于相关联的产业聚集，也就是由"一户一业或多业"，经全村聚集后形成"一村一品"。

3. 规模化

　　农业产业化扶贫追求的是整体经济的发展和进步，所以规模化就成为其生产经营的首要特点。小打小闹不是产业化，家庭小作坊不是产业化。规模化经营是产业化扶贫的唯一方式，通过土地流转集中、组建农民专业合作社、转移劳动力、合伙经营等方式实现规模化经营，常见的实现模式就是"公司+基地+农户"或者是"公司+农户"，从而提高产业化扶贫的效率。

4. 特色化

农业产业化扶贫是针对不同的村采取不同的扶贫方向和产业安排，这就形成了差异化，也就形成了特色化。这是由扶贫村的自然资源、交通条件、风土人情、文化程度和产业基础等多重因素决定的，它们往往能决定一个村的产业特色，具备拥有"人无我有"的特殊优势的某个因素，就是所谓的资源优势。因此，不同的村具有不同的资源优势，这就决定了其产业选择具有差异性，形成农业产业化扶贫的特色化。

5. 体系化

农业产业化扶贫是一个系统工程，是一个完整的产业体系经过科学的优化组合，切合扶贫村实际的产业布局。例如，湖南保靖县葫芦镇黄金村的茶叶产业，全村现有茶叶种植面积5800余亩，从事茶叶加工农户70多户，茶叶合作社4家，黄金茶加工企业3家，茶业收入占农业总收入的80%以上。茶叶产业化布局在该村得到充分体现，从种、采、加工到销售，在村民中都有合理的分工，形成了一个完整的产业体系。如果一个完整的产业扶贫体系还达不到产业化的扶贫程度和效益，也就不能叫产业化扶贫。

6. 现代化

现代化是农业产业化扶贫的发展趋势和努力方向，农业产业化的现代化方向就是建设现代农业体系。新形势下的农村产业化扶贫就应该向现代农业产业体系努力，要在努力实现农业生产物质条件的现代化、农业科学技术的现代化、管理方式的现代化、农民素质的现代化、生产的规模化、建立与现代农业相适应的政府宏观调控机制等方面下真功夫，务求实效，全面提高产业化扶贫效率和水平。例如，湖南泸溪县潭溪镇万亩科技生态示范园积极创建"猪—沼—果—草"四位一体生态循环种养模式，采取委托帮扶、股份合作帮扶形式，三年内可实现示范园区内所有贫困户脱贫致富。

（二）贫困地区农业产业化主要扶贫模式

1. 相关理论研究

贫困地区农业产业化扶贫模式决定着农户如何进入产业链条及参与程度，而该模式运行的核心问题是利益连接机制的建立。因此，对于产业化扶贫模式及其机制的研究一直是学术界关注的焦点，众多学者从不同角度出发提出了诸多观点。孙世芳、王爱群、杨国涛、孔祥智、陈锡文等对产业化开发中的不同模式进行了梳理和评价，认为不同产业、不同地区和不同经济发展环境，应该采用不同的产业化经营模式。而对于贫困地区的农业产业化经营模式，学术界有两种不同观点：刘坚、姜明伦、黄承伟认为发展龙头企业是产业化扶贫的关键；雷玉明、李杰梅提出通过保底价订单、投入控制等系统协调机制可以优化龙头企业带动模式。张永丽、柴效武、杨凌则提出欠发达地区应建立由政府力量推动的农民专业合作组织模式，但孙亚范却提出大部分合作社建立存续的时间不长，稳定性较差，按惠顾额（量）返还盈余为主的利益分配机制，在满足成员需求和自我发展方面的能力不足。此外，苑鹏、冯开文、马彦丽、杨冬、滕颖等对产业组织模式和利益连接机制相关问题进行了研讨。

2. 主要扶贫模式比较

中国农业产业化发展过程中，出现了经纪人带动、专业市场带动、中介组织带动和龙头企业带动等多种模式。理论研究最多、实践中辐射范围较广、具有较好扶贫效果的是龙头企业带动模式和专业合作社带动模式。现将两种模式进行比较分析，并探讨适合贫困地区的模式选择。

龙头企业带动模式是以大型企业为龙头、以农户为主力军的产业化经营模式，企业和农户双方通过签订合同建立委托代理关系，企业下订单给农户并进行产品收购，农户则按合同要求完成产品生产任务。该模式有效地带动了农业产业化发展，但企业与农户之间的委托代理关系很不稳定，且容易产生逆向选择和道德风险问题。逆向选择主要是企业可能会隐藏或以虚假的信息欺骗农户，道德风险是指农户可能利用企业无法观测自身行动而采取机会主义行为（贾伟强，2005）。逆向选择和道德风险存在的主要原因是产业链条的上下游主体之间利益连接不紧密。

专业合作社带动模式是由能人、专业大户或村委会等机构组建合作社，通过吸纳农户入社，实现农业产业化经营。专业合作社是农户自愿联合、民主管理的互助性经济组织，能够最大限度地实现农户利益。但在中国农村社会缺乏西方国家的法治契约精神、民主基础与产业合作意识，所以在合作社发展过程中出现"建立容易，运行难"的问题，目前运行的绝大部分合作社内部治理混乱、农户与合作社利益连接松散，无法实现风险共担和产业共兴、利益共享。

表 7-1 为龙头企业带动模式和专业合作社带动模式在基本模式、内外源资金、稳定性、前提条件、发展空间和农户参与度与农户收益等方面的比较。相比专业合作社带动模式，龙头企业带动模式具有资金充足、稳定性高、辐射范围广的特点，但专业合作社在农户的产业化经营参与度和收益方面则高于龙头企业带动模式。

表 7-1　龙头企业带动模式和专业合作社带动模式比较

项目	专业合作社带动型	龙头企业带动型
基本模式	合作社+农户	龙头企业+农户
内源资金	主要来源于农户（资金相对分散）	来源于企业（资金雄厚）

续表

项目	专业合作社带动型	龙头企业带动型
外源资金	依靠政府政策支持、专业大户联保贷款	主要依靠银行贷款和股权融资
稳定性	靠惠顾额返还和入股分红保持稳定关系，出现亏损或风险易出现退社现象	农户和企业签订合同，关系比较稳定，容易出现逆向选择和道德风险问题
前提条件	有能人或大户带动，社员发展为专业农户，积极入股合作社	有大型龙头企业带动，有广大农户积极参与
发展空间	有动力，但受资金限制，产业链条延伸不够，生产合作社很少涉及加工项目	有动力，有能力，产业链易延伸
农户参与度	产业化经营参与度高	产业化经营参与度低
农户收益	获得生产劳动收益、惠顾额返还收益和入股分红收益	获得劳动收益

　　贫困地区农业产业化发展具有以下特点。第一，贫困地区地形地貌条件差、自然灾害频发、基础设施落后、经济发展水平偏低、农业产业化经营基础相对薄弱；第二，贫困地区农户因没有投资能力，缺乏现代生产技能和专业知识，生产规模普遍偏小，远未达到适度规模经营，大都没有闲置资金入股合作社；第三，贫困地区信息仍较闭塞，固有的小农意识使不少农户仍习惯于生产种植中的"单打独斗"，若没有足够的利益作保障，宁愿墨守自给自足的小生产，也不愿承担任何风险去参与产业化经营。少数大户也往往满足于现有的收益和独立决策权，不愿与他人展开合作。鉴于此，在贫困地区，专业合作社模式的市场竞争力和对农户的吸引能力较弱，市场带动力也非常有限，相比之下，风险小且稳定性高的龙头企业带动模式更适合贫困地区农业产业化发展。

二、恩施州特色农业资源产业扶贫模式的选择

　　诚如上文所述，恩施州依托自身得天独厚的气候资源、生态资源、富硒资源等特色资源优势，确立烟叶、茶叶、畜牧业、林果、药材、蔬菜及马铃薯和魔芋等产业为恩施州农业特色资源产业，因此结合恩施州的资源优势和社会经济发展的实际情况选择科学的发展模式，是提升恩施州特色农业资源产业扶贫效果的重要条件。

（一）恩施州现行农业产业扶贫模式的局限性

　　通过大量调研发现，在国家精准扶贫政策出台前，恩施州农业产业化扶贫模式主要有"公司+基地+农户"模式、"合作社+农户"模式、"对口扶持部门+农户"模式、"爱心基金+村党支部委员会和村民委员会（下称村'两委'）+农户"模式

等。上述模式尽管取得了一定的扶贫效益，但其扶贫效益的局限性制约着农业产业的整体扶贫效果。

1. 促农增收作用初显但辐射带动力弱

从上述四种农业产业化扶贫模式看，在一定时期内都使当地农户增产增收，并且在某种程度上带动了一部分农户发展壮大。但是我们也不难发现，很多产业化扶贫模式往往仅限于在个别村特殊自然条件下实施，并没有很强的辐射带动作用，注定该产业化扶贫效益存在局限性和时效性。此外，当前的农业产业化扶贫模式参与成本较高，因此导致门槛外的大部分贫困群众无法受益，扶贫帮困作用大打折扣。

2. 产业规模效应明显但结构单一问题突出

从恩施州内现有产业化扶贫模式发展经验看，发展轨迹往往呈现出这样的怪圈：某村产业化扶贫模式初试成功—邻村纷纷简单复制模仿—单产业规模简单扩大—市场饱和—产化发展失败—模式终止。例如，建始县关口葡萄产业发展初期效益很好，带动了当地村部分村民脱贫致富，引来了周边十余个村效仿，甚至其他乡镇的村也进行了大面积的种植，造成葡萄种植产业市场的暂时饱和，最后导致该产业在当地贫困村因扶贫作用彻底消失而失败。

3. 组织运转规范有序但内部结构存在不稳定性

近年来，随着恩施州内农民外出打工学习和文化素质的整体提高，农民群众脱贫致富观念明显增强，加上扶贫单位的支持与指导，使得在组织产业化扶贫过程中，产业定位、组织架构、内部管理、产品开发、市场开拓等与20世纪90年代相比，在规范性、灵活性、协调性等方面均有很大的进步。但也不难发现，管理科学性水平低、产业发展不稳定、内部成员利益不平衡等原因，导致运转模式存在很大的不稳定性，特别是随着产业规模不断扩大、内部成员数量不断增加、管理层级不断增多，该模式越来越不稳定，甚至一夜间坍塌或四分五裂。

4. 发展势头强劲但抵御风险能力弱

在调研中发现，恩施州内很多农村有诸多市场前景好、富有地方特色、开发基础好的传统优势产业，在各扶贫工作队的帮助指导下，也成功进行了产业化运作。但因开发主体仅限于本村农民或个别大户，没有大的战略投资者，规模小，产量少，无法形成品牌效应，一旦在生产加工或市场销售等环节中出现任何风险，就导致产业的失败，从而使好产业无法做大做强，很难形成规模和品牌，更难以发挥产业化扶贫效益。

整体来看，恩施州现有的农村产业化粗放式扶贫模式普遍存在贫困群众参与面小、涉及产业结构单一、运作模式不科学、管理体系不完善、扶贫作用发挥不明显等问题，在这些运作模式的主导下，产业化扶贫存在不可持续、不可推广的弊端，甚至个别项目劳民伤财，广大农村贫困群众不欢迎、不满意、不支持。在精准扶贫理论指导下的农村扶贫实践，更加强调扶贫高效益、高质量、高精度，因此研究探索精准化的产业化扶贫模式成为现实要求和迫切需要。新时期农村产业化扶贫模式就要通过构建系统科学的组织模型，在精准度、覆盖面、科学性等方面力争实现创新、实现突破。

（二）恩施州农业产业扶贫模式选择

根据新时期农业产业化精准扶贫模式创新思路，结合恩施州内产业化扶贫基础和客观自然条件，以下六种新模式比较适合恩施州农业产业扶贫的客观需要。

1. 专业合作社带动模式

专业合作社带动模式，即"合作社+基地+大户+贫困户"模式。主要运作方式：①投资引导方式：投资—运营—租赁（移交），即扶贫资金补贴产业大户建园（场）并管护到投产，引导有劳力的贫困农户或流转土地的贫困农户租赁经营进行分成。②横向引导合作方式：联合互助，抱团发展。同类产业户联保互助，共同抵御市场风险和压力。③纵向引导合作方式：产业大户投入—贫困户加入—合作分成。先由产业大户流转土地建基地，针对贫困农户传授技术，可以直接安排入基地就业，也可以入基地承包经营，实现以大带小合作分成，统分结合形成规模。创新要点：合作社推动的产业化扶贫模式是山地地形农村的最佳模式，适合湖北武陵山片区广大农村。要充分发挥能人大户、返乡创业者等农村带头人的作用，引导贫困农户以土地、资金、劳动力等资源灵活入社，加强引导，规范管理，强化指导培训，提高农民自力更生、自我发展、合作发展的意识和能力，提高组织化程度，提高项目建设的成功率。

2. 龙头企业带动模式

龙头企业带动模式，即"龙头企业+合作社+基地+农户（贫困农户）"模式。运作方式：①直接引进龙头企业进驻，采取统分结合、灵活合作经营方式，公司统一兜底销售，通过二次返利实现扶贫效益。②直接引进龙头企业投资，对种、养、加工实行一体化经营，有针对性地吸收贫困农户以技术、资金、土地等要素在任何一个环节灵活加入参与分成。③针对养殖产业，直接引进龙头企业投资养殖场建设，通过流转荒山、统筹种草，打工培训、订单种养等方式，引导贫困群众灵活加入参与分成。④公司+合作社+分社+微企+农户。⑤校企合作机构+雨露计划培训+回乡生产实践+订单回收学员作品等。创新要点："龙头企业+合作社+基地+农户"是最具有普遍意义和推广价值的产业化扶贫模式，首先要保护贫困群众的参与率和收益。充分发挥龙头企业统一计划、供种、技术、收购、加工、销售、质量、品牌等方面的引领作用，与贫困农户的劳动力、土地、附属设施等资源优势互补、互利互惠，合股组建合作社或分户生产管理，加快培养一批懂技术、会经营的职业农民队伍，带动发展家庭农场+合作社+

企业等统分结合经营实体，提高组织化程度，实现由一家一户"各自为战"的小生产到"抱团"对接大市场的转变，全面提高产业抗风险能力，确保龙头企业与贫困农户的共同利益。

3. 产业园区带动模式

产业园区带动模式，即"农业扶贫园区+龙头企业+合作社+基地+农户（贫困农户）"模式。运作方式：①通过财政投入或引进战略投资流转土地并配套建设基础设施，通过招商引资引进龙头企业入驻园区建立示范基地。②以各示范基地为平台，以贫困农户为主要对象开展专业技术培训，学有所成的新农民采取反租或倒包形式参与经营，最后龙头企业兜底销售，实惠互利共赢，达到产业化扶贫的预期目标。其最主要的方式为：大型超市+农业园区+专业示范基地+专业户（参与技术培训后的贫困农户）。创新要点：产业化扶贫园区建设要抓住土地流转这个关键和难点，选准主导产业，对相关设施采取先建后补、以奖代补，增强扶贫资金引导效应。要把握好招商引资、提供生产技术服务、产品销售兜底三个重要环节，把贫困农民转变为园区技术工人，建立健全贫困农户灵活参与和利益分享机制，确保产业化扶贫园区扶贫效益。

4. 基层组织引导模式

基层组织引导模式，即乡村党政+企业+合作社+基地+农户（贫困农户）模式。创新要点：充分发挥基层组织在扶贫开发特别是产业化扶贫中的重要作用，强化基层组织建设，培育本地特色优势产业，建立既符合市场规律又能实现共同富裕的产业化扶贫有效机制，破解农村低保与扶贫开发"两项制度"有效衔接的难题，走出"等、靠、要"误区，强化开发式扶贫，积极探索边远贫困山区培育产业、增加收入、提升素质、整村整乡推进的成功路子。

5. 融资平台引导模式

融资平台引导模式，即"政府+银行+企业+合作社+基地+农户"模式。创新要点：本模式强调要建立县乡融资担保平台和村级信用协会；实行申请贷款、偿还利息、借款义务"三统一"，借贷户以房产、林权、工资等反担保；政府、银行、产业部门协同推进，建立风险补偿金、贷款审核把关、联保责任、共管责任等制度；贷款实行三户联保，由合作社集中使用，封闭运行，统一偿还，金融部门发放贷款，扶贫资金给予贴息。创新目的是为产业化扶贫提供稳定、高效、安全的信贷资金支持，提高产业化扶贫的可行性。

6. 对口扶贫单位引导模式

对口扶贫单位引导模式，即"技术部门及对口扶持部门+乡镇（合作社+协会）+基地+农户（贫困农户）"模式。创新要点：以社会帮扶为主要方式，积极发挥技术部门的专业化作用，由技术部门支持、指导建设示范基地，提供技术支撑和服务，支持发展投资较大、技术难度大、设施要求高、经济效益好的产业；或由社会帮扶单位支持、指导贫困农户共建基地，统一规划建设、生产加工、销售分红。

第二节　恩施州特色旅游资源产业扶贫模式选择

一、恩施州旅游资源产业扶贫模式现状

（一）恩施州旅游扶贫发展历程

巴特勒（R. W. Butler）的旅游地生命周期理论认为，旅游目的地如同产品一样，经历着一种"从生到死"的过程，即旅游地的演化要经过 6 个阶段：探索阶段、参与阶段、发展阶段、巩固阶段、停滞阶段、衰落或复苏阶段。根据巴特勒的旅游地生命周期理论，结合恩施州的旅游发展现状和贫困现状，可以将恩施州旅游扶贫的实践工作划分为以下几个历程。

1. 探索阶段（1986～1998 年）

1986 年，恩施州与湘西、铜仁、黔江四地被农业部认定为武陵山区定点扶贫地区。自此之后，国家对恩施州地区的扶贫政策与帮扶措施使得恩施州扶贫工作得到有效的政策支撑。1991 年，贵州旅游部门在全国旅游工作会议中提出"旅游扶贫"口号，恩施州地区也开始争先模仿和学习贵州利用旅游开发带动脱贫致富的相关经验。1996 年，国务院扶贫办和国家旅游局开始针对"旅游扶贫"进行专题研究，这也为恩施州的旅游扶贫实践工作进行了有效的前期探索。

2. 参与阶段（1999～2004 年）

1999 年，英国国际发展局提出了"PPT"（Pro-Poor Tourism），即"有利于贫困人口发展的旅游"；2002 年，世界旅游组织提出了"ST-EP"（Sustainable Tourism-Eliminating Poverty），即"消除贫困的可持续旅游"；2003 年，世界旅游日拟定的活动主题——旅游：消除贫困、创造就业与社会和谐的动力……在这一系列旅游扶贫发展的宏观背景下，恩施州贫困地区的旅游扶贫工作也从仅为旁观者的探索阶段转入跃跃欲试的参与阶段。

随着 1999 年西部大开发战略号角的吹响，恩施州旅游扶贫工作正式进入参与阶段。2000 年，恩施州作为国家以国债形式对旅游业实施重点扶持的对象之一，也由国债资金支持进行了部分基础设施建设，这奠定了恩施州旅游发展的基础。另外，为了引导社会资金的流向，增强财政扶持的拉动力，原国家计划委员会（现国家发展和改革委员会）和国家旅游局针对重点扶持地区，每年都会发布将会给予信贷等融资方面优惠的"优先项目"，同时逐步减少国债资金投入。例如，2004 年，恩施州部分县市遴选出了一批优先投资开发的旅游项目作为重点贫困扶持对

象（表7-2）。随后，恩施州的旅游扶贫工作开始进入尝试性的参与阶段。

表7-2　2004年恩施州旅游扶贫优先投资旅游项目

项目名称	美誉	涉及贫困县（市）
恩施市旅游优先投资开发项目	中国优秀旅游城市	恩施市
腾龙洞·梭布垭优先投资开发项目	世界级地质公园	利川市、恩施市
鱼木寨·大水井优先投资开发项目	世界级土家文化遗产	利川市
柴埠溪·坪坝营·齐岳山优先投资开发项目	人与生物圈互动展示之窗	咸丰县、利川市
水布垭优先投资开发项目	世界第一面板堆石高坝	巴东县

3. 发展阶段（2005年至今）

恩施州8个县（市）均为国家级贫困县，自2004年的优先开发项目之后，恩施州只有恩施市、利川市、咸丰县、巴东县4个县市得到了相关的旅游扶持政策。这种小范围的旅游扶贫是无法带动整个恩施州达到脱贫致富的，因此，在相关部门的引导下，恩施州的旅游扶贫工作开始逐步步入正轨。

首先是以旅游项目为支撑的扶贫工作得以进一步开展。例如，为了旅游扶贫工作的进一步发展，湖北省旅游局针对恩施州部分地区进行了重点项目对口扶持，在2009年先后投入大量资金，安排并落实了大量旅游扶贫开发项目（表7-3）。

表7-3　2009年恩施州旅游扶贫优先投资旅游项目

性质	项目名称	涉及贫困县（市）
新建项目	恩施武陵国际装饰城暨五星级酒店、利川福宝山漂流项目	恩施市、利川市
在建项目	恩施大峡谷二期开发、恩施柳州城旅游休闲度假区、梭布垭石林提档升级项目、腾龙洞二期开发项目、利川龙船水乡景区、建始茨泉宾馆四星级酒店、建始野三河和云雾观景区、水布垭旅游区、神农溪延伸开发、坪坝营原生态休闲旅游区、鹤峰屏山爵府景区、来凤仙佛寺宗教文化旅游区	恩施市、利川市、建始县、巴东县、咸丰县、鹤峰县、来凤县

其次是以部分县市为重点对象的对口扶持工作初见成效。根据2007年湖北省委办公厅、省政府办公厅《关于在民族县（市）实施"616"工程的通知》，由湖北省委常委、湖北省委宣传部、湖北省旅游局牵头，湖北省卫生厅、湖北省体育局、中国银行湖北分行、中国地质大学（武汉）等为成员单位，对口支援巴东县实施"616"工程，并于2009年将恩施市作为新增的对口支援地之一。

最后是旅游企业参与的新型旅游扶贫模式出现。2009年5月，湖北省鄂西生态文化旅游圈投资有限公司经湖北省委、省政府批准正式成立运营。在"鄂西生态文化旅游圈"的战略大背景下，该企业的成立对于处于该圈内的恩施州有着重要意义。该公司作为国有控股大型旅游专业投资公司，承担了恩施州境内部分旅游扶贫项目的资金扶持工作，如恩施大峡谷、恩施清江画廊和咸丰坪坝营等旅游项目。这对整个恩施州的旅游开发及扶贫效益的形成有着非凡的意义。

2013 年 3 月 20 日，由吉首大学、社会科学文献出版社联合出版的《连片特困区蓝皮书：中国连片特困区发展报告（2013）》明确指出：武陵山片区的优势产业在于特色农业和旅游。由此看来，恩施州作为武陵山片区的连片特困区，其旅游扶贫实践工作目前仅仅还只处于旅游地生命周期理论的发展阶段，还有待进一步巩固发展。

（二）恩施州现行的主要扶贫模式

纵观恩施州 20 多年的旅游扶贫实践，其旅游扶贫模式按照旅游划分类型和扶贫主体来划分可以概括为以下几种。

1. 按照旅游划分类型划分

（1）生态旅游扶贫模式

随着生态旅游在国内的兴起，借助于集观赏、感受、研究、洞悉大自然为一体，加上以保护生态环境和资源可持续利用为目的的新型旅游产品，促使旅游漏损效应达到最小化，即将旅游发展对环境的影响降到最低，进而使旅游发展所获得的收益以各种形式返回给社会和环境，为当地经济发展带来生机和活力，从而达到旅游扶贫效果。例如，咸丰县坪坝营生态旅游区、星斗山国家级自然保护区的旅游扶贫开发，建始县长岭岗避暑休闲度假旅游区的旅游扶贫开发，鹤峰县木林子自然保护区的旅游扶贫开发等。

（2）地质地貌旅游扶贫模式

喀斯特地貌景观是大自然赋予恩施州的礼物，也是恩施州旅游吸引力的集中体现，因此，借助于以喀斯特岩溶地貌景观为载体的地区，可以将旅游资源吸引力转化为经济效益、文化效益，进而从物质生活和精神生活方面对当地居民起到扶贫效果。例如，恩施市的恩施大峡谷、梭布垭石林的旅游开发，利川市腾龙洞、朝阳洞的旅游开发，鹤峰县百鹤玉地质公园的旅游开发等。

（3）民俗旅游扶贫模式

恩施州作为我国最年轻的自治州，是一个多民族居住地，聚居着土家族、苗族、侗族、回族、蒙古族、彝族、纳西族、壮族、畲族、傈僳族等 28 个少数民族。其丰富独特的少数民族风情也是当地进行旅游扶贫的重要载体之一。民俗旅游是对少数民族的智慧和文化创造的体验，通过民俗风情促进旅游业的发展，进而使民族文化、习俗等方面的旅游资源产生经济、社会、文化效益，从而实现旅游扶贫。例如，宣恩县的侗族之乡、小茅坡营苗寨，来凤县的舍米湖摆手堂、比兹卡社巴寨等。

（4）名人文化旅游扶贫模式

恩施州地区在历史上还保留着许多名人的足迹，借助于名人效应，将相关的旅游资源进行规划开发，使其名人效应产生相应的社会效益、经济效益等，进而实现旅游扶贫。例如，巴东县的杜甫草堂遗址、来凤县张昌岐烈士墓、宣恩县张难先隐居旧址等。

（5）红色旅游扶贫模式

位于武陵山区的恩施州至今还保存着一系列红色旅游资源，依托爱国主义教育等形式，将恩施州红色旅游资源转化为现实的扶贫效应，从而帮助当地居民脱贫致富。例如，恩施市的大集场湘鄂川革命根据地，鹤峰县的工农革命军邬阳关收编神兵旧址、湘鄂边苏区革命烈士陵园，以及多县市分布的湘鄂西中央分局会议旧址等。

2. 按照扶贫主体划分

（1）政府主导模式

政府主导模式，即国家或地方政府通过制定法令、法规、政策、规划等，凭借其社会威望、财政实力与强大的管辖能力，为旅游业的发展投入资金、营造环境，促使旅游业发展带动经济社会的综合性发展的扶贫方式。例如，巴东县由县委、县政府和有关部门主要领导组织建立了旅游开发领导小组，负责全县重大旅游开发项目，多次由政府组织举办了"纤夫文化旅游节"等旅游节庆活动，在政府部门的领导下，旅游业的发展极大地带动了当地经济效益、社会效益和生态效益的综合开发。

（2）景区带动模式

恩施州许多旅游景区（点）都处于贫困村寨之间，由于土地、林木等尚属村寨集体所有，因而景区的发展与村寨的发展息息相关，通过发展旅游业带动贫困村寨脱贫致富，是旅游部门参与扶贫工作的责无旁贷的义务。例如，恩施大峡谷景区周边的沐抚地区村寨里人多耕地少，人民群众生活贫困，随着恩施大峡谷景区的建设发展，该景区管理处与沐抚办事处为进一步加强旅游市场综合整治力度、规范旅游市场秩序、整合执法力量、建立旅游市场综合整治工作长效机制，正式成立了恩施大峡谷旅游市场综合管理办公室（简称综管办）。在综管办的带领下，解决了当地村寨的路、水、电、通信等基础设施问题，生产、生活条件逐渐得到改善，通过旅游开发带动了当地村寨脱贫致富。

（3）农家乐开发模式

随着休闲旅游的快速发展，农家乐旅游开发模式越来越受到游客青睐。恩施州地处山区，少数民族风情浓厚，具备农家乐开发的先天优势条件。近年来，恩施州旅游委按照省委、省政府"大力发展农家乐旅游促进农民自主创业"的精神，把发展农家乐休闲旅游作为全州旅游扶贫的重要组成部分来抓，取得了可喜的成绩。截止到 2012 年 12 月，全州共有星级农家乐 1545 家，其中 5 星级农家乐 4 家，4 星级农家乐 34 家，争取扶持资金 3041 万元，解决就业问题的有 1.4 万人，有力促进了当地农村劳动力就地转移就业，增加了农民收入、改善了人居环境，推动了乡风文明发展，带动了社会主义新农村建设，成为恩施州旅游扶贫的重要组成部分。例如，恩施市的芭蕉枫香坡侗寨休闲旅游区、鹤峰县的走马生态农业旅游区、宣恩县 209 土家族、苗族风情走廊、咸丰县官坝苗寨等旅游景区依托特色农业、民俗文化示范点、科研院所、龙头企业等不同的外部条件和环境，发展各具特色的农家乐休闲旅游产品。在建筑风格上，注重一地一色；在饮食上，突出农家菜、山野菜、特色菜；在服务员的服饰配套上，以土家族服饰、苗族服饰、侗族服饰为主；在体验活动上，除了生产、采摘等活动外，辅之以唱民歌、跳民舞等地方文化活动。

（三）恩施州现行旅游扶贫模式存在的问题

恩施州在传统旅游扶贫开发模式下，其旅游扶贫工作取得了一定成绩，但同时也存在许多问题。旅游扶贫是一项系统工程，恩施州的旅游扶贫模式种类繁多，针对性较弱，根据相关系统分析理论，目前恩施州旅游扶贫模式主要由以下系统构成（图 7-1）。结合各系统构成，可以发现恩施州现有旅游扶贫模式中还存在以下问题。

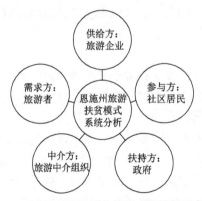

图 7-1　恩施州旅游扶贫模式系统分析示意图

1. 从市场需求角度来说，旅游者客源驱动不足

由于恩施州地处鄂西南武陵山区，基础设施条件相对较差，对外开放程度较低，当地旅游资源的开发受到资金和营销水平等各方面的限制，进而导致当地旅游市场需求较低，客源驱动不足。恩施州目前的旅游扶贫开发并没有从挖掘当地旅游资源、提高旅游吸引力、增加客源的角度入手，而是简单地在城市的近郊、

交通沿线或者农村景区建设一部分被动接待的度假休闲山庄，或者通过开办农家乐等形式为城市旅游者提供初级旅游接待产品和服务。因此，当地居民及周边地区的游客成为该区的主要旅游客源，开发旅游资源产生的旅游经济效益出现相应的漏损，对整个旅游扶贫开发的驱动力不足，从而导致扶贫效率较低。

2. 从旅游供给的角度来说，旅游企业供给不足

随着恩施州旅游的不断开发，恩施州的大小旅游企业也如雨后春笋般出现。在旅游扶贫开发中，旅游企业提供的旅游开发产品也影响着其扶贫效率的发挥。目前，恩施州的旅游企业一方面产品开发单一，同质化程度较高。各旅游企业多以当地特殊的喀斯特地貌景观和少数民族风情为主打产品进行开发，因而导致当地的旅游产品形式单一、同质化严重。大多数旅游产品都停留在"走马观花式"地欣赏当地自然风光和"呆板程式化"地观赏民俗表演等初级旅游开发形式上，旅游企业对当地旅游资源的文化熏陶、民俗体验、科普教育等功能都还没有充分挖掘吸收，因而在旅游活动中降低了游客的体验和互动，从而丢失了旅游促进扶贫的大好机会。另外，恩施州的旅游企业规模较小，对旅游开发的投资也较少，尤其是对当地旅游景区景观的投资额度有限，进而导致旅游开发为当地居民创收的机会较少。

3. 从参与方的角度来说，社区居民参与度较低

旅游扶贫的核心目的是促使当地社区居民积极参与发展旅游业与脱贫致富的互动环节，由此使得社区居民能够公平地享受到旅游扶贫所带来的政治、经济、文化与生态等方面的效益。目前，在恩施州的旅游扶贫开发模式中，仅有农家乐旅游扶贫模式对社区居民参与度有一定的重视，其余的旅游扶贫开发模式均不同程度地脱离了当地社区居民的参与。同时，恩施州目前的旅游扶贫开发，一方面，由于恩施州地处封闭的大山深处，社会经济模式单一，大部分县市多以第一产业为主，当地社区居民的收入多依赖于自给自足的农业发展。对于旅游扶贫的发展，当地社区居民还没有直接受益于旅游发展所带来的脱贫致富的效果，因此对旅游扶贫的意识相对淡薄，社区居民参与式的旅游扶贫还有待进一步宣传。另一方面，恩施州的旅游扶贫还面临着社区居民文化素质普遍较低、自我发展能力不足等问题。当地社区居民在宏观性的旅游开发政策下，适应了"守株待兔式"的被动等待，缺乏主动与外界交流和联系，缺乏相关专家的技术指导，从而缺乏参与旅游扶贫的市场意识。这些因素都直接制约了当地社区居民在旅游扶贫开发过程中的各种受益程度。

4. 从扶持方的角度来说，政府的扶贫主体功能性过剩

在旅游扶贫过程中，政府的旅游扶贫行为是一种扶持性的行为，扮演着发布政策、法规，营造良好扶贫环境，维持健康扶贫秩序，提供投资、技术培训等扶贫机会的角色，发挥着旅游扶贫系统的主体作用。目前，一方面，恩施州的旅游扶贫主体主要是以地方政府及旅游局等相关部门为主，扶贫方式主要是支援对口项目及试验区，其旅游扶贫主体及模式单一化严重，扶贫资金严重缺乏，限制了旅游扶贫的效率及效应；另一方面，恩施州的旅游扶贫开发多以政府主导模式进行，在执行过程中，政府主导模式使得当地旅游开发出现了"等、靠、要"思想，各县市旅游投入过分依赖政府的财政扶持，只盯着政府的财政投资，而忽视了主观性的自身努力，因而限制了旅游扶贫的效率。

5. 从中介方的角度来说，旅游中介组织的协调作用严重缺失

旅游中介组织无论是对于旅游业的发展还是对于旅游扶贫模式的开发，都有着重要作用。它一方面将旅游需求转化为旅游行为，将旅游产品推向市场，引领着旅游消费方向；另一方面又将旅游需求信息反馈给旅游供给方，使得旅游产品适销对路，指导旅游生产方向。旅游中介组织通常包含了旅游媒体、旅行社、旅游交通、旅游研究院、旅游设计院等要素。目前，恩施州的旅游中介组织在旅游扶贫开发过程中，其作用基本属于空缺状态。首先，在旅游中介组织中缺失了代表当地社区居民利益的维护者，对于旅游开发中的利益冲突，没有相关的旅游中介组织为社区居民提供技术、知识、政策等各方面的帮助，也没有相关人员及组织帮助社区居民传递旅游扶贫的相关意见。其次，在旅游中介组织中缺失完整的对外宣传、引进投资的相关部门，恩施州目前的旅游对外宣传多以政府宣传、景区自主宣传为主，缺失了旅游中介组织的积极有效推广。再次，旅游中介组织未发挥其桥梁作用，在旅游企业与社区居民之间，旅游中介组织并没有为其合作关系搭建沟通的桥梁，其中介作用不明显。最后，旅游中介组织的应尽职责并没有较好地履行。在旅游扶贫开发中，旅游中介组织理应承担为旅游景区组织捐赠扶贫资金、提供小额信贷的经济帮扶义务，为社区居民提供技术培训、经验交流等文化帮扶义务等。而恩施州目前的旅游中介组织在这一块的功能及作用严重缺失，因而影响了当地旅游扶贫的发展及效率的提升。

综上所述，恩施州的旅游扶贫尚处于初级开发阶段，旅游扶贫模式呈现出"单一化""统一化"状态，缺乏"具体问题具体分析"的辩证思想，旅游扶贫模式的针对性较弱，因此恩施州的扶贫效益还有着较大的提升空间，旅游扶贫开发模式系统仍有待进一步优化提升。

二、基于恩施州旅游资源禀赋度与贫困度耦合性的旅游产业扶贫模式选择

（一）恩施州旅游资源禀赋度测度

1. 旅游资源禀赋分析

良好的生态环境、神奇的自然风光、浓郁的民族风情、鲜明的文化特色、宜人的气候条件，为恩施州旅游的发展提供了得天独厚的先天资源条件，也为恩施州旅游做强做大奠定了坚实的物质基础。

（1）旅游资源禀赋之种类数量分析

恩施州的旅游资源禀赋情况相当好，州域内喀斯特地貌发育良好，森林茂密，植被厚密，森林覆盖率近70%，素有"鄂西林海"的美誉。据相关统计，目前全州共拥有山峰2448座、山洞304个、峡谷44条、溪河252条、气势磅礴的瀑布8处。可谓奇峰峻岭、河谷暗流、飞瀑奇洞应有尽有。

根据中华人民共和国国家标准《旅游资源分类、调查与评价》（GB/T 18972—2003），恩施州旅游资源共拥有8个主类、29个亚类和111个基本类型（表7-4）。

表7-4　恩施州旅游资源类型与国家标准统计类型比较

地区	主类	亚类	基本类型
全国/个	8	31	155
恩施州/个	8	29	111
恩施州占全国总数量的比例/%	100	93.55	71.61

从表7-4可以看出，在国标中所包含的8个主类、31个亚类及155个基本类型中，恩施州内的旅游资源分别占到了100%、93.55%和71.61%，说明恩施州的旅游资源禀赋情况良好，种类齐全，数量丰富，具有极大的开发价值。

（2）旅游资源禀赋之质量等级分析

根据《旅游景区质量等级评定管理办法》（国家旅游局局令第23号）和《旅游景区质量等级的划分与评定》（GB/T17775—2003）的相关规定，并依据其旅游资源禀赋及相关配套设施，恩施州旅游景区质量等级情况（截止到2014年底），如表7-5所示。

表7-5　恩施州旅游景区质量等级情况

地区	5A级	4A级	3A级	2A级	1A级
湖北省/个	7	95	104	55	4
鄂西生态文化旅游圈/个	6	49	75	51	4
恩施州/个	1	10	8	10	0
恩施州占湖北省总数量的比例/%	14.29	10.53	7.69	18.18	0.00
恩施州占鄂西生态文化旅游圈总数量的比例/%	16.67	20.41	10.67	19.61	0.00

其中，恩施州仅拥有5A级旅游景区1个，即巴东神农溪纤夫文化旅游区；4A级旅游景区10个，分别是利川腾龙洞风景旅游区、恩施土司城、咸丰坪坝营风景区、咸丰县唐崖河景区、建始野三河旅游区、利川市佛宝山大峡谷漂流景区、

恩施大峡谷、恩施梭布垭石林、恩施州利川龙船水乡景区和巴东巴人河生态旅游区，占全省的 10.53%，占整个鄂西生态文化旅游圈的 20.41%；3A 级以下（包括3A 级）旅游景区共 18 个。由此看来，整个恩施州旅游资源禀赋的质量等级相对于同级别地区来说，其质量水平较高，各等级景区均有分布，因而全州的旅游资源禀赋程度相对较高，具有十分强大的竞争优势和资源先天优势。

（3）旅游资源禀赋之空间布局分析

结合 2012 年最新旅游地图，针对全州 131 处较为著名的旅游资源进行了统计，恩施州旅游资源除了在数量和质量上取胜之外，其空间分布也有独特之处。从行政区划来看，恩施州总体旅游资源禀赋高，在八大县市均有不等分布（表 7-6）。其中，利川市、鹤峰县、宣恩县、恩施市四个县市的旅游资源禀赋较为丰富，所占比例分别达到 17.56%、16.79%、15.27%、12.21%，累积所占百分比为 61.83%。

表 7-6　恩施州旅游资源县（市）分布情况

县（市）	数量/处	举例	比例/%
恩施市	16	恩施大峡谷、梭布垭石林、恩施土司城、龙鳞宫、清江闯滩、穿洞子等	12.21
利川市	23	腾龙洞、齐岳山、福宝山风景区、甘溪山风景区、鱼木寨、大水井等	17.56
建始县	11	"建始直立人"遗址、野三河寻踪探秘旅游区、野三河一线天等	8.40
巴东县	15	神农溪、水布垭高坝、格子河石林旅游点、链子溪旅游风景区等	11.45
宣恩县	20	彭家寨、酉水、庆阳凉亭街、七姊妹山自然保护区、椿木营等	15.27
咸丰县	12	坪坝营生态旅游区、唐崖土司皇城遗址、星斗山国家级自然保护区等	9.16
来凤县	12	仙佛寺、舍米湖摆手堂、卯洞等	9.16
鹤峰县	22	屏山爵府遗址、董家河风景区、满山红烈士陵园、五里坪革命旧址群等	16.79

2. 旅游发展现状

近年来，随着沪渝高速公路、宜万铁路的通车和宣传促销效应的释放，恩施州旅游产业快速发展。恩施州始终坚持"绿色繁荣、特色开发、可持续发展"的旅游发展理念，大力推动生态旅游开发，促进旅游可持续发展；坚持"先规划，后开发"的旅游规划原则，制定生态环境准入制、无绩效退出制；坚持"四结合"的旅游产业建设原则，即旅游产业要与生态环境保护相结合、与民族文化建设相结合、与社会主义新农村建设相结合、与扩大对外开放相结合；坚持以市场为导向，以旅游者需求为方向，从单一的纯观光旅游向观光休闲度假综合旅游产品开发转变，努力实现旅游业的健康快速发展。正是在这"四个坚持"之下，恩施州的旅游客源市场近年来均呈现出"进"大于"出"的良好态势，这标志着恩施州真正意义上迈进了旅游目的地行列。

2011 年，全州共接待游客 1658.27 万人次，实现旅游综合收入 86.45 亿元，分别比上年增加 56.2%和 70.8%。在全省 17 个地市州中，恩施州旅游总人数排名第 5，旅游总收入排名第 8。其中，接待境外旅游者 22 万人次，实现外汇收入 3857.8 万美元，增长 16.6%。由此看来，恩施州近年来旅游发展态势十分可喜，其发展潜力是不可低估的。恩施州之所以能成为"旅游胜地""休闲之都"，正是因为有着琳琅满目的自然奇景、安详恬静的人文情怀、多姿多彩的民族文化、优美宜居的自然生态和无与伦比的气候条件。

但是，恩施州旅游产业发展还面临着很多挑战，存在许多问题和困难，许多高品质的旅游资源并没有优化成高品位的旅游产品，缺乏高端的旅游景区，缺乏有效的产业化管理链，区域联动效应有待进一步挖掘开发。一是景区建设资金短缺，开发进展相对缓慢，宣传促销效果不足，品牌效应不强；二是景区基础硬件建设滞后，严重影响其可进入性，旅游线路连接不畅；三是旅游企业实力不强，缺乏龙头景区、龙头企业，市场运作手段弱化；四是旅游要素整体性不强，缺乏较大规模旅游团队的接待场所及配套设施设备。

3. 恩施州旅游资源禀赋度分县测度

（1）测度指标选取

旅游资源禀赋度受到旅游资源的质量和数量的双重影响，因此，在对恩施州旅游资源禀赋度进行分县测度的时候，本书选取各县（市）旅游资源质量指标集和数量指标集进行综合性评价分析。

首先，根据中华人民共和国国家标准《旅游资源分类、调查与评价》（GB/T 18972—2003）评价规范，结合恩施州旅游资源禀赋现状，建立了由三大评价项目和 8 项评价因子构成的旅游资源质量评价指标集（表 7-7）。

表 7-7　恩施州旅游资源质量评价指标集表　　　　单位：分

评价项目（评价因子）	资源要素价值（85）					资源影响力（15）		附加值
	观赏游憩使用价值	历史文化科学艺术价值	珍稀奇特程度	规模丰度与概率	完整性	知名度和影响力	适游期或使用范围	环境保护与环境安全
赋分标准	30	25	15	10	5	10	5	±10

其次，结合《恩施州旅游发展总体规划（2010—2020）》，对恩施州八大县（市）的各级旅游资源数量进行统计分析，进而构成旅游资源数量评价指标集。

最后，综合分析旅游资源质量评价指标集和数量评价指标集之间的联系，建立由旅游资源质量和数量两大指标集和相应权重指标所构成的旅游资源禀赋度综合评价指标体系（表7-8）。

表7-8　　恩施州旅游资源禀赋度综合评价指标体系

县（市）	代码	质量指标集				
		五级	四级	三级	二级	一级
恩施市/个	1	1	4	3	6	2
利川市/个	2	1	2	3	13	4
建始县/个	3	0	3	0	6	2
巴东县/个	4	1	1	2	6	5
宣恩县/个	5	0	2	3	10	5
咸丰县/个	6	1	4	2	4	1
来凤县/个	7	0	1	2	7	2
鹤峰县/个	8	0	3	4	12	3
权重指标		45	25	15	10	5

注："权重指标"来源于《恩施州旅游发展总体规划（2010—2020）》

（2）测度方法

按照《旅游资源分类、调查与评价》（GB/T18972—2003）旅游资源单体质量评价指标与《恩施州旅游发展总体规划（2010—2020）》旅游资源数量指标和相关权重标准，将采用加权求和法对恩施州境内八大县（市）的旅游资源禀赋度进行综合评价。

各县（市）旅游资源禀赋度的具体计算方法如下

$$R_j = \sum \left[W_i \times \left(N_{ij} - \min N_{ij} \right) \div \left(\max N_{ij} - \min N_{ij} \right) \right] \qquad （7-1）$$

式中，R_j 表示第 j 个县（市）的旅游资源禀赋度；

W_i 表示第 i 级旅游资源的权重指数；

N_{ij} 表示第 j 个县（市）i 级旅游资源的数量；

$\max N_{ij}$ 表示所有县（市）中第 i 级旅游资源数量的最大值；

$\min N_{ij}$ 表示所有县（市）中第 i 级旅游资源数量的最小值；

$i=1，2，3，4，5；j=1，2，\cdots，8；R_j$ 为 0～100 的数，R_j 值越大，则该县（市）的旅游资源禀赋度越高。

（3）测度结果分析

根据上文所介绍的指标和计算方法，可分别计算出恩施州八大县（市）的旅游资源禀赋度，如表7-9所示。

表 7-9　　恩施州各县（市）旅游资源禀赋度综合得分表

县（市）	旅游资源禀赋度/分	排名	县（市）	旅游资源禀赋度/分	排名
恩施市	84.72	1	鹤峰县	43.06	5
利川市	78.33	2	宣恩县	31.25	6
咸丰县	77.50	3	建始县	20.14	7
巴东县	59.72	4	来凤县	12.08	8

从表 7-9 可以看出，恩施州的 8 个县（市）中，恩施市、利川市、咸丰县 3 个县（市）的旅游资源禀赋度相对较好，其综合得分均在 75 分以上；巴东县、鹤峰县、宣恩县 3 个县的旅游资源禀赋度一般，其综合得分处于 30～60 分；建始县、来凤县 2 个县的旅游资源禀赋度相对较差，其得分均在 25 分以下（图 7-2）。

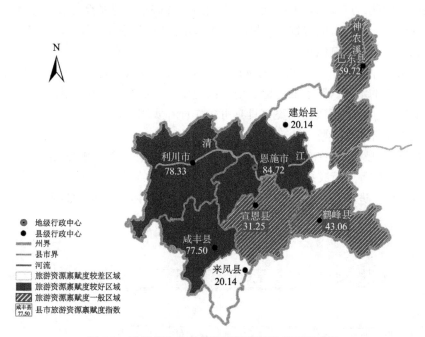

图 7-2　恩施州分县市旅游资源禀赋度类型示意图

（二）恩施州区域贫困的分县测度

1. 测度指标选取

（1）指标选取原则

贫困是一种具有综合性的社会现象，它往往反映在社会的各个方面。因此，在对恩施州贫困度进行评价的过程中，最关键的就是构建一套科学、有效、全面的评价指标体系。为了达到预期研究效果，在评价指标选取的过程中，将遵循以下原则。

1）全面性原则。结合前文对恩施州贫困原因的分析，造成该州贫困的因素种类繁多，因此，在针对该区选取贫困度评价指标时，要综合考虑各方面因素。例如，除了人口的贫困度之外，还应当从企业、社会、产业等多个方面进行评价。

2）科学性原则。评价指标的选取是否科学，直接关系到评价结果的准确性。因此，能否准确反映恩施州的贫困程度，必须科学地选取相对应的评价指标。具体而言，遵循科学性原则就是要保证所选取的指标有可靠的来源，指标选取过程中要简单易行，不得选取重复的数据指标，要体现出层次性；要有科学、准确的指标依据。

3）适量性原则。许多学者认为指标的个数越多，评价结果就会越精确。尽管评价指标个数越多，就越能充分、全面地反映恩施州的贫困度，但并不是评价指标越多就越好，因为指标过多，会使得评价体系内容过于繁杂，主次不清，增加分析研究的难度；同时指标过少，又会造成评价结果出现片面化，出现以偏概全的错误。因此，选取指标的时候要努力使所选择的指标体系充分反映恩施州贫困程度的全貌，评价指标的数量要始终遵循适量性原则，坚持把握好"度"的限制，过多或过少都会影响结果。

4）明确性原则。评价指标的选取要遵循明确性原则，即要求所选取的评价指标具有准确的定义、明确的内涵、清晰的范围，能够被计算机识别；要符合社会各界的广泛认知，其数据采集要具有可操作性和实用性。

（2）指标选取步骤

本研究以恩施州贫困度为目标，借用定量研究方法，参考相关文献成果，将恩施州贫困度的各个组成系统进行分解，并将分解后的各个因素进行分组，按照逐层递进的顺序，进一步构建出相应的评价指标体系。具体构建步骤如图 7-3 所示。

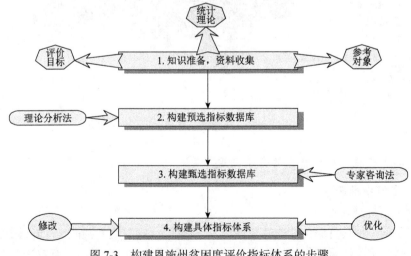

图 7-3　构建恩施州贫困度评价指标体系的步骤

（3）指标体系构建

综上所述，本书将按照上述原则和步骤，参考国务院扶贫办确定贫困村及测度贫困程度的方法，建立由四大系统、26 项具体指标组成的恩施州贫困度评价指标体系。其中，四大系统包括经济系统、社会系统、人口系统、资源系统；26 项具体指标如表 7-10 所示。

表 7-10　恩施州贫困度测度指标体系

指标系统	具体指标	代码	单位	指标性质
经济系统	人均 GDP	X_1	元/人	逆指标
	第一产业增加值占 GDP 的比重	X_2	%	正指标
	人均肉类产量	X_3	千克/人	逆指标
	城乡居民人均储蓄存款余额	X_4	元/人	逆指标
	农民人均纯收入	X_5	元/人	逆指标
	人均第一产业总产值	X_6	元/人	逆指标
	人均第二产业总产值	X_7	元/人	逆指标
	人均第三产业总产值	X_8	元/人	逆指标
	人均农林牧渔业产值	X_9	元/人	逆指标
	人均社会消费品零售总额	X_{10}	元/人	逆指标
	人均粮食拥有量	X_{11}	千克/人	逆指标
	人均地方财政收入	X_{12}	元/人	逆指标
	人均财政赤字	X_{13}	元/人	逆指标
社会系统	公路密度	X_{14}	千米/100 千米^2	逆指标
	每万人拥有卫生机构床位数	X_{15}	张/万人	逆指标
	每万人拥有卫生技术人员数	X_{16}	人/万人	逆指标
	农村人均住房面积	X_{17}	米^2/人	逆指标
	农村人均用电量	X_{18}	千瓦时/人	逆指标
	人均公路里程	X_{19}	米/人	逆指标
人口系统	非农业人口比重	X_{20}	%	逆指标
	人口密度	X_{21}	人/千米^2	逆指标
	乡村人口所占比重	X_{22}	%	正指标
资源系统	人均耕地面积	X_{23}	公顷/人	逆指标
	单位耕地的农村用电量需求	X_{24}	千瓦时/公顷	逆指标
	单位耕地的化肥施用量	X_{25}	千克/公顷	逆指标
	人均有效灌溉面积	X_{26}	公顷/人	逆指标

2. 测度方法

考虑到恩施州地域较辽阔，其贫困度受到多项指标的共同影响及作用，因而在评级其贫困度指数时，建立了由多项指标构成的综合评价指标体系。然而，多指标评价中指标权重的确定，以及指标体系的分类合并等环节，容易受到主观性因素的影响。为了相对客观地评价恩施州各县市的贫困度指数，本书将按照以下方法进行综合评价分析。

（1）评价指标预处理

根据恩施州各县市贫困度数据的可获得性和可行性，构建了恩施州各县贫困度指数测度模型，即基于因子分析的指标体系逆向测度模型。其中，所谓的逆向测度是指采用逆向测度法测度贫困度指数，即数值越小表明贫困度指数越小，也就是贫穷程度越低。为了使指标体系综合合成和评价分析清晰直观，本书研究选取的原始指标均使用逆指标。因此，在进行数据分析之前，要对指标体系中的正指标进行逆向处理，处理方法包括倒数法［式（7-2）］、负数法［式（7-3）］，即假设 A 为正指标值，A' 为逆指标值，则有

$$A' = \frac{1}{A} \tag{7-2}$$

$$A' = -A \tag{7-3}$$

（2）KMO 检验和 Bartlett's 球形检验

在上述指标体系的基础上，以 2008～2011 年恩施州各县市贫困数据库为基础，利用 SPSS 软件进行因子分析。通过 KMO 检验和 Bartlett's 球形检验，对上述数据库进行因子分析的可行性进行检验，检验结果为 0.609（表 7-11），大于 0.5，表明该数据库适合进行因子分析。

表 7-11　KMO 检验和 Bartlett's 球形检验可行性结果

KMO 检验		0.609
Bartlett's 球形检验	Approx. Chi-Square	1580
	df	325
	p	0.000

（3）提取公因子

在上述基础上，利用因子分析法将原始指标数据库的多项指标数据进行降维处理，提取相应的公因子。公因子提取标准表现为其特征值必须大于 1，并利用

SPSS 软件分别求出各公因子的特征值和贡献率（表 7-12）。

表 7-12 因子分析公因子提取相关信息表 单位：%

公因子	原始变量公因子载荷			未旋转的因子载荷			旋转后的因子载荷		
	特征值	贡献率	累计贡献率	特征值	贡献率	累计贡献率	特征值	贡献率	累计贡献率
1	9.414	36.208	36.208	9.414	36.208	36.208	8.745	33.634	33.634
2	5.723	22.012	58.220	5.723	22.012	58.220	4.570	17.578	51.212
3	4.462	17.163	75.383	4.462	17.163	75.383	4.494	17.285	68.497
4	1.997	7.679	83.062	1.997	7.679	83.062	2.744	10.555	79.052
5	1.536	5.906	88.968	1.536	5.906	88.968	2.578	9.916	88.968

（4）公因子方差比检验

根据 SPSS 分析结果，求出上述 5 个公因子的方差比（表 7-13）。表 7-13 中显示，每个指标提取公因子后的共性方差均在 0.7 以上，这表明以上提取的 5 个公因子较好地反映了各原始指标的大部分信息。

表 7-13 贫困度指数公因子方差比结果表

指标	初始公因子方差	提取公因子方差	指标	初始公因子方差	提取公因子方差
人均 GDP	1.000	0.985	公路密度	1.000	0.891
第一产业增加值占 GDP 的比重	1.000	0.946	每万人拥有卫生机构床位数	1.000	0.784
人均肉类产量	1.000	0.758	每万人拥有卫生技术人员数	1.000	0.796
城乡居民人均储蓄存款余额	1.000	0.978	农村人均住房面积	1.000	0.800
农民人均纯收入	1.000	0.872	农村人均用电量	1.000	0.946
人均第一产业总产值	1.000	0.977	人均公路里程	1.000	0.844
人均第二产业总产值	1.000	0.974	非农业人口比重	1.000	0.886
人均第三产业总产值	1.000	0.974	人口密度	1.000	0.955
人均农林牧渔业总产值	1.000	0.985	乡村人口所占比重	1.000	0.677
人均社会消费品零售总额	1.000	0.949	人均耕地面积	1.000	0.945
人均粮食拥有量	1.000	0.774	单位耕地的农村用电量需求	1.000	0.950
人均地方财政收入	1.000	0.940	单位耕地的化肥施用量	1.000	0.866
人均财政赤字	1.000	0.895	人均有效灌溉面积	1.000	0.785

（5）确定指标权重

根据公因子的贡献率 C_n，运用归一化方法可以计算出公因子所对应的指标权重。首先将各公因子的累计贡献率假定为 1，然后通过归一化处理，用每个公因子的贡献率除以累计贡献率再乘以 100，就可以计算出公因子或主成分指标新的权重 W_n（表 7-14）。

表 7-14   贫困度指数公因子提取相关信息表

公因子	1	2	3	4	5	累计贡献率/%
C_n	33.63	17.58	17.28	10.55	9.92	88.96
W_n	37.80	19.76	19.42	11.86	11.15	100.00

（6）计算贫困度指数

在以上因子分析的基础上，根据式（7-4）综合计算出各县市的贫困度指数，并进行排序。

$$F_m = \sum W_n Y_{mn} \tag{7-4}$$

式中，F_m 表示第 m 个县（市）的贫困度指数综合得分；

W_n 表示第 n 个公因子的指标权重；

Y_{mn} 表示第 m 个县（市）的第 n 个公因子的单项得分值。

3. 测度结果分析

按照上述步骤及方法，将"恩施州各县（市）2008～2011 年贫困度评价指标数据库"的各项数据利用 SPSS 软件进行因子分析，并将所得公因子得分代入式（7-4），则可得恩施州 8 个县（市）2008～2011 年各年的贫困度指数综合得分（表7-15）。

表 7-15   恩施州各县（市）2008～2011 年贫困度指数综合得分动态表

县（市）	年份	代码	主成分序号及单项得分/分					贫困度得分/分
			1	2	3	4	5	
恩施市	2011	1	2.07	−2.01	0.60	−0.60	−1.04	0.31
	2010	2	1.36	−1.68	0.25	−0.90	−1.18	−0.01
	2009	3	0.69	−1.59	−0.07	−1.15	−1.43	−0.36
	2008	4	−0.66	−1.59	0.39	−1.08	−0.74	−0.70
利川市	2011	5	−0.02	−0.96	1.03	2.20	0.92	0.37
	2010	6	−0.70	−0.82	0.77	2.21	0.37	0.03
	2009	7	−1.43	−1.02	0.95	1.33	−0.03	−0.40
	2008	8	−1.91	−1.04	0.63	1.25	−0.31	−0.69

续表

县（市）	年份	代码	主成分序号及单项得分/分					贫困度得分/分
			1	2	3	4	5	
建始县	2011	9	0.39	−0.26	0.05	0.80	1.50	0.37
	2010	10	−0.15	−0.23	0.16	0.29	1.16	0.03
	2009	11	−0.93	−0.48	−0.12	−0.51	0.91	−0.43
	2008	12	−1.28	−0.57	−0.32	−0.77	0.71	−0.67
巴东县	2011	13	0.99	0.42	0.14	−0.90	2.00	0.60
	2010	14	0.37	0.41	−0.03	−1.11	1.98	0.30
	2009	15	−0.45	0.30	0.07	−1.49	1.50	−0.11
	2008	16	−0.85	0.36	−0.06	−1.64	1.23	−0.32
宣恩县	2011	17	0.48	1.42	−0.44	0.53	−1.11	0.32
	2010	18	−0.29	1.26	−0.46	0.26	−1.14	−0.05
	2009	19	−0.77	1.13	−0.60	0.00	−1.33	−0.33
	2008	20	−1.28	1.07	−0.55	−0.20	−1.42	−0.56
咸丰县	2011	21	1.38	1.00	−0.89	0.95	0.44	0.71
	2010	22	0.44	0.90	−0.84	1.03	0.14	0.32
	2009	23	−0.37	0.56	−1.04	−0.05	−0.35	−0.28
	2008	24	−0.94	0.46	−1.07	−0.02	−0.72	−0.55
来凤县	2011	25	1.85	0.08	−1.37	1.11	0.08	0.59
	2010	26	1.06	−0.15	−1.51	0.60	0.12	0.16
	2009	27	−0.11	−0.70	−1.29	−0.14	−0.12	−0.46
	2008	28	−0.37	−0.67	−1.50	−0.58	−0.30	−0.67
鹤峰县	2011	29	1.36	1.10	2.34	0.11	−0.23	1.17
	2010	30	0.69	1.19	1.97	0.14	−0.49	0.84
	2009	31	−0.05	1.12	1.85	−0.76	−0.54	0.41
	2008	32	−0.58	0.97	1.29	−0.89	−0.59	0.05

表 7-15 是对恩施州 8 个县（市）2008～2011 年的贫困度指数的动态反应，为了将各县市的贫困度与旅游资源禀赋度进行耦合，现对各县市的动态贫困度进行均值处理，即按照求平均值的方法，计算出每个县市平均每年的贫困度指数，并按从高到低的顺序进行排序（表 7-16）。

表 7-16　恩施州 8 个县（市）贫困度指数及排序

县（市）	累计贫困度指数	贫困度指数均值	排序	县（市）	累计贫困度指数	贫困度指数均值	排序
鹤峰县	2.48	0.62	1	巴东县	0.49	0.12	2

续表

县（市）	累计贫困度指数	贫困度指数均值	排序	县（市）	累计贫困度指数	贫困度指数均值	排序
咸丰县	0.19	0.05	3	建始县	−0.70	−0.17	6
来凤县	−0.37	−0.09	4	利川市	−0.70	−0.18	7
宣恩县	−0.63	−0.16	5	恩施市	−0.75	−0.19	8

由表 7-16 可见，恩施州 8 个县（市）中，恩施市和利川市作为两大县级市，其贫困度指数最低，即为综合贫困度乐观区域；来凤县、宣恩县和建始县 3 个县的贫困度指数相对居中，即为综合贫困度一般区域；而鹤峰县、巴东县、咸丰县 3 个县的贫困度指数均为正值，尤其是鹤峰县的贫困度指数最高，即为综合贫困度严重区域（图 7-4）。

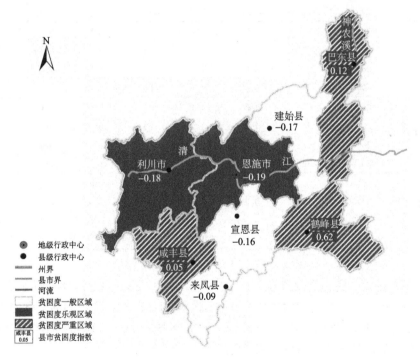

图 7-4　恩施州贫困度分县市测度结果图

（三）恩施州贫困度与旅游资源禀赋度耦合性分析

1. 恩施州各县市贫困度类型分区

根据上文对恩施州各县市贫困度的分县测度结果（表 7-16），以恩施州各县市贫困度综合指数的平均值作为分界线，大于该平均值的各县市为高贫困度区域，小于该平均值的各县市为低贫困度区域。恩施州 8 个县市的贫困度指数平均值为 0，由此可根据贫困度指数将恩施州的 8 个县市分为以下两大类：

　　1）高贫困度区域——鹤峰县、巴东县、咸丰县 3 个县；

　　2）低贫困度区域——来凤县、宣恩县、建始县、利川市、恩施市 5 个县市。

2. 恩施州各县市旅游资源禀赋度类型分区

根据上文对恩施州各县市旅游资源禀赋度的分县测度结果（表 7-9），以恩施州各县市旅游资源禀赋度指数的平均值作为分界线，大于该平均值的各县市为旅游资源高禀赋区域，小于该平均值的各县市为旅游资源低禀赋区域。

恩施州 8 个县市的旅游资源禀赋度指数平均值为 50.85，由此可根据旅游资源禀赋度指数将恩施州的 8 个县市分为以下两大类：

　　1）旅游资源高禀赋区域——恩施市、利川市、咸丰县、巴东县 4 个县市；

　　2）旅游资源低禀赋区域——鹤峰县、宣恩县、建始县、来凤县 4 个县。

3. 恩施州旅游扶贫开发类型耦合性分析

运用四象限法，以贫困度指数均值作为 X 轴，旅游资源禀赋度指数均值作为 Y 轴，将恩施州 8 个县市的贫困度指数和旅游资源禀赋度指数投影到该坐标系中进行耦合性分析，即可获取相应的旅游扶贫开发类型分区（图 7-5）。

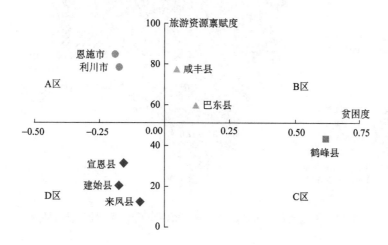

图 7-5　恩施州各县市贫困度与旅游资源禀赋度耦合性分析

第一象限耦合区——贫困度低于平均值、旅游资源禀赋度高于平均值的地区，即 $X < 0$，$Y > 50.85$，包括恩施市、利川市 2 个市，即图 7-5 中所示的 A 区，称为"贫低旅高区域"。

第二象限耦合区——贫困度和旅游资源禀赋度均高于平均值的地区，即 $X>0$，$Y>50.85$，包括咸丰县、巴东县 2 个县，即图 7-5 中所示的 B 区，称为"贫高旅高区域"。

第三象限耦合区——贫困度高于平均值、旅游资源禀赋度低于平均值的地区，即 $X>0$，$Y<50.85$，包括鹤峰县 1 个县，即图 7-5 中所示的 C 区，称为"贫高旅低区域"。

第四象限耦合区——贫困度和旅游资源禀赋度均低于平均值的地区，即 $X<0$，$Y<50.85$，包括宣恩县、建始县、来凤县 3 个县，即图 7-5 中所示的 D 区，称为"贫低旅低区域"（图 7-6）。

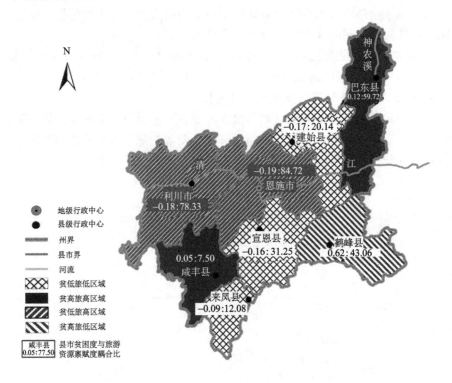

图 7-6　恩施州各县市贫困度与旅游资源禀赋度耦合性分析结果图

（四）恩施州旅游扶贫模式优化选择

恩施州的旅游扶贫工作目前正在进行，这一少数民族集中连片贫困区的旅游扶贫吸引了诸多学者、专家的关注，其中不乏关于提升旅游扶贫效益、扩大旅游扶贫规模等方面的研究成果。但是结合前文对恩施州旅游扶贫开发现状的分析，当下最为重要的还是如何优化恩施州的旅游扶贫模式，充分发挥恩施州旅游产业开发带动扶贫公益事业发展的作用。本章内容将以旅游扶贫模式空间优化研究作为主体性优化策略研究，结合扶贫观念优化、扶贫目标优化和扶贫保障机制优化三大要素作为辅助性优化策略研究，进而构建恩施州旅游扶贫模式的优化系统。

1. 恩施州旅游扶贫模式主体性优化策略——空间优化

为了有针对性地优化提升恩施州旅游扶贫开发模式，本书坚持"具体问题具体分析"的基本原则，结合前文对恩施州 8 个县市的旅游扶贫开发类型分区，从空间角度对恩施州的旅游扶贫模式进行进一步的优化策略研究（图 7-7、表 7-17）。

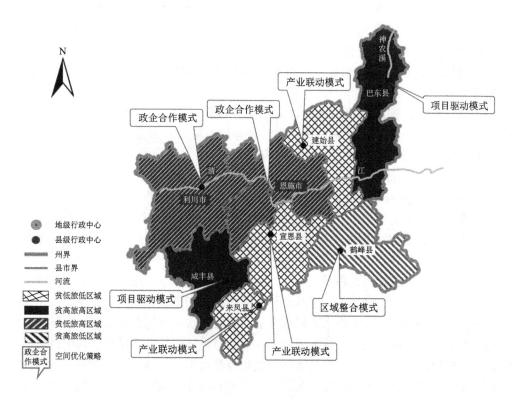

图 7-7　恩施州旅游扶贫模式空间优化策略图

表 7-17　恩施州旅游扶贫开发类型分区

代码	A 区	B 区	C 区	D 区
类型分区	贫低旅高区域	贫高旅高区域	贫高旅低区域	贫低旅低区域
主要县市	恩施市、利川市	咸丰县、巴东县	鹤峰县	宣恩县、建始县、来凤县
优化模式	政企合作模式	项目驱动模式	区域整合模式	产业联动模式

（1）贫低旅高区域旅游扶贫优化模式——政企合作模式

贫低旅高区域的典型特点是社会经济条件较好，旅游资源禀赋度高，旅游开发的外部环境良好，具有较大的旅游投资吸引力。因此，贫低旅高区域在旅游扶贫开发过程中，要重点以政企合作模式为旅游扶贫主导开发模式，即在政府积极有效的引导下，吸引具有较强市场经营能力和经济实力的企业到恩施州相应县市进行旅游开发，创办相应的旅游企业，开发当地旅游资源，并在政府有效的宏观调控下，鼓励这些旅游企业雇佣当地贫困人口，使用当地的生产原材料及相关产品，从而扩大当地旅游企业的规模，增加相应的旅游投资额度，进而为当地贫困人口提供更多的就业机会和创收机会。政企合作模式既可以发挥政府在旅游扶贫开发过程中的扶持辅助功能，同时旅游企业的积极参与也可以有效避免政府的过度干预。因此，贫低旅高区域可通过政府的引导，积极招商引资，实现政企合作型旅游扶贫模式，如恩施州的恩施市、利川市。

恩施市地处湖北省西南地界，有着丰富的硒资源。恩施市作为恩施州的首府城市，其经济发展环境进一步优化，中等规模城市骨架基本形成。恩施市境内有着发育完善的喀斯特地形地貌，传承着与众不同的土家族、苗族等少数民族民风民俗，构成了恩施独树一帜的旅游资源及景观，与长江三峡、张家界旅游景区组成了中国黄金旅游线上的"金三角"。这里有神州第一漂——清江漂流，有 4.6 亿年前形成的世界第一奥陶纪石林——梭布垭石林，有比美国科罗拉多大峡谷还壮观的恩施大峡谷，有土家儿女的东方情人节——女儿会，还有民族文化奇珍——撒尔嗬、傩戏等。

利川市作为恩施州面积最大、人口最多的县级市，雄踞整个湖北省的"西大门"，被誉为"银利川"。作为巴楚文化交汇之地，利川市也是世界优秀民歌《龙船调》的故乡。在这片山清水秀的沃土上，绵绵江水从这里奔流而泻，它怀抱着 380 万土家族、苗族儿女，沉淀了源远流长、厚重敦厚的朴实民风。利川市旅游业发展较快，资源丰富，汇聚成为旅游文化资源聚集区。境内有一个洞——世界容积量最大的溶洞"腾龙洞"；一座寨——目前世界上保存最完美的土家古寨"鱼木寨"；一棵树——被称为植物活化石的"水杉王"；一口井——全国重点文物保护单位古建筑群落"大水井"；一首歌——世界 25 首优秀民歌之一《龙船调》。跟随改革开放的步伐，产业化、工业化、城镇化进程快速发展，为旅游扶贫工作开展提供了良好的社会经济环境。

综上所述，恩施市和利川市整体经济水平较高，贫困度相对较低，旅游资源禀赋度良好，具有得天独厚的旅游开发环境。该区域在旅游扶贫发展中，要坚持走政企合作型模式，即在政府的宏观调控下，适度提升旅游招商能力，结合当地旅游优势资源，加大招商宣传力度，扩大旅游项目引资力度，构建旅游扶贫招商新格局；要适度引进和重点发展一部分集娱乐、文化、接待、购物等功能于一体的旅游企业，开发具有民族特色的旅游文化休闲场所，提高旅游企业的综合竞争力；要积极引进具有雄厚资金实力、先进管理理念、丰富旅游开发及市场营销经验的品牌化旅游企业，为当地旅游扶贫系统工作提供一个强有力的供给系统。

贫低旅高区域在实行政企合作型模式的过程中，要注意政府作用的发挥一定要遵循审慎的原则，即政府在与旅游企业进行合作互动的时候，政府要准确地甄别旅游企业的实力。一方面，政府要注意有效甄别引进的旅游企业是否真正有实力、有经验、有社会责任感，要始终保持主导权和管理权，绝不能对引进旅游企业一味迁就，要引导并鼓励旅游企业聘用当地贫困人口作为企业员工，明确规定出当地居民在旅游企业的就业比例，并要保证当地居民占有一定比例的管理岗位，同时要尽量使用当地的生产原材料和相关产品，保护当地经济优先发展，进而形成当地的产业循环；另一方面，政府在引进外来企业的过程中，要注意把握好适度原则，要根据当地县市的实际情况，引进相对应的旅游企业，而不是引进旅游企业越多越好，以免造成严重的旅游漏损现象，影响当地居民从旅游开发中获益，进而影响当地旅游扶贫开发的效率。

（2）贫高旅高区域旅游扶贫优化模式——项目驱动模式

贫高旅高区域的典型特点是旅游资源禀赋度良好，旅游开发资源具有优势，但贫困程度较高，旅游开发急缺相应的资金。然而，该区域由于贫困度较高，社会经济基础条件较差，投资风险大，对旅游企业缺乏相应的投资吸引力，因此其旅游开发所缺资金只能借助于相应的项目支撑。例如，国家旅游局的政策性项目扶持、扶贫相关非政府组织及国际援助和发展组织的可持续旅游、PPT、ST-EP、旅游扶贫试验区项目等。这些项目和组织拥有完善的组织管理机构，明确的发展保护目标和工作框架，注重培养当地社区居民的自我发展和自我创新能力，能够结合当地旅游资源优势条件，提供资金、政策、就业等全方位的项目支撑。因此，贫高旅高区域的旅游扶贫开发应当以项目驱动模式作为主导模式，借助于相关项目的驱动开发，从而为当地旅游扶贫创造支撑性的开发条件与环境，如恩施州的咸丰县和巴东县。

咸丰县素有"荆南雄镇""楚蜀屏翰"之誉。一方面，咸丰县生态自然旅游资源众多，群山相连，百溪汇聚，山清水秀，发展前景十分可观。境内孕育了世界著名的"黄金洞"，洞内汇聚了山、水、洞等各类景观，内部奇趣怪石、瑰丽梦幻、气势恢宏；县内有着世界唯一保存完好的地震遗址公园"小南海"，风光旖旎、景景相连；处在中国黄金旅游线—长江三峡、张家界、九寨沟上的坪坝营生态旅游公园也正在如火如荼地开发，青山秀丽、花草竞秀、潭清水幽、洞穴蜿蜒、泉水叮咚、乡风敦厚，令人驻足不前。另一方面，咸丰县物宝天华，浓厚的少数民族文化底蕴不仅造就了温朝钟、秦国镛、秦家柱等著名的历史才子，还孕育了鬼斧神工的人文旅游资源。鄂、湘、渝、黔少数民族地区最具代表性、保存最完整的土司皇城遗址——唐崖寺土司皇城就位于咸丰县，该土司皇城已有400多年的历史，规模宏大，占地面积达100多公顷，保存有3街、1巷、36院等景观；这里更有风格迥异的"土家吊脚楼群"、宏伟静逸的"严家祠堂"、奔放肆意的"摆手舞"、凄楚动人的"哭嫁歌"等独一无二的人文景观。2013年，咸丰县明确提出实施"1+3"工业园、两带五景、三区四路、四院六校、五场七网、六馆两剧六大工程建设项目，加快县域经济发展。其中，在旅游发展上，该县将加快坪坝营白家河国际会议温泉度假区建设，并争创国家5A级景区，完成黄金洞麻柳溪景区基础设施建设，推进唐崖土司皇城和二仙岩湿地公园项目招商，抓好甲马池旅游名镇名村创建工作，打造官坝至坪坝营百里园林景观带等作为该六大工程建设项目的具体实施目标。

巴东县作为长江三峡移民库区县，有着"楚西厄塞、巴东为首"的前沿堡垒之说，被誉为"川鄂咽喉，鄂西门户"。高峡出平湖，移民大迁建，城市大发展，服务大三峡，建设新巴东，一座广阔靓丽的新城市矗立在长江岸边。城市基础设施建设逐步配套。以文化旅游城、土家风情城、建筑博览城、港口贸易城为特色展示在世人面前。这里的神龙溪山清水秀、特色鲜明，是享誉国内外的国际旅游景点；格子河石林演绎了三峡之险、桂林之秀、张家界之奇；这里既可饱览秋风亭的淳朴古韵，又能体验无源洞的神秘莫测；这里还有深藏青山中的铁厂荒森林公园等。巴东县委、县政府鼓励全县发展旅游，积极指导旅游产业开发及扶贫工作，以把巴东建成湖北旅游第一县作为发展目标，大力促进旅游产业的发展。自2007年以来，湖北省"616"工程直接支援巴东县项目资金4亿多元，拉动巴东县产业发展、重大基础设施建设、社会发展及民生工程等的总投资达40多亿元的项目大开发，使县域经济全面提速。其中，巴东县的旅游扶贫工作借助"616"工程平台，也取得了一定成效。按照基础性、可行性、实效性原则，新争取了一批重大旅游建设项目，着力破除旅游发展的瓶颈，增强了旅游产业自身"造血"功能。

目前，咸丰县与巴东县的旅游开发仍处于初级开发状态，相关旅游景区的开发处于零散经营状态，缺乏统一管理。同时，由于咸丰县和巴东县均为国家级重点贫困县，社会经济水平较低，交通通达性有待进一步提升，当地居民生活水平较低，旅游扶贫开发缺乏必要的资金来源和支持。因此，该区域在旅游扶贫开发过程中，要坚持走项目驱动型模式，即在现有旅游扶贫开发基础上，要加强与相关旅游扶贫项目的联系，借助于项目驱动平台，为旅游扶贫的进一步开展提供政策支持和资金来源；要积极与国家政府组织、非政府组织和国际援助与发展组织建立关系，努力争取进入其项目受益群体，从资金、政策、监督、培训、技术等各方面获得相应的支持；要通过相关的项目对旅游开发者和当地社区居民形成一个强有力的监督管理体制，从而有效约束开发者与受益者的行为，促使二者在旅游扶贫开发过程中的利益均衡化。通常，项目驱动型旅游扶贫开发模式主要是以国家政府组织、非政府组织和国际发展与援助组织三大项目主体为载体而进行的，贫高旅高区域在实行项目驱动型模式的过程中，要首先明确各地区有哪些项目主体可以为当地旅游扶贫开发提供帮助（表7-18）。

表7-18　项目驱动型旅游扶贫模式的主要项目组织主体

组织类型	项目组织主体名称	项目组织活动范围	项目组织活动领域	组织所在地
国家政府组织	国家旅游局	全国	城市与农村	北京
	国务院扶贫开发领导小组办公室	全国	城市与农村	北京
	中国国际扶贫中心	发展中国家	开展减贫研究，促进南南合作	北京
非政府组织	中国扶贫基金会	全国	农村	北京
	中国国际民间组织合作促进会	全国	农村	北京
	爱德基金会	全国	城市与农村	南京
	中国光彩事业促进会	全国	中西部地区	北京
	香港乐施会云南项目办	全国	农村	云南
	福特基金会北京办事处	全国	农村与城市	北京
	中华职业教育社	全国	城市与农村	北京
	中国青年志愿者协会	全国	农村	北京
国际援助和发展组织	世界旅游组织（WTO）	发展中国家	ST-EP计划项目、帮助制定旅游总体规划	马德里
	世界银行（WB）	发展中国家	消除贫困、提供资金和技术援助	华盛顿
	世界自然基金会（WWF）	全球	保护世界生物多样性、确保可再生自然资源可持续利用、推动降低污染和减少浪费性消费行动	格朗
	大自然保护协会（TNC）	全球	保护植物、动物和自然生物群落	华盛顿
	英国国际发展部（DFID）	发展中国家	推进发展、减少贫困、PPT项目	伦敦
	联合国开发计划署（UNDP）	发展中国家	提供技术援助、消除贫困、增加就业、妇女参与发展和环境保护	纽约
	荷兰发展组织（SNV）	发展中国家	扶贫、可持续旅游和ST-EP计划项目	鹿特丹

资料来源：根据中国扶贫发展中心（http://hd0006537.ourhost.cn/）相关内容整理而来

贫高旅高区域在实行项目驱动型模式的过程中，要注意有效控制好项目驱动的度，在为贫困地区提供项目支撑的同时，要避免贫困区对项目的过度依赖，克服"等、靠、要"的项目依赖思想；要充分发挥非政府组织的中介协调作用和作为贫困群体代言人和坚强后盾的作用，有效规避政府和企业在旅游扶贫过程中的利益协调问题；要充分利用旅游扶贫项目本身组织的专家和技术优势，使其在旅游扶贫事务上提供专业的技术指导和有效的管理咨询，从而促使贫高旅高区域克服资金缺陷，发挥资源优势，有效地提高其旅游扶贫的效率和质量。

（3）贫高旅低区域旅游扶贫优化模式——区域整合模式

贫高旅低区域的典型特点是社会经济条件较差，旅游资源禀赋度也相对较弱，与其他区域相比，该区域产业结构单一化，经济效益低，旅游扶贫开发缺乏最基本的基础条件。因此，贫高旅低区域在开展旅游扶贫过程中，要坚持以区域整合模式为主体扶贫模式，即与该区域周边具有相似性和互补性的旅游区域建立合作关系，通过有效整合周边区域的大型旅游品牌产品，设计大区域理念下的旅游路线，利用旅游开发较好的地域带动贫高旅低区域，实现高低搭配、互惠共生，从而有效提升该区域的旅游竞争力，促进旅游扶贫效益的直接产生和提高，如鹤峰县。

"白鹤绕峰岭，青山伴鹤舞"的鹤峰县是巴文化发祥地之一，经历了400多年的土司制度，先后被定为国家一类老区县、国家扶贫开发重点县。鹤峰县呈现出典型的山区自然景观，漫长的地壳运动造就了鹤峰群山巍峨、气势磅礴的地形地貌，既有省级自然保护区——木林子和八峰山，也有中国第一深的溶洞——寨坑洞；同时，鹤峰县历史悠久，人杰地灵，民族文化源远流长，既是抗英民族英雄陈连升的故乡，也是第二次国内革命战争时期湘鄂边革命根据地的中心，拥有中国国家级烈士陵园——满山红烈士陵园。原始古朴的自然生态与民族文化共同构成了鹤峰县独特的自然风貌和人文景观。然而，同周边地区的旅游资源相比，鹤峰县的旅游资源级别显然低于其他地区，其数量或许与其他县市"旗鼓相当"，但质量上却是其他县市"略胜一筹"。因此，在鹤峰县的旅游扶贫开发过程中，要坚持区域整合型模式，首先要做的是借助于周边县市的旅游开发，将旅游者吸引到该区域，进而为当地社区居民带来创收减贫的机会。

在实施区域整合模式的过程中，鹤峰县要充分发挥"鄂西生态文化旅游圈""大三峡""清江山水画廊"等区域大旅游品牌的辐射效应，将其境内的旅游资源与周边县市进行有效的区域整合，提炼出相关旅游主题性产品，从而实现区域经济联动开发，带动当地的旅游扶贫开发工作；要积极与周边县市进行旅游开发工作的沟通交流，加强与周边县市的交通通达性建设，从而为旅游扶贫的大区带动效应创造良好的社会经济条件。

贫高旅低区域在实行区域整合模式的过程中，要注意避免将"借势开发"发展为"附势开发"，即在借助大区域旅游扶贫开发辐射效应的同时，不能长期依附于大区域的开发模式，而失去了本区域的特色性开发；要坚持在区域整合过程中不断加强自身能力的建设，在学习中提升，进而实现该区域旅游扶贫的跨越式发展。

（4）贫低旅低区域旅游扶贫优化模式——产业联动模式

贫低旅低区域的典型特点是社会经济条件相对优越，产业发展基础较好，但旅游资源禀赋度相对较差，旅游扶贫工作陷入"巧妇难为无米之炊"的尴尬境地。因此，贫低旅低区域在旅游扶贫过程中，要坚持以产业联动模式作为主体开发模式，即通过开辟新的扶贫载体产业，弥补旅游产业的先天不足，进而借助相关产业的力量，实现旅游扶贫的联动发展，促进产业发展水平的共同提升；要充分发挥旅游产业的综合性特点，与旅游关联产业建立互相促进、共同发展的协作关系，延伸旅游产业价值链的效益机制。宣恩县、来凤县和建始县就是贫低旅低区域的典型代表。

宣恩县 2011 年全县实现生产总值 346 400 万元，比上年增加 54 975 万元，剔除价格因素增长 13.6%。其中，第一产业增加值 115 073 万元，增长 4.5%；第二产业增加值 88 156 万元，增长 19.3%；第三产业增加值 143 171 万元，增长 18.7%。三次产业结构比由上年的 36.8∶23.3∶39.9 调整为 33.2∶25.5∶41.3，产业结构逐步优化。其中，宣恩县以文化旅游为重点，着力推进第三产业发展。主要依托山水文化、民族建筑、民风民俗、民族语言，贡品文化特色，赋予土家族苗族文化、红色文化新的内涵，抓好彭家寨、小茅坡营、庆阳凉亭街等民俗民风旅游景点的开发。

来凤县以翔凤山上飞来凤凰的传说而得名，历来是三省（直辖市）边区交通要冲和重要的物资集散地，史称"川湖肘腋，滇黔咽喉"，享有"小南京"美誉。来凤县农业经济稳步发展，2011 年第一产业增加值达到 9.20 亿元，年均增长 4.8%；工业经济快速发展，2011 年工业增加值达到 8.5 亿元，年均增长 24.5%；第三产业持续发展，2011 年增加值达到 15.80 亿元，年均增长 13.8%。其中，喳西泰水城、酉水三峡等重点旅游项目招商引资取得突破，龙凤夏威夷五星级酒店开工建设。三次产业结构比由 2006 年的 36.0∶18.6∶45.4 调整为 26.4∶28.2∶45.4。来凤县的山水融汇武陵神韵，自然风光奇特秀丽，民俗文化特色浓郁。既有上依绝壁下临深潭、景色清幽的"仙佛寺"；也有潭水如镜、奇峰竞秀的"落印潭风景区"。在来凤县的"酉水漂流"，可一日游三省份边区，既可领略酉水河阳刚之美，又可饱览边区风情。

驰名荆楚的建始县，位于鄂西南山区北部，东连巴东，西接恩施市，南邻鹤峰，北与重庆相接。2011 年，该县生产总值达到 45.33 亿元，三次产业结构比由 2006 年的 47.2∶17.4∶35.4 调整为 2011 年的 31.5∶30∶38.5。其中，农业经济稳步发展，粮食生产连续增产增收，被确定为全国产粮大县；工业经济不断壮大，工业经济考核连续四年位居全州前三名；第三产业蓬勃发展，先后开发了野三河、云雾灵山等旅游景区，累计完成投资 2.75 亿元。

综上所述，贫低旅低区域的宣恩县、来凤县和建始县在旅游扶贫开发中，具有类型齐全、结构合理、基础较好的产业发展水平，但旅游资源的禀赋度在恩施州 8 个县（市）中排名最后 3 位，旅游资源的质量和级别相对较低，在区域旅游竞争中处于劣势。因此，贫低旅低区域的 3 个县要坚持实施产业联动型旅游扶贫模式。一方面，要积极利用旅游相关产业的资源、技术、人力和资金，大力促进旅游开发，降低旅游产业的生产成本，从而提高其旅游产业的发展水平，弥补其旅游资源的劣势和缺陷；另一方面，要有效发挥旅游产业的联动效应，借助旅游关联性产业的力量，扩大旅游乘数效应，分散旅游产业敏感性和脆弱性造成的旅游漏损效应和投资风险，进一步促进区域三大产业的全面协调发展，实现旅游扶贫的经济效益、社会效益和生态效益。基于此，宣恩县可借助当地的特色农业经济，发展以农家乐、生态农业观光园等农业旅游资源为载体的"农旅联动"旅游扶贫开发模式；可依托当地先进的茶业生产技术，以及深厚的茶业发展历史文化，开发"茶旅联动"的旅游扶贫模式。建始县可以凭借其"稀世宝"矿泉水、猕猴桃果脯、桃片糕等旅游商品的开发优势，开展"商旅联动"旅游扶贫开发模式；可以借助于当地丰富的药材资源和"华中天然药库"的美誉进行"药旅联动"旅游扶贫开发。来凤县也可以依托凤头姜、大头菜、松花皮蛋、凤鸣藤茶、宝石花漆筷、金丝桐油、三胡杨梅酒等名特旅游产品的工业化发展开展旅游扶贫"工旅联动"模式，以驰誉边区的橘、桃、李、梅、核桃、板栗等干鲜果生产为载体的"果旅联动"旅游扶贫开发模式等。

贫低旅低区域在实行产业联动型旅游扶贫开发模式的过程中，要注意明确划分产业主导部门的职责权限，避免在产业联动过程中相关部门因利益冲突等问题出现监管不力、逃避责任等问题；要注意加强产业结构的转型升级，保障产业结构比例的协调发展，避免旅游扶贫开发造成的产业结构失衡问题。

2. 恩施州旅游扶贫模式辅助性优化策略

（1）旅游扶贫模式辅助性优化策略之扶贫目标优化

在恩施州的旅游扶贫开发历程中，通常意义上的旅游扶贫都是指经济欠发达地区的旅游开发，其旅游扶贫工作往往是在追求旅游产业发展和经济欠发达地区整体经济增长的前提下进行的。这种旅游扶贫开发观念是片面的。

优化恩施州旅游扶贫模式，就要优化扶贫目标。恩施州的旅游扶贫并不是单纯的旅游开发，而是一种借助于开发旅游业的扶贫方式；恩施州的旅游扶贫对象并不只是经济欠发达地区，而是经济欠发达地区的所有贫困人口；恩施州的旅游扶贫目标并不仅仅是追求经济欠发达地区的整体经济增长，而是要确保州域内所有贫困人口的收益和发展，实现以贫困人口为核心的贫困地区综合性发展；不仅仅是帮助贫困人口脱离贫困，更应该包含帮助贫困人口提高自我发展能力，摆脱贫困的物质精神状态，进而达到致富的目的。

优化恩施州的旅游扶贫目标，有利于找准旅游扶贫工作的出发点和落脚点，保持区域经济整体发展、旅游业发展和贫困人口发展的一致性，进而避免旅游扶贫工作出现政绩化倾向，从而确保恩施州旅游扶贫模式的有效性。

（2）旅游扶贫模式辅助性优化策略之扶贫战略优化

旅游扶贫是一项系统性、综合性的工作，要优化旅游扶贫的开发模式，就要优化旅游扶贫的战略措施，要采取全面、系统的旅游扶贫战略。在旅游扶贫开发过程中，扶贫对象的贫困可能是多方面的，要想达到预期扶贫的目标，就要根据不同的贫困对象，采取不同的旅游扶贫战略。因此，优化旅游扶贫模式的关键是以旅游开发为载体和媒介，引入多种相关扶贫方式联合扶贫，从而达到优化旅游扶贫战略的目的。

优化旅游扶贫战略，就要坚持旅游扶贫与科教扶贫相结合的战略。科教扶贫是有效培养贫困人口自我发展能力的一种扶贫方式，是从根本上实现扶贫的有效措施。例如，利川市可以利用腾龙洞景区旅游开发产生的地区知名度，吸引地学专业的专家学者，以当地的岩溶地貌为研究对象，对当地奇特的地质地貌景观给予科学性的解释，提升旅游景点的科技含量；建始县的自然资源丰富，各种野菜、中草药种类繁多，可以借助科技输入的形式，将该县发展成为中药材、绿色天然食品的生产基地，从而实现脱贫致富。

优化旅游扶贫战略，就要坚持旅游扶贫与救济式扶贫相结合的战略。在旅游扶贫的过程中，大多数贫困人口都能通过参与旅游业的开发达到脱贫致富的目的，但也有少数特殊性群体需要"特殊情况特殊处理"。这部分特殊群体多以"老、弱、病、残"贫困人口组成，他们由于各方面原因无法直接参与到旅游扶贫的相关活动中，因此，要坚持旅游扶贫和救济式扶贫相结合的扶贫战略，通过由门票收入、经营收入等旅游收入组成的专项救济扶贫基金，为这部分特殊群体提供其他生产项目的启动资金或生活资金，进而扩大旅游扶贫的受益面，提高旅游扶贫效益。

（3）旅游扶贫模式辅助性优化策略之保障机制优化

旅游扶贫工作的开展必须要有一个良好的运营环境，结合旅游扶贫模式的系统构成，旅游扶贫的规范性机制、参与性机制和资金保障机制是有效保障旅游扶贫模式健康、有序、高效运行的重要因素。因此，优化旅游扶贫模式的保障机制可以从以下三个方面入手。

首先，要优化旅游扶贫模式的规范性机制。一方面，要建立完善旅游法规体系，充分发挥恩施州作为少数民族自治州的地方立法权，制定倾斜于贫困人口和社区的地方法规条例，为旅游扶贫的发展提供法律保障；另一方面，要积极谋求旅游扶贫发展的政策性支持，包括经济、社会、环保等各方面的政策，建立全面的恩施州旅游扶贫政策体系。

其次，要优化旅游扶贫模式的参与性机制。旅游扶贫的根本目标是实现贫困人口的收益和发展，而贫困人口积极参与旅游开发是实现旅游扶贫目标的最有效途径。贫困人口要积极参与到旅游区的旅游规划和旅游决策工作中，为旅游项目和设施的安排提供建设性意见和建议；要积极参与旅游企业和组织的经营与管理，通过就业、分红、生态补偿等方式参与其利益分配；要积极参与到恩施州旅游生态文化保护的工作中，确保旅游业对生态环境的破坏力和对民族原生态文化的冲击力达到最小化；要积极参与旅游扶贫带来的教育培训，提升从业基本技能，提高个人竞争力。

最后，要优化旅游扶贫模式的资金保障机制。旅游投资不足是恩施州各县市旅游发展面临的普遍问题。要确保旅游扶贫的资金投入，建立景区旅游扶贫专项基金，借助旅游景区或企业的经营收入，成立旅游扶贫的专项基金，用于当地社区公共事业的发展和贫困人口的能力构建；要积极争取国家政策性资金，如国家直接投资、国债开发项目资金等，用于旅游基础设施的建设及弥补旅游开发对社区居民及贫困人口造成的损失；要敢于争取国际援助基金，积极面对政府和相关组织的引导，努力争取国际援助性资金，用于社区发展、生态文化保护和消除贫困。

第八章　精准扶贫视阈下恩施州特色资源产业发展布局

第一节　恩施州特色农业资源产业发展布局

一、恩施州特色农业资源产业精准扶贫实施的基础和路径

（一）恩施州特色农业资源产业精准扶贫实施的基础

"十二五"时期是恩施州由传统农业向现代农业转型推进的五年，恩施州始终坚持"特色开发、绿色繁荣、可持续发展"，以发展现代农业为方向，着力优化农村产业结构、推进特色产业链建设、改善农村基础设施、深化农村改革和发展农村社会事业，农业农村经济各项目标任务全面完成，呈现出农业稳定增效、农民持续增收、农村和谐繁荣的良好局面，为"十三五"时期实现精准脱贫、全面建成小康社会打下了坚实基础。

1. 农村经济总量明显增长

2011～2015 年，农业总产值由 174.3 亿元增长到 242 亿元，年均增长 6.8%；农业增加值由 107.7 亿元增长到 146 亿元，年均增长 6.3%；农村常住居民人均可支配收入由 3956 元增加到 7985 元，年均增长 15.1%；粮食总产量达到 167.4 万吨，连续五年稳定在 160 万吨以上；油料、肉类产量年均分别增长 5.2%、3.5%。

2. 农村产业结构持续优化

2011～2015 年，粮食、经济作物面积比由 51：49 调整到 48：52，产值比由 41：59 调整到 36：64。特色产业基地面积达到 500 多万亩，新增 150 万亩。其中，烟叶面积 43.4 万亩、茶叶面积 136.71 万亩、药材留存面积 130 万亩，均位居全省第一；蔬菜面积 195.42 万亩，其中高山蔬菜面积位居全省第一；魔芋面积 27.2 万亩，成为全国四大魔芋主产区之一；水果面积 66.04 万亩。畜牧业产值达到 94.88 亿元，在农业总产值中的占比达到 39.21%；富硒农业、休闲农业和旅游农业的发展使农业多功能得到进一步拓展，农村服务业规模明显扩大，产业融合发展进程不断加快；全州已建成全国休闲农业与乡村旅游示范县 1 个，国家级休闲农业示范点 2 个，省级休闲农业示范点 7 个，省级观光农业园 2000 余个。

3. 农业产业化水平显著提升

2011~2015年，农业产业化经营组织（含个体工商户）由916家增加到12000家，其中农民专业合作社由1244家增加到6105家，家庭农场达到1447家。规模以上农产品加工企业270家，农产品加工业产值由100亿元增加到208.7亿元，年均增长15.85%；农产品加工业产值与农业产值之比由0.62：1提高到0.84：1，提高22个百分点。农产品出口创汇7107.5万美元，比2010年增长5600多万美元，年均增长36.5%。中国驰名商标新增4件，实现历史性突破；湖北省著名商标新增20件，总数达到69件；湖北名牌产品新增15个，总数达到46个。农业产业公共品牌整合和打造迈出坚实步伐，"恩施硒茶""思乐"畜产品、"大山鼎"高山蔬菜、"清江源"烟叶及"恩施硒土豆"的知名度和影响力逐年提高。在恩施州城举办的2015南方马铃薯大会上，"恩施硒土豆"被授予"中国农产品区域公用品牌"。

4. 农业、农村基础设施不断完善

2011~2015年，全面实施中小河流治理、病险水库加固、中央财政小型农田水利重点县建设等工程项目。启动了"水更绿"专项治理，严守水资源管理"三条红线"；实施了"土更净"专项治理，制订了恩施州土壤酸化治理方案，治理耕地酸化土壤面积121.28万亩，建成土壤酸化治理示范样板46个。高标准农田建设不断加强，有效灌溉面积由23.8万亩增加到107.42万亩，旱涝保收面积达到180.66万亩。农村交通条件不断改善，90%以上的行政村铺设了沥青路、水泥路，农村公路通畅率、通达率分别达到82%和100%，全州2494个行政村客车通达率达到100%。

（二）恩施州特色农业资源产业精准扶贫实施的路径

坚持"扶产业、促就业"就是"扶根本、管长远"的理念，按照区域化布局、规模化发展、标准化建设、品牌化经营、贫困户特惠、差异化补助的思路，深入调整贫困村产业结构，大力发展特色农业，推进融合发展，促进就近就业创业，发挥产业和就业对贫困人口的扶持带动作用，提高精准扶贫、精准脱贫实效。到2020年，全州将有23万户、78.8万人通过产业扶贫和带动，实现精准脱贫并走上可持续增收致富之路；确保年度脱贫农户可支配收入增幅高于全省平均水平，并力争达到全州农村居民可支配收入的70%以上；力争年度脱贫村人均可支配收入达到全省的70%以上，贫困村年集体经济收入5万元以上。

1. 大力发展特色产业

立足于生态和资源优势，注重与区域产业规划相衔接，大力推进村级经济发展"121+X"（1个主导产业、2个农民合作组织、1个龙头企业、带动相关产业）特色产业发展模式，壮大贫困村富民产业和促进实体经济快速发展，实现"一村一业""一村一品"的发展格局。

2. 大力培育经营主体

充分发挥新型农业经营主体带动贫困村产业发展、贫困人口就业的引领作用，细化、实化扶持政策，加强农业经营主体培植。积极引导贫困家庭青年、大学生、妇女、残疾人和返乡农民工创业，兴办家庭农（牧、林）场、专业合作社等，创办小微企业。积极引导龙头企业向前延伸产业链，到贫困村建立原材料基地，通过订单、流转、合作等形式，与贫困村建立利益连接机制。积极引导龙头企业到贫困村开展"1 对 X"帮扶行动，通过帮助贫困户发展产业、帮助贫困人口到各企业就业，实现产业、就业的双赢。

3. 大力培育流通新业态

推进贫困村发展农超对接、直供直销、连锁经营、电商营销等新型流通业态。加强农特产品批发市场、乡村集贸市场、农特产品专业市场建设；加强集配中心、冷藏储运等配套设施建设；加强贫困村电子商务人才培训，大力推进贫困村电子商务平台建设，着力发展乡镇末端配送，有效解决电商配送"最后一公里"问题，完善鲜活农产品"绿色通道"政策。

4. 大力推进旅游扶贫

实施旅游扶贫富民工程，建设一批旅游扶贫试点村，带动农村富余劳动力就近就业，实现脱贫致富。实施旅游规划扶贫公益行动，编制旅游扶贫试点村旅游发展规划，并与特色产业规划、村域交通建设等规划相衔接。提高旅游扶贫试点村的规范管理水平，依托当地区位和资源优势，挖掘文化内涵、发挥生态优势，开发具有历史记忆、地域特色、民族特点，以及休闲度假、养生养老等形式多样、特色鲜明的旅游产品，配套开发特色农产品、手工艺品等旅游商品。全面、系统梳理试点村域旅游资源，发挥村域内已建精品景区的辐射带动作用，提升旅游扶贫试点村的建设水平。

5. 大力开展技能培训

以促进农村贫困家庭劳动力转移就业为重点，开展贫困劳动力技能培训，抓好新型职业农民培育、"雨露计划"职业教育培训、贫困劳动力短期技能培训等，提升贫困户劳动力的技能水平。

二、恩施州特色农业资源产业发展布局

按照前文所确立的恩施州区域农业主导产业，"十三五"期间，恩施州应重点发展茶叶、烟叶、畜牧业、蔬菜、干鲜果、道地中药材、马铃薯、魔芋等区域主导产业；加快发展恩施州休闲观光农业、优质粮油、水产业等特色优势产业。

（一）茶叶产业

按照品牌引领、抱团发展的思路，大力推进茶叶产业链建设，优化"八块（八

大基地板块）、六园（六大产业园）、四线（四条茶旅线）"区域布局。到 2020 年，茶叶产业综合产值将达到 150 亿元。

1. 产业基地布局

按照恩施州茶叶资源空间分布和发展基础，规划布局了八大产业基地板块：①恩施玉露板块。以恩施市盛家坝、芭蕉、白果、屯堡、龙凤坝、白杨坪、太阳河、崔坝、沙地等乡镇为主，建设名优绿茶和黑茶生产基地。②利川工夫红茶板块。以利川市毛坝、忠路、沙溪、文斗等乡镇为主，建设优质红茶生产基地。③鹤峰茶板块。以鹤峰县太平、容美、燕子、五里、走马、中营、下坪、邬阳等乡镇为主，建设优质出口茶基地。④伍家台贡茶板块。以宣恩县晓关、椒园、万寨、长潭河等乡镇为主，建设名优绿茶和黑茶生产基地。⑤咸丰唐崖土司茶板块。以咸丰县高乐山、清坪、小村、黄金洞、尖山、活龙坪等乡镇为主，建设优质绿茶和乌龙茶生产基地。⑥炜丰茶板块。以建始县长梁、三里、红岩寺、官店等乡镇为主，建设优质乌龙茶生产基地。⑦金果茶板块。以巴东县溪丘湾、沿渡河、金果坪等乡镇为主，建设优质绿茶生产基地。⑧金祈藤茶板块。以来凤县三胡、革勒车、大河等乡镇为主，建设藤茶生产基地。

2. 产业园区布局

按照茶产业发展目标，规划建设六大茶产业园区：①恩施硒茶产业园。建设地点为恩施市，建成集硒茶产品交易、茶叶质量检测、茶叶专用物资、茶叶电子商务、茶博馆于一体的综合产业园。②利川红茶产业园。建设地点为利川市，建成集工夫红茶精深加工、茶叶电子商务、茶产品交易于一体的红茶聚集区。③鹤峰茶叶产业园。建设地点为鹤峰县，建成绿茶、红茶出口产品加工示范区。④咸丰唐崖土司茶产业园。建设地点为咸丰县，以乌龙茶和绿茶精深加工为主，建成集茶叶科技研发、精深加工和电子商务于一体的产业园。⑤建始乌龙茶产业园。建设地点为建始县，以乌龙茶加工为主，建成集基地、加工、交易市场于一体的产业园。⑥来凤金祈藤茶产业园。建设地点为来凤县，以藤茶精深加工为主，建成武陵山区藤茶科研营销中心。

3. 茶旅融合布局

按照茶旅融合规划目标，应建成四条茶旅线：①大黄龙观光旅游线。打造恩施大峡谷—屯堡—龙凤—小渡船—白果—盛家坝—芭蕉—黄金洞—毛坝—腾龙洞茶叶生态文化旅游圈，将茶文化、民俗文化、自然风光融为一体。②木耳山茶海旅游线。打造鹤峰县城—五里革命遗址—走马镇汪家堡密植速成茶园发源地—升子新农村—木耳山世界茶谷—鑫农出口茶叶加工厂区—鑫农苑万顷生态茶海旅游线，将茶园观光、红色旅游、自然风光融为一体。③宣恩贡茶生态旅游线。打造椒园—万寨—中武当遗址—七姊妹山生态茶旅游线，将茶园观光、生态观光融为一体。④神农生态茶园旅游线。打造巴东库区—溪丘湾—沿渡河—神农溪茶叶生态观光旅游线，将茶体验、自然风光融为一体。

（二）烟叶产业

恩施州烟叶产业发展围绕"稳规模、上质量"，加大"三个基本"（基本烟区、基本烟田、基本烟农）建设力度，加强"两烟"基础设施管护，打造"清江源"优质山地特色烟品牌，推进烟草产业由数量效益型向质量效益型转变。到 2020年，烟叶种植规模恢复到 50 万亩，其中烤烟 43 万亩左右、白肋烟 6.6 万亩左右、雪茄烟 0.4 万亩左右；收购总量恢复到 120 万担，其中烤烟 100 万担、白肋烟 20万担、雪茄烟 0.4 万担；烟叶产业综合产值达到 100 亿元以上。

1. 烤烟基地布局（23 个）

围绕恩施州烟叶发展目标规划建成 23 个烤烟基地：①恩施市（4 个）：盛家坝基地；红土基地；城郊基地，区域为三岔乡、白杨坪镇、龙凤镇、舞阳办事处等；沐抚基地，区域为沐抚办事处、屯堡乡和白果乡。②利川市（5 个）：柏杨基地，区域为柏杨坝镇和南坪乡；汪营基地，区域为汪营镇、谋道镇和凉雾乡；文斗基地；元堡基地，区域为团堡镇、元堡乡、沙溪乡和东城烟区；忠路基地。③咸丰县（3 个）：高乐山基地，区域为高乐山镇、忠堡镇和尖山乡；丁寨基地，区域为丁寨乡和坪坝营镇；清坪基地，区域为清坪镇和黄金洞乡。④巴东县（3个）：野三关基地，区域为野三关镇、大支坪乡和水布垭镇；茶店子基地，区域为茶店子镇和绿葱坡镇；官渡口基地，区域为沿渡河镇、溪丘湾乡和官渡口镇。⑤宣恩县（4 个）：晓关基地；椿木营基地，区域为椿木营乡和长潭河乡；椒园基地，区域为椒园镇、珠山镇和万寨乡；沙道沟基地，区域为沙道沟镇、高罗镇和李家河乡。⑥鹤峰县（2 个）：燕子基地，区域为燕子乡、容美镇和太平乡；中营基地，区域为中营乡和下坪乡。⑦建始县（1 个）：茅田基地，区域为茅田乡和龙坪乡。⑧来凤县（1 个）：大河基地，区域为大河乡、旧司乡、三胡乡、绿水镇、漫水乡和百福司镇。

2. 白肋烟基地建设

依据烟叶发展规划，恩施州推进白肋烟基地建设 6 个：①恩施市（1 个）：崔坝基地，包括崔坝镇和沙地乡。②建始县（3 个）：高坪基地；花坪基地；官店基地，区域为官店镇和景阳河镇。③巴东县（1 个）：水布垭基地，区域为水布垭镇、金果坪乡、清太坪镇和野三关镇。④鹤峰县（1 个）：五里基地，区域为燕子乡、容美镇、太平乡和五里乡。

（三）畜牧产业

恩施州畜牧产业发展坚持以"猪禽提质、牛羊增量、龙头做大、特色做强"为目标，以肉牛、肉羊、奶牛、生猪、蛋禽、肉禽等优势区域建设为重点，打造畜禽产业带（区）。到 2020 年，畜牧业综合产值达到 200 亿元。

1. 生猪

重点打造"两线两片"生猪养殖基地。"两线"分别是 318 国道沿线生猪养殖带和 209 国道沿线生猪养殖带，建成 27 个生猪大乡（镇），年出栏生猪 370 万头；"两片"是重点布局鹤峰、咸丰东南两大生猪养殖片，建成 10 个生猪大乡（镇），年出栏生猪 130 万头。

2. 家禽

1）鸡：一是建设清江流域肉鸡养殖基地，以景阳鸡生态肉鸡为重点，年出栏优质肉鸡 3000 万只；二是建设以城镇为轴心的 2000 万只生态鸡养殖基地。

2）恩施麻鸭：一是以来凤县翔凤镇、三胡乡，宣恩县李家河镇、沙道沟镇、高罗镇为中心的酉水流域恩施麻鸭养殖基地，年出笼肉鸭 100 万只，鸭蛋 4000 吨；二是以利川市南坪、汪营、凉雾为中心的盆坝区恩施麻鸭养殖基地，年出笼肉鸭 100 万只，鸭蛋 4000 吨。

3. 草食畜牧业

1）肉牛：在高山、二高山草山草坡资源丰富的地区，建设半舍饲半放牧的肉牛养殖基地，年出栏肉牛 35 万头以上。

2）奶牛：在各县（市）城郊区发展奶牛养殖业，扶持饲养奶牛 50 头以上的大户 50 户，总饲养量达到 3000 头，年产牛奶 2500 吨以上。采取集中饲养、集中采奶、统一加工、分散销售、适时监管的方式进行规范化生产加工，确保奶品安全。

3）肉羊：建设"两江流域"肉羊养殖基地。分别为清江流域肉羊养殖基地和长江流域三峡库区肉羊养殖基地，年出栏肉羊 180 万只以上。

4. 其他特色养殖业

1）长毛兔：以鄂渝边境的利川建南、谋道为中心建设长毛兔养殖基地，养殖长毛兔 20 万只，年生产兔毛 260 吨以上。

2）中华蜜蜂：在富硒蜜粉植物资源丰富地区积极发展蜜蜂养殖业，建立以鹤峰县和宣恩县七姊妹山自然保护区为重点的中华蜜蜂资源保护区，大力推广中蜂活框饲养技术。到 2020 年，养蜂 8 万箱，其中活框饲养 3 万箱，年产蜂蜜总量 600 吨以上。

（四）蔬菜产业

恩施州立足于高山气候优势、城市需求侧优势和地方特色资源优势，重点建设高山蔬菜、城郊蔬菜、地方特种菜和山野菜经济带。到 2020 年，蔬菜种植面积将达到 200 万亩。

1. 高山蔬菜

以利川齐岳山（谋道、汪营、南坪、白杨）30 万亩片区，恩施红土和新塘、宣恩椿木营、鹤峰中营、建始官店 20 万亩片区，巴东绿葱坡、大支坪、野三关 15 万亩片区等三个片区为重点，着力打造恩施板桥、沙地，建始龙坪，利川凉雾、团堡，咸丰活龙坪、唐崖、黄金洞，鹤峰燕子、五里 10 个万亩专业乡镇，100 个千亩专业村。到 2020 年，高山蔬菜种植规模将达到 100 万亩。

2. 城郊蔬菜

以 11 个城关镇（办事处）为重点，以恩施三岔、龙凤，利川团堡、元堡，建始长梁，巴东茶店子，宣恩椒园，咸丰忠堡、丁寨，来凤绿水、旧司，鹤峰太平等乡镇为补充。到 2020 年，城郊蔬菜种植面积将达到 30 万亩，其中设施蔬菜基地 10 万亩以上。

3. 地方特种菜

以来凤绿水、翔凤、漫水、百福司、旧司等乡镇为重点，建设 5 万亩凤头姜基地；以利川团堡、柏杨、汪营、南坪等乡镇为重点，建设 5 万亩山药基地；以巴东清太坪、野三关、茶店子、金果坪、水布垭等乡镇为重点，建设白皮大蒜基地 5 万亩；以利川福宝山开发区、凉雾、汪营、忠路等乡镇为重点，建设莼菜基地 3 万亩；以鹤峰走马镇为重点，建设葛仙米基地 2 万亩。到 2020 年，地方特种菜生产基地将达到 20 万亩。

4. 山野菜

以鹤峰燕子、五里、太平，恩施三岔、崔坝，建始红岩、高坪，来凤翔凤、旧司，巴东溪丘湾等乡镇，以及城郊适宜区域为重点，大力推进薇菜、粉葛、蕨菜、鱼腥草等山野菜"野转家"种植。到 2020 年，山野菜基地种植规模将达到 10 万亩。此外，食用菌的发展以龙头企业为带动，以香菇、平菇为主要品种，建设食用菌生产基地 2 万亩。

（五）干鲜果产业

恩施州干鲜果产业发展应立足资源优势，顺应市场需求，按照"彰显特色、多果并举、开发精品、提质增效"要求，调整果品结构，培育新型主体，逐步实现"果业强、果农富、果乡美"目标。到 2020 年，干鲜果种植规模将达到 150 万亩，综合产值将达到 100 亿元。其中，水果基地 80 万亩，干果（板栗、核桃）基地 70 万亩。

1. 干果产业布局

核桃主要布局在恩施三岔，巴东野三关、清太坪、大支坪、水布垭、溪丘湾，利川柏杨、建南，建始景阳、花坪、邺州等乡镇；板栗主要布局在恩施沙地、三岔、盛家坝，巴东金果坪，鹤峰邬阳等乡镇。

2. 水果产业布局

水果产业布局整体按照"三带两线一区"实施产业布局：①长江流域巴东甜

橙带：以巴东茶店子、信陵、东壤口、官渡口、溪丘湾、沿渡河等乡镇为重点，建设鲜食加工兼顾的甜橙基地 10 万亩。②清江流域宽皮柑橘带：以巴东水布垭、金果坪、清太坪、东壤口、官渡口，建始景阳，恩施红土、新塘、沙地、三岔、舞阳、六角亭、小渡船、龙凤坝，宣恩李家河、万寨、长潭河、珠山等乡镇（街道办事处）为重点，建设早熟温州蜜柑、南丰蜜橘柑橘基地 15 万亩。③酉水流域柚类带：在宣恩高罗、沙道沟、李家河、来凤翔凤、旧司、绿水、漫水、百福司等乡镇为重点的低山地区，以贡水白柚为主，建设柚类基地 10 万亩。④恩黔高速砂梨线：以咸丰高乐山、忠堡、丁寨、坪坝营、朝阳寺、大路坝，宣恩椒园、晓关等乡镇为重点，建设优质砂梨基地 10 万亩。⑤沪渝高速砂梨线：以恩施崔坝、白杨坪、龙凤、白果，利川元堡、东城、都亭、凉雾、汪营等乡镇为重点，建设优质砂梨基地 15 万亩。⑥城镇近郊时令水果区：以城镇近郊和旅游景区周边为重点，选择猕猴桃、草莓、樱桃、桃、李、葡萄等品种，建设时令小水果基地 20 万亩。

（六）道地中药材产业

恩施州道地中药材产业按照发展目标，应建成道地中药材基地 100 万亩。其发展分三个带区、四个品类、三个重点进行规划与布局。

1）三个带区：海拔 800 米以下的低山区；海拔 800～1200 米的中山区；海拔 1200 米以上的高山区。

2）四个品类：道地药材类、重点开发类药材、市场调剂类药材、珍稀濒危类药材。

3）三个重点：以优势道地药材、药化原料药材和药食两用绿色药材为发展重点。

4）基地带区建设：海拔 800 米以下的低山地区重点发展品种：杜仲、银杏、凤枳壳、金银花等。海拔 800～1200 米的中山地区重点发展品种：木瓜、杜仲、银杏、丹皮、金银花、半夏、玄参、百合、贝母、白术、虎杖、桔梗等。海拔 1200 米以上的高山地区重点发展品种：厚朴、黄柏、梭罗果、黄连、党参、五鹤续断、独活、玄参、白术、当归、贝母、天麻、大黄、竹节参、七叶一枝花、江边一碗水、头顶一颗珠、文王一支笔等（表 8-1）。

5）分品类基地建设：主要道地药材 80 万亩，重点开发品种 10 万亩，市场调剂品种 5 万亩，特有珍稀品种 5 万亩。

6）主要品种和建设规模：以鸡爪黄连、五鹤续断、板党、玄参、白术、湖北贝母、紫油厚朴、皱皮木瓜、杜仲、黄柏等品种为主，规划发展 80 万亩。

表8-1　主要中药材品种种植区域分布

类别	品种	主要种植区域
木本类	紫油厚朴	1）武陵山脉种植区：新塘、红土、官店、中营、太平、走马、五里、椿木营等中高山区
		2）大娄山脉种植区：黄金洞、尖山、活龙坪、忠路、文斗、福宝山等中高山区
	皱皮木瓜	1）宣恩长潭河中高山区及鹤峰县西南部（太平至走马镇）；
		2）巴东县清太坪至金果坪一带的中高山区
	黄柏	1）以齐岳山为中心的西部种植区；
		2）以建始茅田至巴东绿葱坡一带为主的北部种植区；
		3）以鹤峰中营为中心的南部种植区
	杜仲	自建始业州至宣恩李家河，沿209国道的种植带，以此为中心辐射全州中低山地区
草本类	鸡爪黄连	以利川福宝山等高山地区为中心辐射全州
	五鹤续断	以鹤峰万寺坪等中山和高山地区为中心辐射全州
	湖北贝母	以宣恩椿木营、恩施新塘和红土、建始花坪为中心辐射全州高山区
	板党	以恩施板桥、利川柏杨为中心辐射全州高山地区
	白术	以咸丰小村和活龙坪、来凤革勒车等为中心辐射全州中高山区
	玄参	以巴东绿葱坡、建始龙坪为中心辐射全州中高山区

（七）休闲观光农业

恩施州应依托自然景观、特色产业、乡土风貌、文化遗迹、民居建筑、科技园区，点线结合，共促共融，打造一批独具山区特色的休闲观光农业模式。到2020年，国家级休闲农业示范县达到4个，国家级休闲农业示范点达到20个，省级休闲农业示范点达到30个，建设休闲旅游农业示范村100个。

1. 景区带动型

以恩施州内3A、4A、5A级等核心景区为依托点，重点建设乡村酒店、观光采摘园、休闲农庄、星级农家乐等，突出服务功能。

2. 都市农业型

以科技示范园、设施农业、苗木花卉、特色种养领域为发展方向，重点建设观光园、采摘园、体验园、科普园、农家乐等旅游产品，突出其农业的体验功能。

3. 特色产业型

主要围绕恩施州特色茶叶、蔬菜、瓜果、花卉、苗木和养殖等优质资源，重点建设生活体验、农事节庆、观光采摘、绿色餐饮、特色动植物欣赏等生态型产业基地，突出休闲功能。

4. 民俗文化型

成分挖掘和利用恩施州丰富多彩的民俗文化资源,围绕滚龙坝、金龙坝、二官寨、大水井、长干村张爷庙、海洋、鱼木、老屋基、五道水徐家寨、鼓架山铁匠沟、下黄柏园、铁炉、细杉、五里、新安、冷水溪、蛇盘溪、马家沟王母洞、郑家坝、庆阳坝、两河口、三家台、舍米湖、唐崖寺、张高寨、田家坝等传统村落或村落景观发展,重点推进民俗文化、红色文化、抗战文化与农耕文化相融合,突出度假功能。

5. 健康养生型

恩施州应依托其富硒资源,围绕森林公园、湿地公园、天然草场,重点推广补硒强体、户外运动、健康养老理念,突出养生功能。

(八)优质粮油产业

恩施州应充分发挥生态优势,大力发展优质粮油产业,在巩固利川市、建始县等产粮大县的基础上,大力推进优质粮油生产,全州粮食总产量稳定在每年160万吨以上。

1. 优质水稻

在恩施、利川、建始、咸丰、来凤等地,以种植优质籼稻为主,大力推进"籼改粳"和富硒大米生产。到2020年,将发展50万亩优质水稻生产基地。

2. 优质玉米

根据市场导向,遵从农民意愿,加强主体带动,推进种养结合,加快转型发展,大力推进青贮玉米、鲜食玉米、加工型甜玉米生产。到2020年,优质玉米生产基地面积将稳定在100万亩左右。

3. 优质油类

1)油菜:大力推进"高产、优质、双低"油菜生产,发挥油菜菜用、饲用、肥用和观光等多功能特性,提升油菜综合效益。到2020年,油菜基地面积将达到100万亩。

2)山茶油:以恩施、来凤为重点发展区域,大力推进山茶油基地建设。到2020年,山茶油基地面积将达到20万亩。

3)珍稀油脂:以利川为重点发展区域,适当发展"油用牡丹"、山桐子油等木本类油料。到2020年,珍稀油脂类基地面积将达到5万亩以上。

4. 优质杂粮

以恩施、利川、建始、巴东等县(市)为主,因地制宜发展红小豆、蚕豌豆、绿豆、荞类等杂粮作物。到2020年,杂粮种植总面积将达到20万亩。

5. 其他

以市场为导向,适度发展优质花生、大豆等其他经济作物。到2020年,优质花生种植面积将达到5万亩,优质大豆种植面积将达到20万亩。

（九）马铃薯产业

大力推进马铃薯主粮化发展。在海拔 1200 米以上高山地区，建立 50 万亩脱毒马铃薯、脱毒种薯繁育基地；在海拔 800～1200 米高山地区，建立 80 万亩加工原料薯基地；在 800 米以下低山地区，建立 50 万亩鲜食商品薯基地。到 2020 年，马铃薯种植总面积将达到 200 万亩。

（十）魔芋产业

重点建设东部、西北部、西南部三大基地板块，推行专业化发展和"121"（1 户农户利用房前屋后空闲地域或林地发展 2 分地魔芋种植，户均年增收 1000 元）工程模式。到 2020 年，将建设魔芋生产基地 50 万亩。

1. 东部板块

建始官店、景阳、花坪、红岩寺、高坪、茅田、龙坪，巴东金果坪、清太坪、野三关、绿葱坡，鹤峰邬阳、下坪、燕子、走马、太坪，恩施红土、沙地、新塘、崔坝、三岔，宣恩长潭河等 22 个乡镇，到 2020 年，总面积将达到 22 万亩。

2. 西北部板块

恩施太阳河、屯堡、白果，利川团堡、柏杨坝、凉雾、汪营、忠路、文斗、沙溪，咸丰活龙坪等 11 个乡镇，到 2020 年，总面积将达到 17 万亩。

3. 西南部板块

宣恩沙道沟、晓关，来凤革勒车，咸丰忠堡、坪坝营、清坪、黄金洞等 7 个乡镇，到 2020 年，总面积将达到 6 万亩。

（十一）水产业

恩施州水产业主要规划在恩施、建始、巴东、咸丰、宣恩、来凤等县（市），积极推进精养鱼池基地建设，重点发展大鲵、虹鳟、三文鱼等冷水鱼特色养殖。在利川、来凤重点推广"稻渔共生"生态水产养殖模式。

第二节 恩施州特色旅游资源产业发展布局

一、恩施州旅游发展原则与目标

（一）发展原则

恩施州旅游业发展要以自然为基础、以特色为根本、以文化为灵魂、以市场为导向，坚持"政府主导、市场主体、产业融合、区域发展、以人为本"的发展原则。

1. 政府主导原则

恩施州旅游业的发展还处于产业发展的初期，仅仅依靠市场的力量很难推动恩施州旅游业的发展，许多实践经验表明，类似于恩施州这样的欠发达区域，其旅游业在发展初期必须坚持政府主导原则，才能推动区域旅游的快速发展，坚持政府在旅游发展中的主导原则，实质就是要强化政府在旅游发展中的规划管理、资源管理、公共服务和市场监管方面的主导作用。

2. 市场主体原则

旅游业作为一个产业关联性很强的产业，发展到一定的阶段后，必须充分发挥市场主体在资源配置中的决定性作用，加大旅游招商引资力度，改革不适应旅游产业链建设的体制机制，这样才能增强旅游业发展的内生动力和外部推力。

3. 产业融合原则

大力推进旅游业与第一、第二、第三产业深度融合和旅游业内部结构的调整优化，坚持一次产业围绕旅游调结构，二次产业围绕旅游出产品，三次产业围绕旅游抓服务，促进"吃、住、行、游、购、娱"六要素协调发展，不断完善旅游产业链。

4. 区域发展原则

打造清江山水旅游带、地质奇观旅游带、民族风情旅游带等系列区域旅游品牌，并主动融入周边旅游大市场，实现资源共享、信息互通、客源互送、优势互补，推动区域旅游一体化；在发展中突出重点，以建设大牌景区、打造精品线路、完善旅游基础设施建设为重点。

5. 以人为本原则

始终顺应人民群众对旅游业的新期待，践行"游客为本、服务至诚"的核心价值观，注重维护人民群众在旅游发展中的各项权益，推动旅游业步入人本化开发、优质化服务、可持续发展的道路。

（二）发展目标

1. 总体目标

根据国民大众旅游消费需求升级、休闲度假需求日益旺盛、旅游投资消费日趋增长、旅游消费由公务接待消费为主体升级至家庭消费为主导的新趋势，恩施州应大力发展生态文化旅游产业，以旅游产业化、产业旅游化为方向，创新发展理念，深化旅游业改革发展，推进提质增效，大力实施"四千工程"（推进千亿元旅游投资、打造千公里旅游画廊、培育千余名旅游精英、形成千亿元产业规模），不断激发"旅游+"的整合力、提升力和拉动力，着力构建以生态旅游观光为基础、休闲度假为主导、民族文化为灵魂的生态旅游产业体系，把恩施州打造成为武陵山旅游圈中的核心板块、连接湘鄂渝黔旅游的枢纽，以及中国长江旅游带上的明珠、全国知名生态文化旅游目的地和养生休闲旅游基地，建成武陵山区最具示范性、引领性和创新性的旅游强州。

2. 具体目标

恩施州旅游业发展的具体目标是：到"十三五"末，旅游经济总量较"十二五"时期增长一倍。到 2020 年，全州将年接待海内外游客 7500 万人次以上，实现旅游总收入 500 亿元，较"十二五"期末翻一番，旅游业增加值占地区生产总值的比重超过 15%，在现代服务业中的贡献率达到 50%以上；旅游投资在全州固定资产投资中的比重达到 20%以上；实现直接就业 20 万人以上，带动间接就业 100 万人以上；培育 3～5 家省内知名的大型旅游企业集团，10 家以上旅行社进入全省"百强"行列；国家 4A 级以上旅游景区达到 32 家以上，其中 5A 级旅游景区达到 4 家以上，省级旅游度假区 3 家以上，国家级旅游度假区 1 家以上；全州旅游饭店床位达到 6 万张以上，其中州城达到 5 万张以上；全州星级饭店达到 80 家以上，其中四星级以上饭店达到 20 家，五星级饭店 3～4 家；旅游生产销售企业达到 30 家以上；旅游车辆达到 800 台以上；优秀旅游目的地城市、旅游强县达到 7 个以上；湖北省旅游名镇达到 5 个以上，旅游名村达到 20 个以上，星级"农家乐"达到 4000 家以上，各县市规划建设一批休闲农庄。

二、恩施州旅游发展要素建设与空间布局

（一）要素建设

恩施州旅游发展按照"立足六要素，完善产业链"的要求，大力发展"吃、住、行、游、购、娱"旅游基本要素，提高旅游产品组合能力，推动旅游产业聚集，培育旅游产业集群，优化旅游产业结构，加快构建完善的现代旅游产业体系。

1. "游"要素

在"游"要素上，开发山水观光、洞穴探奇、森林穿越、乡村远足、野外考察、名胜游览、历史访古、文化体验、民俗采风、祭祀朝拜、红色洗礼、工程参观、康乐疗养、运动拓展、休闲度假等不同特色和功能的各类旅游景区，推动恩施州旅游产品结构多元化。

2. "吃住"要素

在"吃住"要素上，适应旅游市场需求的大众化、多样化、个性化，优化空间布局、档次结构和功能设施，依托恩施州的"十大名吃"和"十大新派土家菜"，重点开发具有浓郁地方风味、土家风味、乡村风味、山野风味等的特色菜肴和绿色食品、便携食品、方便食品。

3. "行""购"要素

在"行"要素上，建成千公里绿色生态旅游公路，构建铁路、高速、航空和内循环"四位一体"的便捷旅游交通体系。

在"购"要素上，重点扶持开发土家西兰卡普织锦系列、羌绣系列、宝石花漆筷系列、木胎漆花瓶、藤木竹草艺术品、手工编织产品等旅游工艺品，富硒茶叶、凤头姜、土家腊肉、红心猕猴桃、太阳能野营灯等特色旅游商品，形成州城有大型购物中心、县城有购物街区、景区有购物场所、宾馆和游船有购物网点的旅游购物格局。

4. "娱"要素

在"娱"要素上，提升《夷水丽川》《腾龙飞天》《新龙船调》《西兰卡普》等经典剧目，创作土司文化经典剧目，促进文化、旅游深度融合。在旅游公共服务上，建设和完善游客接待中心、换乘中心、旅游厕所、标志标牌、信息咨询系统等，将八县市都建成优秀旅游城市（湖北旅游强县）。

（二）恩施州旅游发展空间布局

恩施州的旅游业发展要实现既定发展目标，必须大力实施旅游提升工程，加快旅游业转型升级，植入新型旅游业态，努力形成以"一个中心、两大板块、九大旅游功能区、十大核心景区"为骨架的旅游空间布局。

1. 打造州城旅游集散中心

恩施州旅游发展应充分发挥州城恩施市的地理区位优势、交通枢纽集群网络优势、经济综合优势和旅游产业优势，巩固和强化其旅游集聚功能、综合服务功能和辐射带动功能，使之成为带动恩施州全州、支撑鄂西南、辐射武陵地区的区域旅游集散中心。

2. 构筑两大旅游板块

恩施州应树立大旅游资源观，深入开发生态观光、休闲度假旅游资源，加快构筑具有不同特色和功能的南北两大旅游板块，使恩施州成为集多功能于一体的综合性旅游目的地和全国生态旅游发展的典型示范区。北线旅游板块包括恩施市、利川市、建始县、巴东县，以独特的地质奇观及清江山水为依托，加快完善城市功能特别是旅游接待和公共服务功能，尽快形成全国一流、国际知名的旅游品牌；南线旅游板块包括宣恩县、咸丰县、来凤县、鹤峰县，以土家族苗族风情、生态文化为载体，大力整合绿色生态和人文资源，加快开发和提升一批特色旅游项目，以点带面，滚动发展，打造具有较强吸引力和影响力的特色民俗文化旅游板块。

3. 构建九大旅游功能区

在"一个中心、两大板块"（以州城为中心，打造清江山水画廊、民族风情走廊两大旅游板块）的旅游发展布局总体框架下，按照区域旅游一体化的发展思路，恩施州应积极响应国家主题功能区规划，加快构建九大旅游功能区，以九大旅游功能区的联动发展引领全州旅游产业的转型升级，为州域旅游打下坚实的基础。九大旅游功能区具体分布如下：恩施大峡谷—腾龙洞地质奇观旅游区、神农溪纤夫文化旅游区、坪坝营—白岩山休闲养生旅游区、清江山水旅游区、酉水（白水）河土家风情文化旅游区、齐岳山—佛宝山避暑休闲旅游区、唐崖河—庆阳街土家族、苗族、侗族、羌族风情旅游区、建始直立人—古道文化体验区、诗画溇水文化旅游区。

4. 做大做强十大核心景区

围绕恩施大峡谷、腾龙洞、神农溪、坪坝营、三城景区（土司城、女儿城、施南古城）、清江画廊（含野三河、石门河）、唐崖河（含土司皇城、伍家台、狮子关）、佛宝山（含大水井）、仙佛寺（含彭家寨）、董家河（含五龙山、屏山）等十大景区的提档升级，做大做强恩施州十大核心景区，重点打造恩施旅游"引擎"，创建一批全省、全国顶级旅游景区，带动恩施旅游大发展。

第三节　恩施州特色富硒资源产业扶贫发展布局

一、恩施州富硒产业发展现状

（一）恩施州富硒资源概况

1. 恩施州硒资源分布

2015 年，湖北省地质局第二地质大队完成了"恩施州硒资源与生态农业地质调查"项目，按照 1∶500 000 比例尺对恩施州表层土壤的硒含量进行了初步调查。结果表明，恩施州土壤硒元素背景值为 0.408 毫克/千克，高于全国土壤硒的背景值 0.207 毫克/千克。富硒土壤（硒>0.4 毫克/千克）分布面积为 12 852.37 平方千米，占全州土地总面积的 53.305%；硒含量适中土壤（0.175 毫克/千克<硒<0.4 毫克/千克）面积 10 197.27 平方千米，占 42.293%；缺硒土壤（硒<0.175 毫克/千克）面积 1061.61 平方千米，占 4.402%。各县市土壤硒资源地理分布如下。

1）恩施市。富硒土壤分布区域包括：板桥大部区域、沐抚、龙凤镇大部区域、太阳河大部区域、白杨坪北部、屯堡、崔坝镇东部、白果坝大部、七里坪西部及南部区域、三岔大部、沙地大部、盛家坝中北部、芭蕉大部、新塘和红土全境。恩施市全境除富硒区域外，其余部分均为硒含量适中土壤分布区，主要集中在恩施市中部、白果坝东部—七里坪中部—白杨坪南部—崔坝镇西部连片，其余含硒区域零散分布在板桥北部、太阳河中部及南部、沙地南部、三岔中东部、芭蕉北东部。恩施市境内缺硒土壤基本不存在。

2）利川市。富硒土壤分布区域包括：柏杨中东部、团堡北部、汪营中南部、福宝山林场中部、忠路西部、毛坝中部、文斗大部及沙溪中北部。硒含量适中土壤分布区包括：建南东北部、谋道中部、南坪大部、柏杨西部及北部、汪营西部及东部、凉雾大部、利川市区、团堡中南部、忠路北部、元堡中南部、文斗中东部、沙溪中南部、毛坝中北部及西部。

3）建始县。富硒土壤分布区域包括：业州全部、长梁大部、茅田大部、龙坪绝大部分、高坪北部及南部、三里西北部、红岩中南部、花坪西部、景阳西部、官店大部。硒含量适中土壤分布区域包括：长梁中东部、三里东部、高坪中部、花坪中东部、景阳中东部、官店北部及中部局地。

4）巴东县。富硒土壤分布区域包括：沿渡河南部、溪丘湾北部、茶店子中部、绿葱坡大部、大支坪大部、野三关中南部、清太坪与水布垭交界部位、水布垭中东部及金果坪中部。硒含量适中土壤分布区域包括：沿渡河北部、溪丘湾南部、官渡口南部、东瀼口南部、信陵大部、茶店子除中部以外区域、绿葱坡东北部及南部、野三关大部、清太坪大部、水布垭西北及西南部、金果坪西南部。

5）宣恩县。富硒土壤分布区域包括：椒园大部、万寨北部、长潭河北部、椿木营大部、晓关大部、珠山中南部、李家河南部、高罗中西及东北部局地、沙道沟中北部。硒含量适中土壤分布区域包括：椒园东部局地、万寨中南部、长潭河南部、晓关中部局地、李家河中部、高罗中东部、沙道沟中部。

6）咸丰县。富硒土壤分布区域包括：活龙坪西部及东部、小村中部局地、黄金洞中东部、二仙岩药材场中东部、尖山中部、高乐山中部及东部局地、清坪中北部、坪坝营大部、丁寨大部、忠路西部。硒含量适中土壤分布区域包括：活龙坪中部、小村西部及南部、黄金洞北部及中南部、二仙岩药材场西部、尖山中部以外区域、高乐山西部及北部、朝阳寺、丁寨西部局地、坪坝营东部局地及忠路东部。

7）来凤县。富硒土壤分布区域包括：大河北部、革勒车北部、三胡北部连片地区、大河南部、胡家坪林场、漫水西北部、百福司北部连片地区、旧司东部及百福司南部局地。硒含量适中土壤分布区域包括：大河中部、旧司大部分区域、革勒车南部、三胡南部、翔凤、绿水大部分区域、漫水中南部及百福司中部。

8）鹤峰县。富硒土壤分布区域包括：太平中部、中营北部、邬阳西部、下坪中部以外区域、燕子中南部、容美北部及南部局地、五里西部及中东部局地、走马中西部。硒含量适中土壤分布区域包括：太平西部、中营东南部、邬阳中部、下坪中部、燕子中北部、容美中部、五里大部、走马西部及东部、铁炉大部。

2. 恩施州硒资源状态

恩施州硒资源相对丰富和集中，属于高硒区，拥有世界上规模最大、富集程度最高的硒矿床，具有开发利用、发展硒产业得天独厚的优势。

1）矿物硒资源。硒在自然界中一般不形成独立的矿床，而以杂质状态分散于其他矿物中，而恩施市新塘乡双河鱼塘坝硒矿区，已探明矿石储量 27 502 吨，C+D+E 级金属储量 74.214 吨，硒品位在 500～7800 克/吨，岩石中硒的含量最高达 6300 毫克/千克，是国外已发现最高含硒岩石的 11 倍。此外，在双河矿区外围还有 3 个硒矿点、12 个硒矿化点。

恩施州硒矿资源在全州主要赋存于二叠系下统茅口组、上统吴家坪组、大隆组和三叠系下统大冶组地层中，在寒武系地层中的石煤和炭质页岩中也有组分。全州硒矿资源分布广泛，恩施市、建始县、宣恩县为高硒分布区，矿石中硒含量一般在 0.07%～0.56%，平均含量 2%，其次为利川市、巴东县、鹤峰县及咸丰县和来凤县，相同的地层中均含有硒元素。另还伴有钒、钼、镍、锗、镓、锶等多种稀有元素，可供综合利用。现已查明高硒区分布在 240 个村，总面积超过 2400 平方千米。各县（市）煤硒均值分别为：恩施市 198 毫克/千克，宣恩县 167.7 毫克/千克，建始县 158.3 毫克/千克，鹤峰县 117.2 毫克/千克，利川市 111.4 毫克/千克，巴东县 71.8 毫克/千克，咸丰县 45.5 毫克/千克，来凤县 44.4 毫克/千克。检测结果证明，高硒区石煤中硒元素平均含量为 809.76 毫克/千克，且其他有益元素种类丰富，正是全世界低硒和缺硒地区土壤中所缺乏的元素。

2）生物硒资源。恩施州独特的富硒土壤、富硒地下水，使得生长在这片土地上的植物、微生物及动物体内硒的含量显著高于其他地区。相关地质研究资料表明，恩施州境内出露的二叠纪十余米厚的含硒石煤（含硒炭质页岩）是造成其岩层分布区内土壤、地下水和地表水及农作物中富集硒的主要因素，境内恩施、巴东、建始、鹤峰、宣恩等县市大面积出露的含硒炭质页岩矿石经风化、雨淋、水迁徙进入土壤和水体，高硒区土壤硒含量均值达到 19.11 毫克/千克，居世界最高水平，这些区域的粮食作物、饲草饲料、畜禽产品、中草药及山泉水中硒含量是国内其他地区的十几倍至几十倍，形成独特的天然富硒生物圈。在恩施州高硒地区，茶叶、油菜、大蒜、花生、魔芋等经济作物硒含量 0.63～295 毫克/千克；白菜、萝卜、南瓜、辣椒、茄子、四季豆等蔬菜硒含量 2.00～60.0 毫克/千克；玉米、小麦、豆类、稻米等粮食作物硒含量 0.3～28 毫克/千克；饲料饲草硒含量 1.0～77.69 毫克/千克，部分野生饲草硒含量高达 128.2～225.0 毫克/千克；中药材硒含量 0.43～235 毫克/千克；烟叶硒含量 3.84～53.4 毫克/千克。在高硒区内饲养的畜禽，其肉、蛋、奶硒含量均较高。猪肉、鸡肉、火腿、香肠、鸡蛋、奶粉、蜂蜜硒含量 0.02～3.03 毫克/千克。

同时，研究表明在恩施市新塘乡双河鱼塘坝硒矿区发现一种野生植物堇叶碎米荞，富集硒的能力超强，硒含量能够达到 4246.05 毫克/千克，是世界上目前发现的聚集硒元素最强的植物之一。此外，恩施州硒应用技术与产品开发研究院专家从矿区溪水中分离出富硒能力极强的菌株，该菌株对硒的富集浓度最高可达34 782.52 毫克/千克，远远高于现有的国内外研究和报道。

（二）恩施州富硒产业发展规模与效益

2015 年，恩施州硒产业总产值为 331.34 亿元，富硒茶产业集群、富硒绿色食品产业集群入选湖北省 97 个重点成长型产业集群。其中，硒农业总产值为 185.14亿元、硒工业总产值为 83.34 亿元、硒服务业总产值为 62.86 亿元（表 8-2），已形成较大规模，在国内硒产业发展格局中拥有举足轻重的地位和作用，整个硒产业呈现出良好的发展和增长态势。

表 8-2　　2015 年恩施州硒产业产值情况表

产业名称	总产值/亿元
硒农业	185.14
硒工业	83.34
硒服务业	62.86
硒产业	331.34

资料来源：相关数据信息由恩施州统计局提供

2015 年，恩施州硒产业的三次产业结构比为 55.88：25.15：18.97，基本形成了硒+农业、硒+工业、硒+服务业的"硒+X"融合发展产业结构模式。其中，硒农业所占比重超过 50%（图 8-1），硒工业和硒服务业占比相对较小，其比重之和不及 45%，这种情况表明：一方面，恩施州硒产业还处于发展的初级阶段，其发展主要依托于特色农业资源进行的硒产品开发，硒工业和硒服务业发展刚刚起步，具有较大发展空间和潜力；另一方面，恩施州硒产业结构未来优化的方向和领域，即在巩固硒农业优势的基础上，不断提升硒工业和硒服务业在整个硒产业中的比重和作用，不断优化硒产业结构。

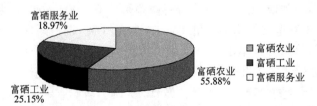

图 8-1　2015 年恩施州硒产业三次产业结构图

1. 硒农业发展规模与效益

（1）硒农业面积

恩施州统计局统计数据显示，2015年恩施州硒茶叶、烟叶、畜禽、粮油、蔬菜、干鲜果等基地建设面积达280万亩，其中标准基地建设面积达到194.28万亩，占全州特色农业面积的20%左右。其中，标准基地建设面积超过10万亩的有6个：硒粮食85.26万亩（其中硒马铃薯24.93万亩）、硒茶叶27.52万亩、硒蔬菜26.11万亩、硒药材19.81万亩、硒干鲜果12.71万亩、硒油料10.33万亩（表8-3）。同时，从表8-3可知，硒农业发展涵盖了油料、蔬菜、魔芋、药材、茶叶、烟叶、畜牧业、干鲜果、水产、粮食等10个具有浓郁地方特色的产业和领域，充分说明恩施州硒农业发展已达到相当大的规模。

表8-3　2015年恩施州硒农业标准基地建设面积情况表

产业	面积/万亩
硒油料	10.33
硒蔬菜	26.11
硒魔芋	1.90
硒药材	19.81
硒茶叶	27.52
硒烟叶	8.69
硒干鲜果	12.71
硒畜牧业	2.00
硒水产	0.25
硒马铃薯	24.93
硒粮食	85.26
硒农业	194.58

资料来源：相关数据信息由恩施州统计局提供

（2）硒农业产量

恩施州统计局的统计数据显示，2015年恩施州硒农业产量达到362.18万吨（表8-4）。其中，硒烟叶产量达到4.00万吨，占全州烟叶总产量的75%；硒茶叶7.81万吨，占全州茶叶总产量的93.76%；硒粮食123.47万吨（其中硒马铃薯24.35万吨），占全州粮食总产量的73.75%；硒油料7.78万吨，占全州油料总产量的74.1%；硒蔬菜174.62万吨，占全州蔬菜总产量的74.23%。可见，2015年恩施州的硒烟叶、硒茶叶、硒粮食、硒油料、硒蔬菜的产量都已占到全州烟叶、茶叶、粮食、油料、蔬菜等产业总产量的 70%以上，说明上述产业的硒产品产量在全州农业中的相应产量比重非常高，这也从一个方面反映了恩施州硒农业已达到较好的发展规模和水平。此外，硒水产 0.47 万吨、硒干鲜果 30.41 万吨、硒魔芋 13.6 万吨，其产量也都达到了较高水平。

表 8-4   2015 年恩施州硒农业产量情况表

产业	产量/万吨
硒油料	7.78
硒蔬菜	174.62
硒魔芋	13.60
硒药材	—
硒茶叶	7.81
硒烟叶	4.00
硒干鲜果	30.41
硒畜牧业	—
硒水产	0.47
硒马铃薯	24.35
硒粮食	123.47
硒农业	362.18

资料来源：相关数据信息由恩施州统计局提供

（3）硒农业效益

2015 年恩施州硒农业总产值为 185.14 亿元，占全州硒产业总产值的 55.88%，占全州农林牧副渔业总产值 247.39 亿元的 74.84%。数据说明，硒农业在整个硒产业的产值构成中，占据着主导优势地位；同时，硒农业产值在全州农林牧副渔业产值占比（74.84%），相比较硒农业面积在全州农业面积占比（20%），说明硒农业效益较明显。按照种养（殖）结构划分，硒种植业产值为 109.11 亿元，占全州农林牧副渔业总产值的 44.1%。其中，硒粮食 36.36 亿元、硒油料 3.44 亿元、硒蔬菜 22.41 亿元、硒魔芋 2.81 亿元、硒药材 7.97 亿元、硒茶业 25.84 亿元、硒烟叶 5.27 亿元、硒干鲜果 5.01 亿元。硒养殖业总产值为 76.03 亿元，占全州农林牧副渔业总产值的 30.73%。其中，硒畜牧业产值 75.14 亿元、硒水产产值 0.89 亿元（表 8-5）。上述数据表明，硒种植业产值明显高于硒养殖业产值，这与目前全州农业结构中种植业与养殖业的产值结构基本一致。

表 8-5　2015 年恩施州硒农业产值情况表

产业	总产值/亿元
硒粮食	36.36
硒油料	3.44
硒蔬菜	22.41
硒魔芋	2.81
硒药材	7.97
硒茶业	25.84
硒烟叶	5.27
硒干鲜果	5.01
硒种植业	109.11
硒畜牧业	75.14
硒水产	0.89
硒养殖业	76.03
硒农业	185.14

资料来源：相关数据信息由恩施州统计局提供

2. 硒工业发展规模与效益

（1）硒工业发展规模

2015 年恩施州硒工业发展比较迅速，市场主体逐步壮大，规模以上企业达到 101 家，硒工业呈现"两大带两小"（"两大"指农副食品加工业企业与酒、饮料和精制茶企业；"两小"指食品制造业企业和医药制造业企业）的基本格局。其中，农副食品加工业企业（48 个）和酒、饮料和精制茶企业（40 个）二者占到 101 个规模以上企业数量的 87.13%，食品制造业企业（9 个）和医药制造业企业（4 个）只占到 12.87%，这与全州特色工业的结构基本相符。从主要行业分类来看，一是 48 个农副食品加工企业中，主营谷物磨制的企业 4 个、植物油加工企业 4 个、屠宰及肉类加工企业 9 个、水产品加工企业 1 个、蔬菜水果和坚果加工企业 9 个、其他农副食品加工企业 21 个；二是 40 个酒、饮料和精制茶企业中，精制茶加工企业 36 个、酒制造企业 2 个、饮料制造企业 2 个。

（2）硒工业产业效益

恩施州统计局统计数据显示，2015 年，恩施州硒工业总产值为 83.34 亿元，占当年全州规模以上工业总产值（394.19 亿元）的 21.14%。在硒工业产值构成中，硒农副食品加工业和硒酒、饮料和精制茶制造业两个领域产业效益日益凸显，其中，硒农副食品加工业总产值为 38.35 亿元，硒酒、饮料和精制茶制造业为 34.73 亿元，二者产值之和占硒工业总产值的 87.7%；硒食品制造业和硒医药制造业的产值分别为 7.33 亿元、2.93 亿元（表8-6），二者产值之和仅占硒工业总产值的 12.3%。可见，硒工业内部硒农副食品加工业和硒酒、饮料和精制茶制造业产值所占比重较大，而硒食品制造业和硒医药制造业所占比重较小（图 8-2），这也从产值结构角度反映了恩施州硒工业"两大带两小"的基本格局。

表 8-6   2015 年恩施州硒工业产值情况表

指标	总产值/亿元
硒农副食品加工业	38.35
硒食品制造业	7.33
硒酒、饮料和精制茶制造业	34.73
硒医药制造业	2.93
硒工业合计	83.34

资料来源：相关数据信息由恩施州统计局提供

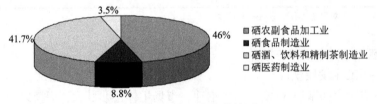

图 8-2   硒工业产值结构图

（3）硒工业品牌效益

2015 年，恩施州中国驰名商标的品牌数量达到 4 件（"恩施玉露""长友""三峡""伍家台贡茶"），湖北著名商标总数达到 69 件，湖北名牌产品总数达到 46 个，"三品一标"认证产品总数达到 246 件。"恩施硒茶"完成在国家工商行政管理总局的注册申报。2015 年 10 月，"恩施玉露茶文化系统"被农业部命名为"中国传统农业文化遗产"；2015 年 12 月，在国际马铃薯研究中心亚太中心、中国作物学会马铃薯专业委员会、中国农产品市场协会、中国优质农产品开发服务协会、中共恩施州委、恩施州人民政府共同举办的 2015 年南方马铃薯大会上，"恩施硒土豆"被中国优质农产品开发服务协会授牌为"2015 最受消费者喜爱的中国农产品区域公用品牌"。 2016 年 6 月， 浙江大学 CARD 中国农业品牌研究中心发布《2016 中国茶叶区域公用品牌价值评估报告》，其中恩施玉露、恩施富硒茶品牌价值分别达 13.28 亿元、11.32 亿元，分别比 2014 年增长 22.74%、20%。

3. 硒服务业发展规模与效益

（1）硒服务业规模

恩施州硒服务业主要集中在硒养生旅游服务、硒农产品流通、硒工业品流通、硒研发成果交易与硒研发投入等领域。其中，以"硒游记"、特色乡村游为代表的硒养生全域旅游服务发展规模和发展速度最为显著，基本代表了恩施州硒服务业的发展规模现状。2015 年接待游客人数 3700.5 万人次，全州 A 级景区总量达到 33 家，4A 级及以上景区 16 家，其中 5A 级 2 家，高等级景区位居武陵山区前三位。利川腾龙洞、恩施大峡谷、巴东神农溪等景区被评为"灵秀湖北"十大旅游名片，咸丰唐崖土司皇城晋级世界文化遗产。2015 年，州政府成立了腾龙洞、大峡谷和鱼塘坝硒矿床"世界地质公园"创建工作领导小组，将恩施腾龙洞、大峡谷与鱼塘坝硒矿床捆绑申报"世界地质公园"。

（2）硒服务业效益

恩施州统计局统计数据显示，2015 年恩施州硒服务业总产值为 62.86 亿元，占整个硒产业总产值的 18.97%，其中，硒农产品流通环节增加值为 24.07 亿元、硒工业品流通环节增加值为 13.33 亿元、硒养生旅游服务业产值 25.32 亿元、硒研发成果交易额为 0.14 亿元、硒研发投入 0.27 亿元（表 8-7）。硒服务业产值结构中，硒养生旅游服务业产值和硒农产品流通环节增加值二者所占比重为硒服务业总产值的 78.57%，硒工业品流通环节增加值占 21.21%，而硒研发成果交易额和硒研发投入二者之和仅占 0.03%。上述数据表明：一方面，恩施州硒服务业发展具有明显效益，但尚处于发展初期；另一方面，硒服务业的产值主要集中在硒养生旅游产业和硒农产品流通环节，硒研发方面所占比例较小，硒服务业内部结构需进一步优化。

表 8-7　2015 年恩施州硒服务业产值情况表

指标	数额/亿元
硒农产品流通环节增加值	24.07
硒工业品流通环节增加值	13.33
硒养生旅游服务业产值	25.32
硒研发成果交易额	0.14
硒服务业总产值	62.86
硒研发投入	0.27

资料来源：相关数据信息由恩施州统计局提供

整体而言，恩施州的硒产业已形成较大发展规模，"硒＋X"产业融合发展模式基本形成，硒产业效益日益提升，整个产业发展具有广阔的发展前景。

二、恩施州富硒产业发展布局

（一）发展目标

1. 总体目标

"十三五"期间，恩施州将大力实施"世界硒都·中国硒谷"建设战略，建成"全国富硒产业发展先行示范区"，着力提升"世界硒都·中国硒谷"品牌影响力。围绕这一总目标，将进一步夯实富硒产业基础，着力打造以富硒农业为核心产业，以富硒食品加工、生物医药为战略产业，以富硒健康养生为先导产业的"121"产业架构。到 2020 年，恩施州富硒产业综合产值将达到 700 亿元，初步建成率先发展、辐射中部、联动全国、面向世界的富硒产业要素聚集地、富硒产业创新策源地、富硒产品标准制定地、富硒健康养生旅游目的地、富硒特色文化传承地，"世界硒都·中国硒谷"的地域品牌影响力和美誉度显著提升。到 2025 年，恩施州富硒产业综合产值将达到 1500 亿元，基本形成与"世界硒都"地位相适应的产业竞争力、辐射带动力和创新驱动力，基本建成产业之谷、养生之谷、富民之谷。

2. 具体目标

（1）产业规模实现倍增

到 2020 年，恩施州硒产业总产值将达到 700 亿元，年均增长 16%以上。其中，硒农业产值将达到 200 亿元，年均增长 6%以上；硒工业产值将达到 280 亿元，年均增长 16%以上；硒养生旅游业产值将达到 220 亿元，年均增长 30%以上，吸引旅游观光人数将达到 3500 万人次/年。富硒产业竞争力、影响力、渗透力和辐射力不断增强，成为国民经济的重要支柱产业。

（2）产业基础明显增强

到 2020 年，在恩施州范围内建成 100 个富硒产业示范村、10 个富硒产业重点园区、150 个富硒农业示范基地、30 个富硒养生示范园（景）区、40 个富硒产业重大项目，并建成一批富硒产品营销服务平台和一批富硒产业人才培育基地，富硒产业发展的集聚效应和示范效应日益显现。

（3）市场主体量质提升

到 2020 年，恩施州硒产业企业总量将突破 300 家，其中，国家高新技术企业将突破 40 家，年收入过 20 亿元的企业 3 家以上，年过 10 亿元的企业 8 家以上，年过亿元的企业 50 家以上，上市企业实现零的突破。

（4）创新体系基本形成

整合农业科技人才资源，突出产业特色，建立富硒农业产业技术体系，设置产业技术研发中心和若干个综合试验站。依托州内科研机构、高校和高新技术企业，联合州外高校、科研院所和知名企业，创建国家级、省级工程技术研发中心、重点实验室 5 家以上，企业技术中心 40 家以上。

（5）品牌特色充分彰显

"世界硒都·中国硒谷"地域品牌知晓度、知名度、美誉度进一步提升。恩施硒茶、恩施硒土豆等州域公共品牌影响力进一步增强，新培育一批恩施硒菜、恩施硒果、恩施硒粮油、恩施硒中药材等州域公共品牌。新增"中国名优硒产品"100 种、"特色硒产品"100 种、中国驰名商标 2 件、湖北省名牌产品 50 个、湖北省著名商标 50 件。"中国硒产品博览交易会暨中国恩施·世界硒都硒产品博览交易会"进一步做实，品牌影响力、辐射力显著增强。

（二）发展布局

恩施州富硒产业是绿色产业、健康产业，是新兴产业、战略产业，是一个独立的产业体系，不能简单归结为特色产业的子产业，更不能视为农业的附加、捆绑与延长，在认识上要从原来的"X + 硒"转变为"硒 + X"，以硒元素为主体，其他为附加，跳出把硒作为"配料"或者"可有可无，有当然更好"的误区，真正把硒产业作为富民、健民、益民的主导产业。

1. 硒 + 农业基地布局

将富硒农业生产基地布局在富硒土壤带。根据特色农业地域优势，对农业空间布局进行引导，形成"336"的富硒农业发展布局：三大主导农业生产带，即富硒茶叶生产带、富硒烟叶生产带、富硒粮油（含马铃薯）生产带；三大特色种植业板块，即蔬菜种植板块、水果种植板块、中药材板块；六大畜禽渔优势区，即黑猪优势区、黄牛优势区、山羊优势区、景阳鸡优势区、麻鸭优势区、冷水鱼优势区。按照"企业 + 合作社 + 基地 + 农户"的模式，恩施州建设富硒产业专业乡镇 50 个，建设富硒农产品种植、养殖基地 500 万亩以上，其中标准化富硒功能农业基地 300 万亩。

2. 硒 + 产业园区布局

遵循统筹规划、合理布局、依托优势、强化中心的原则，加快产业结构调整和资源整合，打造布局科学、分工合理、特色鲜明、有较强核心竞争力的现代产业园区，按"2 区 + 8 园"的思路建设富硒产业园。"2 区"即硒谷高新区、利川医药产业高新区，州城 2 个开发区以硒高新技术、科技孵化、硒产品营销、硒产品会展、硒文化创意产业、养生保健产业、硒物流产业等服务产业为主，打造硒谷高新技术产业开发区，建成富硒服务业高地；利川腾龙工业园以硒中医药保健、生物医药产业为主，建成医药、保健高新技术产业开发区。恩施市白果工业园以富硒功能食品、富硒肥料饲料、富硒矿泉水、化妆品产业为主；建始朝阳工业园以富硒饮料、富硒矿泉水产业为主；宣恩椒园工业以富硒农产品加工、物流产业服务为主；巴东野三关工业园、来凤工业园、鹤峰工业园、咸丰工业园以富硒农产品加工为主。

3. 硒 + 健康养生带布局

建设八大硒养生疗养带（恩施新塘乡、利川苏马荡、建始花坪、巴东平阳坝、宣恩水田坝、咸丰平坝营、来凤百福司、鹤峰木耳山），开发旅游地产，发展养生养老医疗保健产业；九大硒休闲旅游带（恩施大峡谷、利川腾龙洞、清江山水画廊、建始石门河、巴东神农溪、宣恩彭家寨、咸丰土司城、来凤三胡杨梅古镇、鹤峰屏山爵府），完善景区旅游商品销售；十大硒户外体验带[州城体验带（含恩施女儿城、施南古城、硒资源国际交易中心、龙凤生态城）、恩施体验带（含芭蕉枫香坡、鱼塘坝）、利川毛坝体验带、建始奇羊坝体验带、巴东野三关体验带、宣恩椿木营户外运动体验带、咸丰麻柳溪体验带、来凤翔凤镇体验带、鹤峰八峰山体验带、来凤三胡杨梅古寨体验带]。

第九章　恩施州特色资源产业精准扶贫制度创新研究

第一节　恩施州特色资源产业精准扶贫的原则与路径

一、特色资源产业精准扶贫的原则

（一）目标精准原则与对象精准原则

1. 目标精准原则

按照精准扶贫的要求，必须发展生产，也就是说要通过产业化扶贫模式创新，科学调整优化该贫困村原有产业结构，提高产业经济效益，持久带动全体贫困群众共同脱贫致富。特色资源产业精准扶贫目标要求产业项目具体精准到某乡（镇）、某村和每一户贫困户。新一轮精准扶贫的最根本要求是要通过扶贫让每一户贫困群众均能如期脱贫致富，不让一户贫困群众在全面建成小康社会的道路上掉队。具体到恩施州来说，到2019年，实现恩施州8个贫困县市、91个贫困乡（镇）、729个贫困村（含2015年脱贫的7个贫困村）全部脱贫，区域性整体贫困问题得到解决。恩施州全州产业扶贫形成模式，项目直补规范到户，贫困群众精准脱贫稳定增收的利益机制初步建立。以交通为重点的基础设施更趋完善，基本公共服务领域主要指标接近全省平均水平，社会保障和服务水平进一步提升；发展差距扩大的趋势得到扭转，区域经济步入一体化协调发展轨道，城乡统筹发展，民族团结稳定，社会和谐繁荣，与湖北全省、全国同步全面建成小康社会。这就要求在确定扶贫规划目标时，必须科学规划引领，全面整合资源，重点实施和推进基础设施、特色产业、基础教育、科技卫生等扶贫领域扶贫项目的精准性，确保贫困人口得到基本消除，经济发展水平得到明显提高，生态环境和村容村貌明显改善，村民素质得到明显提升，群众发展信心和幸福指数明显提升。

2. 对象精准原则

精准扶贫要求，要落实"一家一本台账、一个脱贫计划、一套帮扶措施"要求，精准识别贫困对象，逐村逐户登记造册，实施分类帮扶、跟踪服务。而特色资源产业化扶贫模式是针对有劳动能力和开发条件的低收入群体，这是保证产业化发挥精准扶贫作用的根本条件，即精确识别贫困户、精确登记造册、精确建档立卡、精确实行动态管理。主要是加强调查核实，针对不同类别的贫困户，有生产条件的、没有生产条件的、丧失劳动能力的等都需要区别对待，对贫困户的基本情况进行调查摸底、登记造册、建档立卡、动态管理。必须严格贫困人口建档立卡信息动态管理工作的程序，坚持公正、公开、公平的原则，按时按质全面精准完成贫困对象识别确认和建档立卡工作，力求做到"户有卡、村有簿、乡（镇）有册、县有档"。

（二）产业精准原则与保障精准原则

1. 产业精准原则

精准扶贫就是要找准特色资源产业发展的路子。要结合贫困村实际，因地制宜发展特色产业。要充分挖掘和发现本地区特色资源，紧紧瞄准贫困群体，积极利用和科学改善现有的生产条件，按"一村一策、一户一业"的原则，选准一条适合本村发展实际、适应本村资源优势、符合贫困群众发展条件的特色产业化扶贫道路。精准扶贫指导下的恩施州特色资源产业扶贫就要严格按照因地制宜、老百姓种植习惯及资源禀赋优势的原则，大力推进烟叶、茶叶、林果、药材、蔬菜等特色经济作物种植面积，积极调整产业结构，优化产业布局，建立优质农产品基地，注重引进有实力的大企业、大集团，对现有品牌资源进行整合，走基地化、规模化、集团化、市场化的路子，推动中高海拔地区产业发展。同时要进一步优化劳务产业，鼓励返乡创业，确保贫困群众实现产业增收和稳定发展。

2. 保障精准原则

要在产业化扶贫运作模式、战略投资者引进、内部管理机制体制等方面的创新上，坚持围绕产业化建设需要，充分结合本村贫困群众自身基本条件，精准保障产业化扶贫，让贫困群众持久受益，全面提高贫困群众自我脱贫、自我发展的能力。精准扶贫的终极目标是要让扶贫政策惠及家家户户，惠及每一个困难群众。在这个扶贫政策理论的指导下，要确保农业产业化扶贫达到最佳效果，就是要实现对全体贫困群众的全覆盖。要通过动员社会爱心人士与贫困家庭结对帮扶，动员在外企业单位、社会组织、村际结对帮扶共建等措施，进一步扩大贫困村联系覆盖面，形成全社会参与的大扶贫工作格局。严格落实帮扶到户机制，按照"五个到户"要求，即对象识别到户、政策宣传到户、措施具体到户、产业帮扶到户、目标明确到户，确保贫困群众应扶尽扶。

二、特色资源产业扶贫实施路径

（一）调研识别与特色资源产业定位

1. 调研识别

要实现特色资源产业精准扶贫目标，就必须进行大量的实地调研识别，前期大量细致的调研的目的是掌握村情、弄清民情、把准困情，实现"一县一档、一乡一簿、一村一册、一户一卡"的调研成果标准，为产业化扶贫模式选择与创新奠定基础。为此，当地政府要组建选派强有力的工作组实实在在进村入户进行调查摸底，详细调查了解每户村民家庭成员的基本情况、联系方式、收入来源、发展产业意向等，并如实做好登记，确保不漏户、不漏情况。以村民小组为单位分别召开群众大会，对精准扶贫工作开展深入细致的宣传和动员。要严格按照开展扶贫对象建档立卡工作的要求，精准进行贫困户识别工作，其基本流程如下。

1）户主申请。由贫困户填写好贫困农户申请表，要求写清家庭基本情况和贫困主因，农户承诺提供信息真实准确，并须亲自执笔申请。

2）投票识别。由驻村扶贫工作队、乡（镇）党委政府与村"两委"共同完成。首先，中央、省、州精准扶贫相关政策要做好思想动员和宣传教育，解读好贫困户识别的相关政策。其次，以村民小组为单位召开群众大会进行公开推选，将各小组全部农户按照姓名、家庭人数等情况以表格形式做成选票，再由各小组农户代表按照贫困户识别预定标准进行现场投票推选，投票结束当场唱票计票，当场公布得票结果。

3）民主会审。由部分党员代表和村民代表、村"两委"成员、乡（镇）党委政府代表和工作队全体成员一起召开会议，及时对各村民小组公开投票推选结果认真进行集体会审，严格把关，对不符合要求的农户取消其参与识别资格并及时修改。通过综合评审，对不符合相关规定标准的农户取消识别资格。

4）公示公告。将经综合评审后的识别结果及时在全村村务公开栏处进行公告公示，公示期不少于7天，接受广大人民群众和社会各界监督。在识别过程中，工作队和村"两委"、乡镇党委政府坚持公平、公正、公开的原则，在村级民主评议前，将扶贫对象识别政策、建档立卡人数等结果在村内公告公示，接到质疑和举报时，及时深入调查，确有问题的立即取消其识别资格，并从公投得票靠前但落选的农户中依次进行递补。

5）乡（镇）把关。将经公示无异议的识别结果名单按程序报乡（镇）党委、政府再次审核把关，经二次复核无误并公示无异议后，再提交县级审核。

6）县级复核。由县扶贫开发办对各乡镇上报的贫困户识别结果名单认真审查，复核无误并经公示无异议后，提交县人民政府审批。

7）建档立卡。驻村工作队根据县人民政府的最终审批结果，组织人员进村组到户开展调查登记并完成建档立卡工作。

2. 产业定位

习近平同志在视察湘西土家族苗族自治州时就精准扶贫提出了"因地制宜、发展生产"的重要指示，是对精准扶贫与特色资源产业扶贫有机融合的有效举措。从恩施州广大扶贫村来看，要围绕州内资源优势和生产条件，通过充分的前期考察，对整个产业布局、技术、市场、管理有个整体认识。按照"一乡一业、一村一品、一户一计、一人一方"的精准要求，提出产业布局的方向、规模、方式等方案。重点围绕烟叶、茶叶、畜牧业、林果、蔬菜、药材等特色资源产业，合理布局和适度发展一批特色农业产业示范园。在每个乡镇建一个以上千亩示范园，每个行政村建立一个农民专业合作社，每个乡镇创办一个以上州级示范社，积极培育一批带动能力强、市场前景好的龙头企业。

（二）特色资源产业论证与模式选择

1. 特色资源产业论证

特色资源产业论证是对即将选定的扶贫产业的未来发展趋势进行科学评估，其作用与意义在于通过科学分析，获得对该农业产业发展趋势的评估数据，提高对农业产业发展趋势判断的准确性，加深对扶贫产业发展趋势的理解，及时发现农业产业扶贫的各种障碍。其具体流程了解产业链条—确定分析提纲—调查搜集资料—拟定分析报告—评定分析结果；特色资源产业论证的具体形式为通过召开村民大会、贫困户代表会、村组干部会、县乡干部会和专家论证会，对本村农业产业化扶贫路径进行科学认证、民主表决。

特色资源产业论证的主要论证内容：①明确所分析的产业对象、目标和要求；②明确所论证的产业外延，即什么产品或服务；③掌握产业现状和发展基础；④特色资源产业发展因素分析主要分为需求分析、供给分析、供求关系分析、企业分析、制度和政策分析、贫困农户现状分析及产业发展环境分析；⑤根据前面的因素分析结果进行综合分析，提出预测性结论。

2. 模式选择

在精准扶贫政策理论指导下，在广大贫困农村实施农业产业化扶贫是促进农业产业结构优化调整升级、提高农产品附加值和市场竞争力、促进农民增收致富的重要手段。科学选定适合扶贫村产业发展实际的农业产业化扶贫模式意义十分重大。重点要解决以下三个问题。

首先，要明确以精准扶贫加快特色资源产业化进程的思路。一是要实现特色资源产业基地规模化，坚持"高起点规划、大规模推进、特色化发展"的产业发展思路，突出各区域品种特色，有计划、有侧重地发展培植壮大成支柱产业，逐步形成"特色化开发、规模化种植、标准化建设、产业化发展"的良性发展格局。

二是产业化发展投入要多元化。要将扶贫开发资金、以工代赈资金、农业发展资金、金融资金等进行捆绑扶持。三是要在推进种苗培育标准化、建园标准化、管理精细化等方面做足文章、做活文章。

其次，精准选择特色资源产业化经营方式。要坚持龙头企业带动，进一步扶持、发展和壮大龙头企业，增强龙头企业对贫困对象的带动能力。要坚持以市场为导向，引导龙头企业把产品做优做强，形成特色品牌，以提高市场综合竞争力。要全面覆盖贫困群众，专业合作社必须优先考虑贫困户，在此基础上再全面提高农民组织化程度，不断延伸相关产业链条。

最后，精准破解农业产业化扶贫障碍。一是要破解政策障碍，各级党委、政府及相关职能部门要为农业产业化扶贫扫清一切政策束缚，让全体扶贫工作人员、龙头企业、广大干部群众轻装上阵。二是要破解要素保障制约，要充分、科学整合各类要素资源，特别是要整合使用各类扶贫资金，合理使用金融贷款，灵活引进社会资金，全力支持农业产业化扶贫。三是要破解管理和技术障碍，各级党委、政府特别是县乡两级，要切实改进组织引导方式，全力集中技术、资金等力量，全面加强业务骨干培训，培养造就一批有远见、懂管理、懂技术的龙头企业管理骨干，全力助推骨干产业发展壮大。

第二节　创新精准扶贫合力攻坚与动态管理机制

一、创新精准扶贫合力攻坚机制

（一）完善驻村帮扶机制

完善驻村帮扶机制，打通精准扶贫滴管通道。工作队要把精准扶贫与新农村建设紧密结合，认真分析贫困村、贫困户致贫原因，制定驻点村五年帮扶长期规划及年度实施方案。突出"三帮一扶"的工作重点，工作队要帮助转变思想观念、帮助制定脱贫致富规划、帮助提高素质能力，扶持建起一项当家产业或致富项目。根据扶贫投入、帮扶资源情况，结合贫困户的思想、身体、文化、技能等素质，合理确定帮扶目标。各级各部门要安排驻村帮扶力量，确保每个贫困村有帮扶单位和驻村扶贫工作队、每个贫困户都有帮扶责任人。落实驻村帮扶包底保障责任制，中央、省、州、县、乡扶贫工作队队长兼任驻点村第一书记，并充分发挥好第一书记的主体责任。建立帮扶长效机制，完善驻村工作队管理办法，落实保障措施，建立激励机制，开展定期督查考评，做到不脱贫不脱钩，实现驻村帮扶规范化、制度化、长期化。对在基层一线工作成绩突出、群众欢迎的驻村干部，重点培养使用。

（二）合力攻坚机制

加强对口支援、定点帮扶和市场扶贫、社会扶贫力度，形成政府、市场、社会协同推进的大扶贫格局。积极争取中央直属机构驻恩施州的帮扶单位加大定点帮扶力度。组织联系省内大中城市对口帮扶困县，经济强县、强乡（镇）开展区域对口帮扶。组织开展行业对口支援行动，引导三甲医院、省州名校与贫困地区医院、薄弱学校建立长期合作协作关系。巩固和提高驻地部队和武警部队扶贫参建成果，进一步提高部队帮扶的精准度。充分发挥各民主党派、无党派人士在人才和智力扶贫上的优势和作用。改善软、硬环境，吸引各种资源要素向贫困地区配置，各类市场主体到贫困地区投资发展。通过政府购买服务等方式，鼓励各类社会组织开展到村到户精准扶贫。吸纳农村贫困人口就业的企业，按规定享受税收优惠、职业培训补贴等就业支持政策。鼓励有条件的企业设立扶贫公益基金和开展扶贫公益信托。落实企业和个人公益扶贫捐赠所得税税前扣除政策。探索发展公益众筹扶贫。深入开展"扶贫帮困网络直通车"活动，建立帮扶需求对接平台，实现精准帮困，形成大扶贫、大社会、大促进格局。

二、创新精准扶贫动态管理机制

根据中央和省委打赢脱贫攻坚战的精神和精准扶贫"1 + N"的政策体系部署，恩施州全面贯彻落实、切实推进以《中共恩施州委、恩施州人民政府关于全力推进精准扶贫精准脱贫的决定》（恩施州发〔2015〕9 号）为核心的"1 + N + M"政策体系。一是落实"1"，州委六届八次全会审议通过《中共恩施州委、恩施州人民政府关于全力推进精准扶贫精准脱贫的决定》，细化推进省委《中共湖北省委湖北省人民政府关于全力推进精准扶贫精准脱贫的决定》的各项政策落实。二是落实"N"，以《中共湖北省委湖北省人民政府关于全力推进精准扶贫精准脱贫的决定》为统揽，不断完善精准扶贫帮扶、考核、验收、激励、约束、精神支撑等机制，推进落实《恩施州县市党政领导班子和领导干部精准扶贫目标责任考评办法》等考评办法（恩施州考评组发〔2015〕2 号）、《关于建立精准脱贫标准、程序及激励机制的实施方案》（恩施州办发〔2015〕28 号）、《恩施州精准扶贫、六城同创、重点项目建设工作问责暂行办法》（恩施州纪发〔2015〕13 号）、《关于推进精准扶贫到村到户工作的实施意见》（恩施州政扶组发〔2015〕1 号）、《关于选派机关党员干部到村任第一书记的实施意见》（恩施州组通〔2015〕22 号）、《关于加强全州干部驻村帮扶规范化管理的实施意见》（恩施州扶办发〔2015〕19 号）。三是落实"M"，制定了系列政策落实措施，包括《关于政策性金融支持易地扶贫搬迁工作的意见》（恩施州政办发〔2015〕61 号）、《关于切实解决建档立卡贫困人员养老保险费缴费困难问题的通知》（恩施州政办发〔2015〕68 号）、《关于推进电商扶贫工程的实施意见》（恩施州合文〔2015〕38 号）、《关于进一步做好旅游扶贫工作的意见》（恩施州旅发〔2015〕25 号）、《恩施州实施精准扶贫"五个一批"工程分工方案》（恩施州政扶组发〔2015〕7 号）等。

恩施州应坚持问题导向、目标导向、风险防控导向，以精准扶贫专项改革为主要手段，对精准扶贫政策体系进行进一步完善补充，贯彻落实《恩施州贯彻落实国家和省脱贫攻坚重要政策措施责任清单》《2016 年全州脱贫攻坚重点工作责任清单》《恩施州精准扶贫"五个一批"工作指导意见》《恩施州精准扶贫精准脱贫督查巡查实施办法》《恩施州扶贫攻坚精神支撑工作的实施意见》《关于组织第三方力量开展减贫脱贫成效评估的实施方案》《恩施土家族苗族自治州临时救助实施办法》《恩施土家族苗族自治州医疗救助实施办法》《恩施州易地扶贫搬迁资金管理办法》《恩施州教育精准扶贫学生资助实施细则（试行）》《恩施州财政专项扶贫资金精准扶贫项目备案管理办法》等系列操作细则，对"扶持谁、谁来扶、怎么扶、如何退"等问题，进行具有针对性的规范和推进，促进州委、州政府精准扶贫战略部署在基层的落地、落实。

为此，恩施州应根据 2016 年国家、省精准扶贫考核办法改革，对照《省委办公厅、省政府办公厅关于印发湖北省市州党委和政府扶贫开发工作成效考核办法的通知》（鄂办文〔2016〕24 号）最新考核指标和恩施州"五个一批"工作实际，对恩施州精准扶贫州直、县市、乡镇考评办法不断进行修改完善，促进精准扶贫、精准脱贫的管理创新。

第三节　创新精准脱贫机制与激励机制

一、精准脱贫标准与程序

按照 5 年集中攻坚、1 年巩固提高、全面建成小康的总体思路，对照减贫时间表、作战图、军令状，到 2017 年，实现来凤县、鹤峰县整县脱贫，到 2018 年，实现宣恩县、巴东县整县脱贫，到 2019 年，实现恩施市、利川市、建始县、咸丰县整县脱贫，实现全州 8 个贫困县、729 个贫困村全部脱贫。

（一）农村贫困人口脱贫标准与程序

1. 脱贫标准

1）有收入来源。有劳动能力的贫困户有一项以上增收致富主导产业，掌握一门以上就业创业技能，年人均可支配收入增幅高于全省农村居民人均可支配收入平均增幅，收入水平超过同期国家扶贫标准，并力争达到所在县（市）农村居民人均可支配收入的 70% 以上；无劳动能力贫困人口符合农村低保、五保供养条件的全部纳入供养保障范围，保障水平超过同期国家扶贫标准。

2）不愁吃。一日三餐有保障，家庭成员不存在饿肚子的现象。

3）不愁穿。有应季衣被，家庭成员不存在挨冷受冻的现象。

4）有教育保障。适龄家庭成员义务教育阶段、高中及以上阶段（含中高职阶段，不包括研究生及以上阶段）无因贫辍学现象发生。

5）有住房保障。家庭住房非危房，人均住房面积达到 20 平方米以上，用水用电有基本保障，所属村民小组通公路或砂石路。

6）有基本医疗保障。符合参合条件的家庭成员全部参加新型农村合作医疗，有重大疾病的家庭成员均享受大病救助政策。

7）有养老保障。符合参保条件并有参保意愿的家庭成员全部参加城乡居民社会养老保险。

2. 脱贫程序

1）脱贫初选。每年年末，村"两委"及驻村工作队按照农村贫困人口脱贫标准，逐户评估脱贫情况，对拟脱贫户开展细致调查并填写《恩施州贫困户精准脱贫评估验收表》，在此基础上形成本村脱贫人口初步名册，在本村范围内公示并上报乡（镇）、县（市）人民政府。

2）逐级核查。县（市）人民政府组织有关行业部门及乡（镇）人民政府，通过入户复核《恩施州贫困户精准脱贫评估验收表》的方式对拟认定的农村脱贫人口进行抽样核查，抽查比例不得低于拟认定脱贫户数的 10%。县级验收合格后报送州人民政府组织第二次抽样核查，抽查比例不得低于拟认定脱贫户数的 3%。州级验收合格后报省扶贫攻坚领导小组进行第三次抽样核查。州、县两级抽样核查结果应通过同级媒体公告。抽查验收过程中，验收组要严格对照脱贫标准，客观评价该户脱贫情况，对抽查脱贫精准率（抽查脱贫达标户数/抽查总户数）未达到 100%的村，责令其进行整改；对敷衍了事、弄虚作假、虚报瞒报的村，要严肃追究村"两委"及驻村工作队相关责任人责任。

3）脱贫销号。省抽样核查通过后，形成农村脱贫人口核定名册，在县市扶贫部门指导下，由乡镇人民政府组织村"两委"及驻村工作队，在全国扶贫开发信息管理系统中，根据农村脱贫人口核定名册进行更新、脱贫销号。

（二）贫困村脱贫标准与程序

1. 脱贫标准

1）减贫取得实绩。村内农村贫困人口全部脱贫（不含当年返贫人口），居民人均可支配收入达到全省平均水平 70%以上。

2）内生动力增强。形成较稳定的主导产业，新型农村经济组织活跃，建档立卡贫困户产业参与度高，产业覆盖贫困农户的利益连接机制基本建立。

3）基础设施较为完善。交通：村到乡通柏油路（水泥路）、通客车，村委会到自然村（20户以上院落）通公路或砂石路。饮水：户户饮水有保障，且饮用水达到饮水安全标准。用电：全村无"无电户"，居民及经济组织生活、生产用电有基本保障。住房：全村无危房户。符合扶贫搬迁、生态移民、危房改造的贫困户，政策帮扶落实到位。

4）公共服务较为完备。有村级便民服务中心、卫生室，群众有活动场所。通宽带，有稳定的移动通信信号覆盖。符合五保供养、低保条件的农户应保尽保，广播电视综合入户率、新型农村合作医疗参合率、居民养老保险参保率、适龄儿童入学率等达到脱贫年度全省平均水平。

5）村级组织建设。村级班子战斗力强，村规民约健全完善，村集体经济收入达到年5万元以上。

2. 脱贫程序

1）脱贫初选。每年年末，县（市）人民政府组织有关行业部门及乡（镇）人民政府，按照贫困村脱贫标准，逐村评估脱贫情况，对拟脱贫的村开展细致调查并填写《恩施州贫困村精准脱贫评估验收表》，在此基础上形成脱贫贫困村初步名册，在本级媒体公告并上报州人民政府。

2）逐级核查。州人民政府组织有关行业部门及县（市）人民政府，对照《恩施州贫困村精准脱贫评估验收表》对拟认定的脱贫贫困村进行验收并复核，验收合格的报省扶贫攻坚领导小组进行抽样核查；如验收不合格，村委会和驻村工作队要向州验收组书面说明具体情况，并认真分析原因、思考对策、限期达标。验收结果在本级媒体公告。

3）脱贫销号。省抽样核查通过后，形成脱贫贫困村核定名册，在县（市）扶贫部门指导下，由乡（镇）人民政府组织扶贫专门干部，在全国扶贫开发信息管理系统中，根据脱贫贫困村核定名册进行更新、脱贫销号。

（三）涉贫乡镇脱贫标准与程序

1. 脱贫标准

1）本乡（镇）内贫困村全部脱贫、农村贫困人口（含非贫困村贫困人口）全部脱贫（不含当年返贫人口）。

2）基本公共服务主要指标达到全省平均水平。

2. 脱贫程序

1）脱贫初选。每年年末，县（市）人民政府组织有关行业部门，按照涉贫乡（镇）脱贫标准，逐乡（镇）评估脱贫情况，形成涉贫乡镇脱贫初步名册，在本级媒体公告并上报州人民政府。

2）州级核查。州人民政府组织有关行业部门及县（市）人民政府，对照涉贫乡镇脱贫标准对拟认定的脱贫乡镇进行验收，验收结果在本级媒体公告。

以上工作时间安排与扶贫开发工作考核时间要求相一致。

（四）贫困县脱贫标准与程序

1）脱贫标准。县（市）内农村贫困人口全部脱贫（不含当年返贫人口）；贫困村全部脱贫；交通、水利、电力等基础设施较为完善；卫生、教育、文化等基本公共服务领域主要指标接近全省平均水平；贫困发生率、农村居民人均可支配收入、人均地方公共财政预算收入等达到国家规定标准。

2）脱贫程序。以《省委办公厅、省政府办公厅印发〈关于建立精准脱贫激励机制的实施意见〉的通知》（鄂办发〔2015〕39号）确定的程序为准。

二、精准脱贫激励机制

（一）脱贫主体激励政策

1. 激励延续政策

对按计划如期或提前脱贫的贫困县（市）、贫困村、贫困人口，到2020年前，扶持政策不变，投入力度不减，帮扶单位不撤。

2. 竞进脱贫奖惩政策

州本级财政对按计划如期或提前脱贫的县（市）给予奖励；对2017年脱贫的县（市），给予1000万元脱贫成效奖励；对2018年脱贫的县（市），给予800万元脱贫成效奖励；对2019年脱贫的县（市），给予500万元脱贫成效奖励。对未能按计划如期脱贫的贫困县（市），全州通报批评，并取消其年度党政领导班子和领导干部经济社会发展目标责任考评评先资格。对按计划如期或提前脱贫的贫困村及未能按计划如期脱贫的贫困村，由各县（市）制订具体奖惩方案对村及其乡镇给予相应奖惩。

3. 年度考评奖惩政策

根据年度《恩施州县市党政领导班子和领导干部精准扶贫目标责任考评办法》考评结果，对2015～2020年每年年度考评前3位的县（市）分别给予500万元、300万元、200万元绩效奖励，对连续两年排名第一的县（市）党政主要负责同志予以嘉奖，并作为提拔、重用的重要依据，对连续两年排名末位的县（市）党政主要负责同志进行约谈并视情形予以通报批评。根据年度《恩施州乡镇（街道办事处）精准扶贫暨经济社会发展绩效综合考评办法》考评结果，2015～2020年每年对考评排名前2名的街道办事处、前3名的城关镇和前10名的一般乡镇分别授予"年度优秀城关镇（街道办事处）"和"年度优秀乡镇"称号；对当年晋位明显的10个乡镇（街道办事处）授予先进乡镇称号，并在州本级支农资金中安排专项给予一定奖励。

（二）帮扶力量激励政策

1. 州（县）直行业部门激励政策

根据年度《恩施州州（县）直单位精准扶贫目标责任考评办法》考评结果，2015～2020年每年对考评排名前10位的承担行业扶贫责任的州（县）直单位（B类单位）和排名前10位的承担驻村帮扶责任的州（县）直单位（A类单位）授予"精准扶贫先进单位"称号；对连续两年帮扶效果不明显、排后三位的行业（单位）主要负责人实行约谈；单位在州（县）的上级垂管单位，建议其主管上级部门做出相应告诫。根据被帮扶贫困村精准脱贫情况，对按计划如期或提前脱贫的贫困村的州（县）直驻村工作队及日常工作扎实、成效突出的驻村工作队，根据工作实绩优选其驻村工作队员（含第一书记）授予"驻村帮扶先进个人"称号，并给予一定的物质奖励；对未能按计划如期脱贫的贫困村的驻村工作队，全州通报批评，责令其加大工作力度、"不脱贫、不脱钩"，并取消其年度州（县）直机关综合目标责任考评评先资格。

2. 扶贫市场主体激励政策

以县市为单位建立市场主体扶贫帮带绩效评估机制，根据绩效评估结果，对严格履行帮带合同、吸纳贫困户参股、带动增收效果好的市场主体通过奖补等方式在财政资金、扶贫贴息贷款及税收等方面给予重点支持；对签订帮带合同但不履行帮带职责的市场主体，在收回其签订的帮带合同的同时，取消当初政府承诺的无偿支持政策、资金政策，两年内不得为其提供各方面优惠政策支持（具体评估及激励办法由各县市自行制定）。2015～2020年州委、州政府每年对每个县市扶贫帮带绩效评估排名前3位的市场主体授予"扶贫帮带先进单位"称号，并根据其帮带脱贫贫困户数量按照不高于500元/户的标准给予资金奖励。

3. 结对帮扶干部职工激励政策

2015～2020年，州（县）直驻村工作队每年推荐表彰200名结对帮扶优秀干部职工，由州委、州政府授予"优秀结对帮扶干部职工"称号并给予一定的物质奖励（具体表彰奖励方案另行制订）。对不履行结对帮扶职责、造成不良社会影响的结对帮扶干部职工，予以通报批评。

4. 社会爱心力量激励政策

2015～2020年，州委、州政府每年优选表彰20个扶贫济困事迹突出、爱心帮扶成效显著的社会爱心集体或个人，授予"扶贫济困先进集体（个人）"称号。

第四节　完善精准扶贫政策支撑体系

一、完善精准扶贫投入政策与土地政策

（一）加大精准扶贫投入力度

恩施州应严格落实湖北省下发的"省、市州、插花地区县（市）分布按当年地方财政收入增量的15%增列专项扶贫预算；各级财政当年清理回收可统筹使用的存量资金中50%以上用于精准扶贫"的规定。落实资源整合机制，夯实扶贫投入县级整合平台。落实贫困村产业发展基金、贫困户发展乡村旅游基金、贫困地区"双创"基金、社会救助基金等"四大基金"，拓宽精准扶贫资金筹集渠道。中央和省一般性转移支付资金、各类涉及民生的转型转移支付资金和预算内投资重点向贫困地区和贫困人口倾斜。农业综合开发、农村综合改革转移支付等涉农资金要明确一定比例用于贫困村。省直和州各部门的惠民政策、项目和工程最大限度地向贫困地区、贫困村和贫困人口倾斜。从 2016 年起，落实省财政支出规模扩大政策，增加对贫困地区水、电、气、路网等基础设施建设和提高基本公共服务水平的投入。严格落实国家在贫困地区安排的公益性建设项目县级配套资金的政策，并落实提高省级财政投资补助比例的政策。加大贫困地区以工代赈投入力度，支持农村山水田林路建设和小流域综合治理。增加民族地区重大基础设施项目和民生工程建设投入，实施少数民族地区和特困群体综合扶贫工程。

（二）完善土地政策

恩施州全州新增建设用地计划指标有限保障扶贫开发用地需要，专项安排贫困县年度新增建设用地计划指标。省级、州级在安排土地整治项目及下达高标准基本农田建设计划时，向贫困地区倾斜。按照"好而快、优则先"的原则，精准性分配土地整治项目，重点向基础相对薄弱的贫困地区和易地扶贫搬迁安置点倾斜，力争实现贫困村土地整治项目全覆盖。使用新增建设用地有偿使用费的土地整治项目，可将不超过 20%的项目资金用于项目区内村庄整治和农村新社区基础设施建设，与精准扶贫、精准脱贫同步规划、同步建设。将易地扶贫搬迁用地全部纳入土地利用年度计划，实行搬迁用地应保尽保，并向易地扶贫搬迁任务重的贫困县倾斜，下达城乡建设用地增减挂钩指标。支持有条件的贫困地区开展历史遗留工矿废弃地复垦利用、城镇低效利用地再开发和低丘缓坡荒滩等未利用地开发利用试点。

二、强化金融支持和科技人才作用

（一）强化金融支持

恩施州应依托"一县一品、一行一品"的县域金融创新产品评审办法，鼓励和引导金融机构结合贫困地区实际，提供"助农贷""助保贷"等信贷新产品，以及"担保基金＋扶贫互助社＋银行""产业扶贫担保贷款"等融资方式，有针对性地满足贫困地区各类经营主体的资金需求。推进扶贫再贷款，重点支持贫困地区发展特色产业和贫困人口就业创业。依托湖北省长江产业投资集团，建立省、州级扶贫开发投融资平台。开展农民合作社信用合作试点。支持贫困地区设立扶贫贷款风险补偿基金。支持贫困地区设立政府出资的融资担保机构，重点开展扶贫担保业务。积极发展扶贫小额贷款保证保险，对贫困户保证保险保费予以补助。支持贫困地区开展特色农产品价格保险，有条件的地方给予一定的保费补贴。有效拓展贫困地区抵押物担保范围。

（二）发挥科技人才作用

恩施州应加大科技扶贫力度，解决贫困地区特色产业发展和生态建设中的关键技术问题。加大技术创新引导专项（基金）对科技扶贫的支持，加快先进适应技术成果在贫困地区的转化。强化贫困地区基层农技推广体系建设，做好科技特派员、三区（边远贫困地区、边疆民族地区、革命老区）人才选派、管理工作，支持科技特派员和三区人才开展创业扶贫服务。促进科技成果转化，科学技术同特色资源相结合，加快现金使用技术成果在贫困地区的转化，培育新的经济增长点，促进农民脱贫致富。以推进区域人才协调发展为重点，大力实施贫困地区、民族地区和革命老区人才支持计划和贫困地区本土人才培养计划，重点引导高等院校、科研院所、大型企业科技人才到贫困地区一线服务，支持省级以下科研项目、人才计划适当向贫困地区倾斜，加大政策激励力度，鼓励各类人才扎根贫困地区基层建功立业，对表现优秀的人员在职称评聘等方面给予倾斜。在贫困、边远地区实施湖北省专业技术人才风险岗位计划，给予政策激励。公务员招录计划进一步向基层艰苦边远地区倾斜，降低基层招录门槛，并创造条件留住队伍。"三支一扶"计划数适当向贫困地区倾斜，适当放宽招募条件。

参 考 文 献

爱德华·A. 罗斯. 1989. 社会控制. 北京: 华夏出版社.

白凤峥, 李江生. 2002. 旅游扶贫试验区管理模式研究. 经济问题, (4): 12-16.

毕燕, 张丽萍. 2007. 桂西北旅游扶贫开发研究——以巴马瑶族自治县旅游扶贫为例. 广西师范
学院学报(自然科学版), 24(3): 72-78.

蔡吉跃, 蔡振. 2010. 再生资源产业发展的国际经验与启示. 经济地理, (12): 56.

蔡雄. 1997. 旅游扶贫的乘数效益与对策研究. 社会科学家, (3): 4-16.

蔡雄. 1999. 旅游扶贫: 功能、条件、模式、经验. 北京: 中国旅游出版社.

蔡雄, 连漪. 1997. 穷乡僻壤奔小康——黄山汤口村发展旅游的调查. 旅游研究与实践, (1):
57-60.

操建华. 2002. 旅游业对中国农村和农民的影响的研究. 中国社会科学院博士学位论文.

曹艳英, 魏建国, 魏新华. 2004. 烟台市发展观光农业和乡村民俗旅游业的优势、问题与对策.
烟台师范学院学报(自然科学版), 3(2): 10-16.

常慧丽. 2007. 生态经济脆弱区旅游开发扶贫效应感知分析——以甘肃甘南藏族自治州为例.
干旱区资源与环境, 21(10): 125-130.

陈传波, 张利痒, 苏振斌. 2006. 农户消费平滑与收入平滑——基于湖北省农村住户调查月度数
据的分析. 统计研究, (9): 91.

陈刚. 2004. 主导产业形成的动因、路径及影响因素. 经济纵横, (3): 42.

陈南岳. 2003. 我国农村生态贫困研究. 中国人口·资源与环境, (8): 45-53.

陈巧, 周燕芳, 张传统. 2006. 对西部贫困地区旅游开发带来的环境问题的思考. 科技与经济,
(17): 10-12.

陈琴. 2011. 三峡库区旅游扶贫模式研究. 安徽农业科学, (19): 11635-11637.

陈全功, 程蹊. 2011. 空间贫困理论视野下的民族地区扶贫问题. 中南民族大学学报(人文社科
版), (1): 58-62.

陈秀琼, 黄金火. 2003. 略论生态旅游开发中的社区参与. 华侨大学学报(哲学社会科学版), 2(4):
33-37.

陈勇, 徐小燕. 2005. BOT 模式在我国西部旅游扶贫项目中的应用. 商业研究, (7): 167-169.

陈玉宇, 行伟波. 2006. 消费平滑、风险分担与完全保险——基于城镇家庭收支调查的实证研究.
经济学(季刊), 6(1): 86.

成升魁, 丁贤忠. 1996. 贫困本质与贫困地区发展. 自然资源, (3): 87-94.

党耀国, 刘思峰. 2004. 区域主导产业评价指标体系选择与数学模型. 经济经纬, (6): 38-35.

邓维杰. 2014. 精准扶贫的难点、对策与路径选择. 农村经济, (6): 78.

邓伟志. 2009. 社会学辞典. 上海: 上海辞书出版社.

邓祝仁, 程道品. 1998. 旅游扶贫亟待解决的若干问题. 社会科学家, (2): 46-54.

丁焕峰. 2004. 国内旅游扶贫研究述评. 旅游学刊, 19(3): 32.

范向丽, 郑向敏, 丁秀荣. 2007. 试析女性与旅游扶贫. 中华女子学院学报, 19(6) : 42-47.

房艳刚, 刘继生. 2004. 东北地区资源性城市接续产业的选择. 人文地理, 19(4) : 77-81.

冯灿飞. 2006. 贫困型旅游地文化变迁的动因及规范研究. 特区经济, (5): 200-201.

冯德显, 宋金叶. 1997. 河南农区工业化途径研究. 地理科学进展, 16(4): 47-53.

高舜礼. 1997. 对旅游扶贫的初步探讨. 中国行政管理, (1): 12-16.

高舜礼. 1997. 旅游扶贫开发的经验、问题和对策. 旅游学刊, (4): 8-11.

葛志军, 邢成举. 2015. 精准扶贫: 内涵、实践困境及其原因阐释——基于宁夏银川两个村庄的调查. 贵州社会科学, (5): 55.

关爱萍, 王瑜. 2002. 区域主导产业的选择基准研究. 统计研究, (12): 37-40.

郭怀成, 张振兴, 陈冰. 2004. 西部地区反贫困与生态环境可持续性研究——以新疆和果洛地区为例. 北京大学学报(自然科学版), 40(1): 144-153.

郭劲光. 2011. 我国贫困人口的脆弱度与贫困动态. 统计研究, 28(9): 46.

郭克莎. 2003. 工业化新时期新兴主导产业的选择. 中国工业经济, (2): 47-52.

郭清霞. 2003. 旅游扶贫PPT战略及其特征——以湖北省为例. 湖北大学学报(哲学社会科学版), (5): 110-113.

郭为, 黄卫东, 汤斌. 2004. 改革开放以来鄂西北旅游发展与扶贫的可行性: 一些发现和解释. 旅游学刊, 19(3): 27-31.

国家统计局农村社会经济调查司. 2008. 中国农村贫困检测报告. 北京: 中国统计出版社.

国务院扶贫开发领导小组办公室. 2003. 中国农村扶贫开发概要. 北京: 中国财政经济出版社.

国务院新闻办公室. 2011. 中国农村扶贫开发的新进展. 北京: 人民出版社.

何玲姬, 李庆雷, 明庆忠. 2007. 旅游扶贫与社区协同发展模式研究——以云南罗平多依河景区为例. 热带地理, 27(4): 375-384.

洪名勇. 2009. 开发扶贫瞄准机制的调整与完善. 农业经济问题, (5): 68-69.

侯方先. 2004. 我国农产品进出口的贸易技术壁垒攻守战略. 中国农业大学学报(社会科学版), (6): 82-86.

胡鞍钢. 2009. 从贫困大国到小康社会. 人民论坛, (9): 12.

胡锡茹. 2003. 云南旅游扶贫的三种模式. 经济问题探索, (5): 109-111.

湖北省旅游局. 2002. 关于湖北省部分贫困地区旅游扶贫的调查报告. 旅游调研, (4): 35-41.

黄承伟, 覃志敏. 2015a. 论精准扶贫与国家扶贫治理体系建构. 中国延安干部学院学报, (1): 132-133.

黄承伟, 覃志敏. 2015b. 我国农村贫困治理体系演进与精准扶贫. 开发研究, (2): 56.

姬丹. 2007. 乡村旅游·扶贫致富·政府行为——以安顺天龙屯堡为典型个案. 贵州大学硕士学位论文.

贾伟强. 2005. "公司+农户"模式中的公司与农户: 一种基于委托——代理理论的解释. 农村经济, (8): 89-94.

江小涓. 1996. 经济转轨时期的产业政策. 上海: 上海三联书店, 上海人民出版社.

姜法竹, 张涛. 2008. 现代农业主导产业选择的指标体系构建研究. 中国农业资源与区划, 29(3): 54-58.

蒋小华, 卢永忠. 2011. 云南少数民族地区生态文明建设与旅游扶贫联动开发探索. 区域经济, (1): 156-157.

金方梅. 2003. 乡村民族文化旅游保护开发模式探讨——重视文化旅游者在文化保护中的作用. 贵州师范大学学报(自然科学版), (3): 40-47.

李国平. 2004. 基于政策实践的广东立体化旅游扶贫模式探析. 旅游学刊, 19(5): 56-60.

李会琴. 2011. 基于社区参与的鄂西旅游扶贫开发模式研究——以湖北省襄樊市襄阳区为例. 国土资源科技管理, 2(28): 91-95.

李京文. 1998. 中国产业结构的变化与发展趋势. 当代财经, (5): 72-76.

李丽, 白雪梅. 2010. 我国城乡居民家庭贫困脆弱性的测度与分解数. 数量经济技术经济研究, (8): 76.

李清娥. 2012. 5. 12 震后旅游扶贫的实践效应——北川羌族自治县旅游开发模式分析. 西南民族大学学报(人文社会科学版), 5: 128-132.

李小云, 张雪梅, 唐丽霞. 2005. 我国中央财政扶贫资金的瞄准分析. 中国农业大学学报(社会科学版), (3): 2.

李永文. 2002. 旅游扶贫开发的 RHB 战略初探. 经济地理, (7) : 2-8.

李永文, 陈玉英. 2002. 旅游扶贫及其对策研究. 北京第二外国语学院学报, (4): 74-76.

良警宇. 2005. 旅游开发与民族文化和生态环境的保护: 水满村的事例. 广西民族学院学报(哲学社会科学版), 27(1): 54-58.

梁明珠. 2004. 生态旅游与"三农"利益保障机制探讨. 旅游学刊, (6) : 69-72.

林红. 2000. 对"旅游扶贫"论的思考. 北京第二外国语学院学报, (5): 49-53.

蔺雪芹, 方创琳. 2008. 城市群地区产业集聚的生态环境效从研究进展. 地理科学进展, 27(3) : 110-118.

刘筱筱. 2006. 旅游扶贫的经济风险及应对策略探析. 商业经济, (12): 96 -115.

刘红艳. 2001. 乡村旅游开发研究. 中南林学院硕士学位论文.

刘慧, 叶尔肯·吾扎提. 2013. 中国西部地区生态扶贫策略研究. 中国人口·资源与环境, 23(10): 52-57.

刘江. 1992. 中国西部地区开发年鉴(1979—1992 年). 北京: 改革出版社.

刘解龙. 2015. 经济新常态中的精准扶贫理论与机制创新. 湖南社会科学, (4): 67.

刘丽丽. 2000. 北京山区主导产业选择与布局研究. 地域研究与开发, 19(1) : 61-65.

刘娜, 孙猛. 2010. 莫莫格自然保护区旅游扶贫可行性分析和对策研究. 野生动物, 31(6): 342-346.

刘思峰, 李炳军, 杨岭, 等. 1998. 区域主导产业评价指标与数学模型. 中国管理科学, 6(2) : 8-13.

刘万青. 2002. 新世纪安徽工业主导产业的选择. 地域研究与开发, (4) : 39-42.

刘炜. 1995. 农业科研管理与市场经济. 科技管理研究, (2): 45-46.

刘向明, 杨智敏. 2002. 对我国"旅游扶贫"的几点思考. 经济地理, (2): 241-244.

刘晓昀, 辛贤, 毛学锋. 2003. 贫困地区农村基础设施投资对农户收入和支出的影响. 中国农村观察, (1): 31-35.

刘洋, 刘毅. 2006. 东北地区主导产业培育与产业体系重构研究. 经济地理, 26(1) : 50-54.

刘渝琳. 2003. 我国劳动力价格低廉对经济的影响及症结分析. 财经理论与实践, (7): 26-30.

刘长茂, 叶明德. 1996. 中国贫困地区人口、资源与社会经济发展. 人口与经济, (1): 32-33.

龙茂兴. 2006. 论乡村旅游扶贫模式创新. 发展, (9): 39-40.

卢润德, 袁翔珠. 2002. 关于旅游扶贫战略的理论分析. 经济师, (11): 70-71.

罗楚亮. 2010. 农村贫困的动态变化. 经济研究, (5): 42.

骆柞炎. 2006. 利用线性支出系统 ELES 测定贫困线的实证分析——兼比较几种贫困标准. 当代财经, (3): 5-10.

马小勇, 白永秀. 2009. 中国农户的收入风险应对机制与消费波动: 来自陕西的经验证据. 经济学(季刊), 8(1): 87.

毛汉英, 高群, 冯仁国. 2002. 三峡库区生态环境约束下的支柱产业选择. 地理学报, 57(5): 553-560.

孟庆红. 1997. 关于主导产业选择基准的再认识. 理论与改革, (12): 35-38.

孟昕. 2001. 中国城市的失业、消费平滑和预防性储蓄. 经济社会体制比较, (6): 58.

苗长虹. 2005. 从区域地理学到新区域主义: 20 世纪西方地理学区域主义的发展脉络. 经济地理, 25(5): 593-599.

聂亚珍. 2004. 我国农业产业化主要模式分析. 湖北社会科学, (1): 39.

潘焕辉. 1999. 浅谈旅游扶贫的融资渠道. 桂林旅游高等学校学报, (l): 39-40.

钱雪亚, 严勤芳. 2002. 主导产业选择的原则及评价体系. 统计与决策, (1): 63-67.

单德启, 王小斌. 2003. 风景区生态园的规划设计理念探索——兼论欠发达地区的旅游经济扶贫. 清华大学学报(哲学社会科学版), (3): 74-78.

沈红. 1997. 扶贫传递与社区自组织. 社会学研究, (5): 30-39.

谭芳, 黄林华. 2000. 广西百色市的旅游扶贫. 广西大学学报(哲学社会科学版), (6): 68-69.

澹丰霞. 2006. 旅游扶贫与农村社区变迁——以河南二郎庙村为例. 郑州大学硕士学位论文.

唐春根, 李鑫. 2007. 国外农业产业化发展模式比较研究. 世界农业, (2): 91.

唐建兵, 王玉琼. 2007. 旅游业和小城镇发展的互动关系研究. 成都大学学报, (3): 12-18.

唐钧. 2002. 社会政策的基本目标: 从克服贫困到消除社会排斥. 江苏社会科学, (3): 41.

唐丽霞, 李小云, 左停. 2010. 社会排斥、脆弱性和可持续生计: 贫的三种分析框架及比较. 贵州社会科学, (12): 9.

唐丽霞, 罗江月, 李小云. 2015. 精准扶贫机制实施的政策和实践困境. 贵州社会科学, (5): 4.

唐顺铁. 1999. 生态旅游与扶贫开发. 中国贫困地区, (3): 42-44.

田喜洲. 1999. 三峡库区旅游扶贫研究. 重庆商学院学报, (2): 12-15.

田喜洲. 2002. 休闲旅游"农家乐"发展探讨. 北京第二外语学院学报, (1): 44-55.

万广华, 章元. 2009. 我们能够在多大程度上准确预测贫困脆弱性数. 数量经济技术经济研究, (6): 63.

万青. 2004. 乡村旅游探论. 许昌学院学报, (2): 10-14.

汪东亮, 胡世伟, 陆依依. 2010. 我国旅游扶贫研究综述. 商场现代化, (3): 122-130.

汪三贵. 1994. 反贫困与政府干预. 管理世界, (3): 21-28.

汪三贵. 2007. 中国的农村扶贫: 回顾与展望. 农业展望, (1): 7.

汪三贵, 郭子豪. 2015. 论中国的精准扶贫. 贵州社会科学, (5): 89.

王炳武. 2002. 旅游扶贫试验区管理初探. 旅游调研, (4): 35-41.

王朝明, 姚毅. 2010. 中国城乡贫困动态演化的实证研究: 1990—2005. 数量经济技术经济研究, (3): 63.

王成新, 王格芳. 2003. 我国农村新的致贫因素与根治对策. 农业现代化研究, 24(5): 326-330.

王丛丛, 王仕佐. 2010. 论旅游在民族地区的扶贫功能——以西江千户苗寨为例. 中国市场, 28: 101-102.

王稼琼. 1999. 城市主导产业选择的基准与方法再分析. 数量经济技术经济研究, (5): 97.

王开章, 田雨, 李新运. 2003. 地区主导产业定量选择及优化调整研究——以济南市为例. 地理研究, 22(1): 114-152.

王克林, 刘新平, 章春华. 1998. 资源约束型贫困地区农业产业化战略研究. 资源科学, (7): 102.

王磊, 李刚. 2010. 宁夏六盘山地区可持续旅游扶贫研究. 集体经济, 8: 147-148.

王丽丽, 李磊. 2010. 梅里雪山雨崩藏族村旅游扶贫模式研究. 重庆科技学院学报(社会科学版), 22: 77-79.

王敏. 2001. 地区主导产业选择的 AHP 模型及其应用. 重庆师范学院学报(自然科学版), 18(4): 44-47.

王萍萍, 方湖柳, 李兴平. 2006. 中国贫困标准与国际贫困标准的比较. 中国农村经济, (12): 62-68.

王萍萍, 徐鑫, 郝彦宏. 2015. 中国农村贫困标准问题研究. 调研世界, (8): 1-6.

王荣红. 2011. 滇西北丽江市玉龙县黎明傈僳族乡旅游扶贫初步研究. 红河学院学报, 9(1): 43-47.

王世军. 2003. 采矿权审批过程研究. 资源科学, (10): 86.

王曙光. 2011. 中国的贫困与反贫困. 农村经济, (3): 46.

王铁. 2007. 网络对旅游的影响——从营销到供应链和贫困人口受益. 旅游学刊, 22 (6): 9-10.

王兴水, 甘巧林, 尚志海. 2004. 乡村旅游文化资源开发研究. 云南地理环境研究, (1): 9-12.

王兆峰. 2011. 民族地区旅游扶贫研究. 北京: 中国社会科学出版社.

王振颐. 2012. 生态资源富足区生态扶贫与农业产业化扶贫耦合研究. 西北农林科技大学学报(社会科学版), (6): 70-74.

吴锋刚, 杨锦琦, 黄春. 2012. 赣东北苏区资源产业扶贫研究. 科技广场, (7): 69.

吴海民, 王建军, 方美燕. 2006. 产业运行的DEA有效: 一个选择主导产业的新基准. 山东经济, 137(6): 36-40.

吴铮争, 杨新军. 2004. 论西部旅游扶贫与生态环境建设. 干旱区资源与环境, 4(1): 28-32.

吴忠军. 1996. 论旅游扶贫. 广西师范大学学报(哲学社会科学版), 32(4): 18-21.

武国定, 力齐云, 李思杰. 2006. 中国农村劳动力转移的效应分析. 中国农村经济, (4): 63.

向玲凛, 邓翔, 瞿小松. 2013. 西南少数民族地区贫困的时空演化——基于 110 个少数民族贫困县的实证分析. 西南民族大学学报(哲学社会科学版), (2): 125-127.

肖星. 1999. 中西部贫困地区旅游扶贫开发探索. 开发研究, (2): 50-51.

谢守红. 2002. 城市主导产业的选择——以杭州市为例. 城市问题, 108(4): 21-24.

谢彦君. 1999. 以旅游城市作为客源市场的乡村旅游开发. 财经问题研究, (3): 24-28.

邢成举, 李小云. 2013. 精英俘获与财政扶贫项目目标偏离的研究. 中国行政管理, (9): 110-112.

熊清华, 吴娅玲. 2003. 关于支柱产业的几个理论问题. 经济问题探索, (4): 31-35.

徐翔, 刘尔思. 2011. 产业扶贫融资模式创新研究. 经济纵横, (7): 23.

许秋星. 2001. 对主导产业选择的三大基准的分析. 辽阳石油化工高等专科学校学报, (3): 54.

阳国亮. 2000. 旅游投资的乘数效应与旅游扶贫. 学术论坛, (6): 14-17.

杨戈尔, 刘天卓. 2007. 区域主导产业概念辨析及选择指标探讨. 科学学研究, (12): 52-58.

杨文, 孙蚌珠, 王学龙. 2012. 中国农村家庭脆弱性的测度与分解. 经济研究, (8): 47.

杨新军. 1998. 旅游开发扶贫的实践研究. 热带地理, (4): 327-332.

杨学燕, 金海龙. 2004. 六盘山旅游扶贫开发实验区的开发对策探讨. 干旱区资源与环境, (3): 121-124.

游佩媛. 2006. 旅游扶贫模式研究——以北京郊区民俗村、贵州省巴拉河乡村旅游项目为例. 北京第二外国语学院硕士学位论文.

袁书琪. 2001. 福建省实施 PPT 旅游战略的构想. 人文地理, 16(6): 47-49.

查燕, 王惠荣, 蔡典雄. 2012. 宁夏生态扶贫现状与发展战略研究. 中国农业资源与区划, 33(1): 79-83.

张辑. 2007. 秦皇岛服务业主导产业的选择. 燕山大学学报(哲学社会科学版), 8 (1) : 77-80.

张圣祖. 2001. 区域主导产业选择的基准分析. 经济问题, (1): 42-47.

张伟. 2005. 风景区旅游扶贫开发的效应分析及优化研究——安徽师范大学硕士学位论文.

张小利. 2007. 西部旅游扶贫中的乘数效应分析. 商业时代, (7): 89-91.

张小青. 2007. 欠发达地区主导产业生成机制探析. 贵州社会科学, (2): 58.

张新焕, 王昌燕. 2004. 新疆农业主导产业的定量选择及其分析. 干旱区地, 27 (4) : 610-614.

张长厚. 2003. 中国农业产业化经营研究. 云南师范大学硕士学位论文: 12-15.

张祖群. 2012. Pro-Poor Tourism 公益性研究: 文献基础、机制与展望. 北京第二外国语学院学报, 3: 11-18.

章力建, 吕开宇, 朱立志. 2008. 实施生态扶贫战略提高生态建设和扶贫工作的整体效果. 中国农业科技导报, 10(1): 1-5.

章杏杏. 1999. 农业产业化综述. 张家口农专学报, (2): 84.

章元, 万广华. 2013. 暂时性贫困与慢性贫困的度量、分解和决定因素分析. 经济研究, (4): 24.

赵丽丽. 2003. 我国西南地区旅游扶贫研究与实例应用分析. 西南石油学院硕士学位论文.

赵显人. 2001. 西部开发与民族地区经济社会发展研究. 北京: 民族出版社.

赵小芸. 2004. 旅游投资在西部旅游扶贫中的效用分析. 旅游学刊, 19(1): 16-20.

郑本法, 郑宇新. 1999. 甘肃旅游扶贫开发研究. 开发研究, (4): 44-47.

钟国平. 2003. 连南旅游扶贫可持续发展研究. 华南师范大学硕士学位论文.

周波, 李毅. 2011. 广西巴马旅游扶贫贡献率研究. 旅游论坛, 4(4): 72-76.

周歆红. 2002. 关注旅游扶贫的核心问题. 旅游学刊, (1): 17-21.

周振华. 1989. 产业结构的选择基准: 一个新的假说. 经济研究, (4): 73.

朱京曼. 2003. 略论西南地区旅游扶贫开发与可持续发展. 管理世界, (9): 138-139.

朱明芳. 1999. 旅游扶贫的可行性研究工作. 桂林旅游高等专科学校学报, 10(3): 65-67.

朱晓阳. 2004. 反贫困的新战略: 从 "不可能完成的使命" 到管理穷人. 社会学研究. (2): 101.

朱晓阳. 2005. 进入贫困生涯的转折点与反贫困干预. 广东社会学, (4): 21-30.

左停, 杨雨鑫, 钟玲. 2015. 精准扶贫: 技术靶向、理论解析和现实挑战. 贵州社会科学, (8): 156-162.

Peter E. Murphy, Ann E. Murphy. 2006. 旅游社区战略管理: 弥合旅游差距. 陶犁, 邓衡, 张兵主译. 天津: 南开大学出版社.

Adam B, Jorge S A, Sinclair M T, et al. 2008. Tourism and poverty relief. Annals of Tourism Research, 35(1): 107-126.

Bramwell B, Sharman A. 1999. Collaboration in local tourism policymaking. Annals of Tourism Research, 26(2): 392-415.

Caroline A, Dilys R, Harold G. 2001. Pro-poor Tourism Strategies: Making Tourism Work for the Poor . A Review of Experience. London : ODI, IIED, and CRT.

Carter M R. 2007. Poverty traps and natural disasters in Ethiopia and Honduras. World Development, 35(5): 835-856.

Cater M R, Barrett C B. 2006. The economics of poverty traps and persistent poverty: An asset-based approach. Journal of Development Studies, 42(2): 178-199.

Carter M R, Lybbert T J. 2012. Consumption versus asset smoothing: Testing the implications of poverty traptheory in Burkina Faso. Journal of Development Economics , 99(2): 255-264.

Chaudhuri S, Jalan J, Suryahadi A. 2002. Assessing household vulnerability to poverty from cross-sectional data: A methodology and estimates from Indonesia. Columbia University Department of Economics Discussion Paper, (1): 42-52.

Deloitte T. 1999. IIED and ODI: Sustainable tourism and poverty elimination study: A report for the Department of International Development .

Dercon S. 2004. Growth and shocks: Evidence from rural Ethiopia. Journal of Development Economics, (74): 309-329.

Dianne D. 2007. Community development through Tourism. Annals of Tourism Research, 34(4): 1097-1099.

Dicken P, Malmberg A. 2001. Firms in territories: A relational perspective. Economic Geography, 77(4): 345-363.

Donald E H, Shaun M. 2007. The World Bank's role in tourism development. Annals of Tourism Research, 34(2): 348-363.

Duclos J-Y, Anraar A, Giles J. 2010. Chronic and transient poverty: Measurement and estimation, with evidence from China . Journal of Development Economics, (2): 266-277.

Fafchamps M, Lund S. 2003. Risk-sharing networks in rural Philippines. Journal of Development Economics, 71(2) : 261-287.

Forsyth T. 1996. Sustainable tourism: Moving from theory to practice. Godalming: World Wildlife Fund/Tourism Concern.

Foster J, Greer J, Thorbecke E. 1984. A class of decomposable poverty measures. Economics, 52: 761-766.

Gaiha R, Deolalikar A B. 1993. Persistent, expected and innate poverty: Estimates for semi arid rural south India. Cambridge Journal of Economics, (4): 409-421.

Goodwin H. 1998. Sustainable tourism and poverty elimination. DFID/DETR workshop on sustainable tourism and poverty.

Günther I, Harttgen K. 2009. Estimating household svulnerability to idiosyncratic and covariate shocks: A novel method applied in Madagascar. World Development , 37 (7): 1222-1234.

Gurung H. 1991. Environmental management of mountain tourism in Nepal. Report on study conducted for Economic Social Commission for the Asia and Pacific(ESCAP). New York: United Nations.

Ito T, Kurosaki T. 2009. Weather risk, wages in kind, and the off-farm labor supply of agricultural households in a developing country. American Journal of Agraicultural Economics, 91(3): 697-710.

Janme P J. 2000. Partitioning input cost efficiency into its allocative and technical components: An empirical DEA application to hospitals. Socio-Economic Planning Sciences, (34): 199-218.

Jenny H, Louise D, Michael B. 2003. Tourism poor rural areas: Diversifying the product and expanding the benefits in rural Uganda and the Czech Republic. PPT Working Paper, (12): 101-105.

Knetsch J L. 1963. Outdoor recreation demands and benefits. Land Economics, (39): 386-389.

Kreg L, Arild M, Donald H. 2001. International development assistance in tourism. Annals of Tourism Research, 28(2): 508-511.

Kurosaki T. 2006. Consumption vulnerability to risk in rural Pakistan. Journal of Development Studies, 42(1): 70-89.

Ligon E, Schcchter L. 2003. Measuring vulnerability. Economic Journal, 113(486): 95-102.

Lisa M C. 1999. Ecotourism in rural developing communities. Annals of Tourism Research, 26(3): 534-553.

Lybbert T, Barrett C. 2011. Risk-taking behavior in the present of nonconvex assest dynamics. Economics Inquiry, 49(4): 982-988.

Manisha P, Christian M R. 2013. Agriculture-tourism linkages and pro-poor impacts: The accommodation sector of urban coastal KwaZulu-Natal, South Africa. Applied Geography, 36: 49-58.

McKay A, Lawson D. 2003. A ssessing the extent and nature of chronic poverty in low income countries: Issues and evidence. World Development, 31(3): 425-439.

Newhouse D. 2005. The persistence of income shocks: Evidence from rural Indonesia. Review of Development Economics, 9(3): 415-433.

Nicholson T. 1997. Culture, Tourism and Local Strategies towards Development: Case Studies in the Philippines and Vietnam. London: DIFD.

Porter M. 1998. Clusters and the new economics of competition the new economics of competition. Harvard Business Review, 76(6): 77-90.

Pritchett L, Suryhadi A , Sumarto S. 2000. Quantifying vulnerability to poverty: A proposed measure with application to Indonesia. Policy research working paper. Washington: World Bank.

Ravallion M, Chen S H. 2009. Dollar a day revisited. The World Bank Economic Review, 23 (2): 163-184.

Ravallion M, Datt G, van de Walle D, et al. 1991. Quantifying the magnitude and severity of absolute poverty in the developing world in the mid-1980s. World Bank working paper, No587.

Regina S, Matt R. 2012. Tourism and poverty alleviation in Fiji: Comparing the impacts of small and large-scale tourism enterprises. Journal of Sustainable Tourism, 20(3): 417-436.

Stephen L S. 1993. Tourism Analysis. London: Longman Group UK Limited.

Steven D. 2010. Rural poverty, tourism and spatial heterogeneity. Annals of Tourism Research, 37(1): 180-205.

Sven W. 2001. Poverty alleviation and tropical forests—What scope for synergies? World Development, 29(11): 1817-1833.

Tony B, Etienne N. 2002. Tourism as a local development strategy in South Africa. The Geographical Journal , 168(3): 235-247.

Tosun C. 2000. Limits to community participation in the tourism development process in developing countries. Tourism Management, (21): 613-633.

Walpole M J, Goodwin H J. 2000. Local economic impacts of dragon tourism in Indonesia . Annals of Tourism Research, 27(3): 559-576.